« RÉPONSES »

Collection dirigée par Joëlle de Gravelaine

CÉCILE B. LOUPAN

CROIRE EN SON ENFANT

Préface d'Edwige Antier

ÉDITIONS ROBERT LAFFONT
PARIS

ISBN 2-221-05214-5

A mes géniteurs
et à ma progéniture.

A celui sans qui ce livre
ne serait pas, faute d'amour,
de soutien et d'enfant.

« L'enfant n'est pas
un vase qu'on emplit,
mais un feu qu'on allume. »

Un Sage

« Maman, tu m'aimes
comme ton cœur bat,
Et moi, je t'aime,
comme si c'était une fête ! »

GALIA (4 ans)

PRÉFACE

J'ai rencontré Cécile Brahy-Loupan sur le plateau de France-Inter alors qu'avec Jacques Pradel nous l'avions invitée dans notre rubrique sur l'enfance.

Le sujet du jour était le goût précoce pour la lecture. Cécile Brahy-Loupan est l'une de ces rares personnes qui ait d'emblée perçu la différence entre répondre au « goût » inné des bébés pour jouer avec les mots et leur « apprendre » à lire. Remarquez-donc bien que j'écris « le goût » à la lecture et non « l'apprentissage » précoce de la lecture. Le mot « apprentissage » a un côté laborieux qui se prête mal à l'enfant et déclenche, outre-Atlantique comme en Europe, à juste titre, un tollé général sur le mode « laissez-les vivre en paix leur petite enfance ». Le problème est qu'actuellement sous le prétexte de ne pas abrutir les tout petits avec des notions scolaires, nous vivons l'extrême inverse en ne répondant pas à leur curiosité précoce.

Car les bébés s'ennuient. Ils s'ennuient beaucoup.

Personne ne s'ennuie autant dans notre société qu'un « todler », comme les appellent les américains, ces petits qui ne sont plus nourrissons et pas encore enfants, ceux qui ont entre dix-huit mois et trois ans.

Vos jouets de plastique multicolores super-résistants, super-testés, super-stimulants les ennuient.

Enfin soyons justes : ils les amusent trois minutes. La boîte qui les contenait quatre. Les casseroles dans le placard de la cuisine les distraient plus longtemps.

Mais il y a des choses qui les passionnent vraiment : ils savent très bien changer l'image du petit écran avec les boutons de la télécommande, et répètent inlassablement « Allo » dans votre récepteur en pianottant sur le cadran… Vos petites claques sur les mains n'y changent rien ni le magnifique téléphone en Mickey rose offert dans l'espoir d'une substitution ; et vous vous demandez comment avoir deux minutes de tranquillité sans renoncer à tout le matériel sophistiqué si durement acquis.

Le seul moyen d'obtenir un peu de calme ? Tourner les pages du dernier album de Babar avec lui à condition encore d'en commenter chaque image, ou bien de lui offrir son émission préférée : « Les Chiffres et Les Lettres ».

Combien de bébés aiment jouer avec les mots écrits comme parlés et acquièrent, sans le savoir, quelques rudiments de lecture, malheureusement peu utilisables car personne n'organise leur découverte. Mais que voulez-vous, quand il faut tout découvrir par soi-même en « piratant » ce que le petit écran propose aux grandes personnes, on glane ce qu'on peut...

Il en va ainsi de la curiosité de beaucoup, qui savent lire Coca-Cola sur la boîte bien avant que la maîtresse ne leur apprenne à déchiffrer des histoires autrement ennuyeuses. Il est d'ailleurs probable qu'arrivé l'âge fatidique et obligatoire de six ans, ils auront perdu leur enthousiasme. Car l'avidité du cerveau enfantin pour une découverte à un moment précis est contemporaine d'une facilité d'acquisition toute transitoire. Il faut donc répondre à la curiosité au moment où elle s'exprime.

Et c'est justement cette réponse que Cécile Brahy-Loupan, en mère passionnée, a offert à ses deux petites filles. Nous les avons découvertes à deux et trois ans s'amusant à reconnaître un Renoir ou chanter l'histoire des Rois de France. Vous avez bien lu « s'amusant » !

Cette jeune femme généreuse a eu le courage de prolonger par ce livre son expérience personnelle en tentant de la transmettre à d'autres parents. Elle y réussit fort bien et vous serez nombreux à ouvrir à votre bébé les grands espaces de la communication sous toutes ses formes.

Je suis certaine que les enseignants y seront aussi sensibles, eux qui commencent à reconsidérer les frontières d'âge un peu strictes que l'on a imposées depuis si longtemps pour les fameux passages en cours préparatoires...

Edwige ANTIER

PREMIÈRE PARTIE

UNE AVENTURE FAMILIALE

INTRODUCTION

Juillet 1969. Dans une maisonnette perdue dans la forêt d'Ardennes, mon père et mon oncle essaient de relier un poste de télévision portatif à une batterie rudimentaire. Du haut de mes quatorze ans, je regarde de loin cette agitation et m'abandonne à d'intenses et adolescents « états d'âme » ! Ma mère apprend le russe à Léningrad (amusant présage de mon futur mariage), mon jeune frère et moi sommes donc sous la garde paternelle.

— Cette nuit, on va marcher sur la lune ! Le premier pas doit avoir lieu vers trois heures du matin.

Mon père et mon oncle s'apprêtent à veiller. Le soir, vers onze heures, fatiguée, je monte me coucher. Je me réveille le lendemain avec une étrange sensation. Quand je vois mon père, encore tout excité, je lui demande :

— Mais pourquoi ne m'as-tu pas réveillée ?

— Tu ne me l'as pas demandé !

Effectivement ! Et c'est ainsi que j'ai raté l'événement du siècle, la grande « communion internationale ».

Mon père était loin d'être indifférent à l'éducation de ses enfants. Il voulait, au contraire, qu'ils partagent sa passion pour la Culture. Petit, il avait souffert de se voir interdire l'accès de la bibliothèque familiale et, comme tout bon parent, il ne voulait pas que sa progéniture connaisse un sort aussi peu enviable. Nous avions donc à notre disposition livres et disques en quantité, ainsi que son impressionnante érudition. Il répondait volontiers à nos questions, donnait vigoureusement son opinion sur tel ou tel sujet, mais n'intervenait jamais dans nos choix.

Je n'ai jamais regretté qu'il ne m'ait pas réveillée cette nuit-là. Si l'événement n'avait pas été irremplaçable, je me serais sans doute contentée d'être maussade. Tandis que là, ce fut une leçon que je n'ai pas fini de ruminer. Un enfant est capable de passer à côté d'une grande joie, s'il n'est pas d'humeur à la remarquer. La mettre à sa disposition n'est pas suffisant, une suggestion enthousiaste est souvent nécessaire.

Quelques années auparavant, à cause d'une dyslexie négligée, je me retrouve dernière de ma classe en première année au lycée. La sonnette d'alarme s'agite frénétiquement. Ma mère empoigne le taureau par les cornes. Tests psychologiques, évaluation des dégâts, prescription d'un traitement. C'est ainsi que s'établit entre elle et moi, pendant six mois, une relation que peu d'enfants ont l'occasion de connaître.

Chaque semaine, nous allons chez une psychologue qui, sous l'œil attentif de ma mère, m'explique les nouveaux exercices, révise les anciens et établit notre programme de la semaine. Ces exercices sont très amusants. Sur des feuilles de papier sont délimitées des cases de différentes couleurs qui représentent les différentes natures des mots. Sur une feuille, se trouvent sujet, verbe et complément ; sur une autre, les différents compléments ; sur une troisième, les genres et les nombres, etc. Les feuilles se multiplient et nous les retrouvons chaque jour. Je dis des phrases et, à chaque mot, je tape sur la case correspondante. C'est ainsi que, sous mes yeux, la grammaire se décompose en éléments maniables. C'est facile et amusant ! Même la dictée quotidienne n'est plus une corvée, mais un terrain d'expérimentation de mes nouvelles connaissances.

Non seulement j'ai pu, grâce à cela, poursuivre mes études sans problème, mais j'ai surtout entrevu une autre façon d'apprendre. Personnelle et structurante. Ce bon sens dont j'ai besoin aujourd'hui pour établir des « leçons d'histoire », de « géographie », ou autres, pour des petits bouts de 2 et 3 ans me vient en grande partie de ce décorticage de la grammaire française que j'ai fait avec ma mère, il y a quelque vingt ans.

Ce n'était pourtant pas que cela. Avoir ma mère pour moi toute seule, une bonne heure par jour. La sentir dans le coup. La voir remarquer mes moindres progrès et s'en réjouir. Certes, cela m'a manqué quand j'ai retrouvé le cycle scolaire normal, mais j'ai gardé la certitude d'être un sujet de première importance pour ma mère. Ce qui a transformé définitivement notre relation. Les enfants ont souvent besoin d'être rassurés. D'avoir des preuves éclatantes de l'amour de leurs parents. Même si celui-ci est évident.

Jusqu'à vingt-trois ans, j'ai été peu concernée par la maternité. Je menais une carrière assez brillante. Ce n'est donc pas par désœuvrement que j'ai changé d'avis. J'ai simplement réalisé qu'avoir des enfants était pour moi un acte indispensable.

Bien avant de connaître leur futur père, j'ai fait le point sur cet avenir que je me choisissais. Porter, accoucher, nourrir, torcher était fait pour me plaire, mais c'était un peu court. Tant qu'à faire de se mêler de donner la vie, pourquoi laisser aux autres la meilleure part, pourquoi leur laisser le plaisir (qu'ils goûteront certainement moins que moi) d'éveiller mes enfants au monde, à la connaissance.

A vrai dire, j'ignorais presque tout de ce que peut faire un petit enfant, de ses potentialités. Il y avait cependant deux points dont j'étais sûre : un professeur enthousiaste peut rendre la matière la plus rébarbative intéressante ; et il y a des matières qu'on commence à apprendre beaucoup trop tard. L'exemple évident : les langues étrangères. Comment se fait-il qu'aujourd'hui encore on ne commence à les étudier sérieusement que vers dix, douze ans ? Ne connaissez-vous pas des gens bilingues, voire trilingues et plus, qui manient ces langues avec d'autant plus d'aisance qu'ils ont appris la deuxième dans leur tendre enfance ? Ne vous rappelez-vous pas vos efforts pénibles pour tenter de penser dans une autre langue et de répondre à un professeur à l'accent souvent grotesque ? C'était mon cas. Et si ce n'est pas le vôtre, vous êtes sans doute une exception.

Je me souviens encore de ma stupéfaction, quand je me suis rendu compte que j'étais loin d'être la seule à avoir compris ce problème de l'enseignement trop tardif des langues étrangères ; pourtant personne n'avait encore soulevé la question de façon efficace à l'Education Nationale ! Depuis les sujets d'étonnement se sont multipliés et je me suis blasée.

En dehors de ces quelques présomptions, je ne savais pas

trop comment me comporter avec un tout petit enfant. A part lui parler sans trop bêtifier et l'entourer d'amour, je ne voyais guère ce qu'il y avait à faire, ni ce qui était important. J'imaginais attendre sa sixième année et son entrée à l'école pour compléter l'enseignement scolaire. Je me voyais lui faisant la lecture pour lui donner le goût de lire, lui racontant les mythologies antiques et la Bible surtout (on ne peut guère compter sur l'école pour enseigner le fondement de notre culture). Les Beaux-Arts aussi, et la musique ! Ah, la musique, je savais qu'il faudrait trouver une solution pour qu'il ne connaisse pas ce rejet qu'inspire si souvent l'enseignement musical traditionnel.

J'en étais arrivée là dans mes réflexions, quand j'ai rencontré le futur père de mes enfants, Victor. Les trois années qui ont précédé la naissance de notre fille aînée m'ont permis d'approfondir mes réflexions et de renforcer mes intuitions. Ma belle-mère me fut d'un grand secours. Conteuse émérite, elle me plongea dans l'enfance de Victor et de ses frère et sœur. Ayant dû combattre, huit années durant, une stérilité obstinée pour mettre au monde péniblement son premier enfant, elle avait eu le temps de peser l'importance des choses et d'établir une échelle de valeurs bien personnelle. C'est ainsi que malgré les conditions de vie difficiles de l'Union Soviétique (huit heures de travail, d'interminables files d'attente pour le ravitaillement et un électro-ménager rudimentaire), elle a décidé d'offrir à ses enfants plus qu'on ne leur donne généralement.

D'abord étant elle-même Russe et son mari Roumain, tous deux bilingues, les deux langues étaient parlées en permanence à la maison. Très vite les enfants ont pris l'habitude de s'adresser en russe à leur mère et en roumain à leur père. Ensuite, il existe en URSS des écoles spécialisées dans une branche. Ce sont des établissements où, en plus de l'enseignement traditionnel, on apprend aux enfants de manière approfondie soit une langue étrangère, soit la musique, soit les mathématiques, ou autre chose encore. (L'École Active Bilingue à Paris en est un exemple, exceptionnel en France.) Ma belle-mère a donc mis ses trois enfants dans une école où l'on enseignait intensivement le français dès la première année. C'est ainsi qu'ils sont arrivés à l'âge adulte parfaitement trilingues. Elle leur a fait aussi apprendre la musique, dès l'âge de cinq ans. Là, le succès ne fut pas général, tous n'y ont pas pris goût. Mais le résultat est très encourageant. Victor a suivi l'enseignement traditionnel de 5 à 12 ans, puis écœuré, a rejeté piano et méthode. Il a appris l'harmonie sur le tas et s'est lancé dans la variété avec des copains. Aujourd'hui il connaît la musique de l'intérieur, il peut improviser, joue de plusieurs instruments et accompagne avec facilité. C'est le type même de l'amateur éclairé. De plus, il savait lire à cinq ans et n'en a jamais été troublé à l'école, au contraire !

Ce qui me frappait et m'encourageait dans cette éducation, c'est que je pouvais en voir le résultat : de jeunes adultes, fort semblables à leurs congénères, sinon qu'ils avaient plus de cordes à leur arc que les autres. Ça ne les avait pas traumatisés, contrairement à ce que pensent certaines personnes, ni rendus plus heureux, car la connaissance n'a rien à voir avec l'aptitude au bonheur.

Il est utile de rencontrer des adultes qui ont été élevés différemment. Combien de fois m'a-t-on mise en garde contre les « éducations particulières », me citant des cas d'enfants malheureux. Très souvent, en grattant un peu, je constatais qu'il y avait une désunion familiale qui était vraisemblablement à l'origine des troubles de l'enfant, plus que sa précocité. Ces personnes si bien intentionnées, si convaincues dans leur mise en garde, sont en général réfractaires à tout changement : « J'ai été élevé ainsi et je nem'en porte pas plus mal, pourquoi ne serait-ce plus assez bon pour nos enfants ? » Et elles se plongent dans la « normalité » pour être soulagées de toute responsabilité. Ça me rappelle une conversation que j'ai eue avec une directrice d'école maternelle, au demeurant sympathique, dynamique et menant fort bien son école. Nous discutions de l'entrée d'un enfant, à l'avance, en CP :

— Vous savez, me disait-elle très sérieuse, c'est une grande responsabilité pour l'adulte de décider de mettre l'enfant dans un autre groupe plus âgé.

— Certainement, lui ai-je répondu, mais la responsabilité est tout aussi grande de décider de ne pas le faire.

— Ah non, a-t-elle dit tout à coup rassérénée, c'est la loi !

Et pourtant, malgré ces premières constatations, je n'imaginais pas du tout ce qu'allait être l'éducation de mes enfants, quand je me suis retrouvée enceinte à la fin de l'année 1981. Un long parcours m'a conduite à ce qu'on pourrait appeler l'« apprentissage précoce tous azimuts » ! Ce fut une route jalonnée de nombreuses lectures, d'une rencontre exceptionnelle, Glenn Doman (fondateur du *Better Baby Institute* dont je parlerai plus loin) ; un chemin accidenté fait de joies incroyables, d'échecs qui semblaient incompréhensibles. La passion qui s'est emparée de moi pour un sujet si exaltant m'a fait accomplir un travail dont beaucoup de parents, je crois, aimeraient profiter.

Partie de la méthode du Better Baby Institute, je m'en suis bien éloignée. J'en ai gardé les principes fondamentaux qui sont profondément vrais. Ils remontent certainement à la nuit des temps, car il y a toujours eu des parents pour comprendre que derrière la maladresse désarmante et infinie de leurs tout-petits se cache l'intelligence humaine dans toute sa puissance et sa vorace curiosité. Ils sont simples, ces principes :
— les parents sont les meilleurs professeurs du petit enfant ;
— apprendre est un jeu qui s'arrête avant qu'on s'en lasse ;
— ne pas tester son enfant ;
— la rapidité et la nouveauté entretiennent la curiosité.

Partie de ces quatre phrases, j'ai mis au point, petit à petit, des exercices qui tiennent compte de la réalité quotidienne d'une famille. Je me suis inspirée des diverses techniques que j'ai glanées de-ci, de-là, au gré de mes lectures, et aussi de ma formation théâtrale qui m'est d'un grand secours pour la présentation des jeux que j'invente.

Ce livre est le récit de la vie d'une famille qui s'est lancée dans l'aventure de l'apprentissage précoce ; c'est aussi un guide pratique d'exercices inspirés par la culture française et qui tiennent compte des contraintes horaires de la vie moderne. Car, il faut bien le dire, la littérature sur le sujet n'aborde jamais le point de vue des parents. Ce sont toujours des comptes rendus, plus ou moins vulgarisés, d'études scientifiques. Et quand ils s'adressent aux parents, c'est souvent de façon théorique et générale.

J'ai eu la chance de rencontrer une dame qui a mis au monde six enfants dont elle s'est beaucoup occupée. Elle a eu la gentillesse de me donner le journal qu'elle a tenu pendant quelques années. Loin d'être impudique, ce journal donnait la chair d'une éducation stimulante. C'était l'éveil de ces enfants avec leurs « bons mots », le développement de leurs caractères différents, les anecdotes qui en disent long. Mais, à mes yeux, le point de vue de la mère manquait. Elle n'y décrivait guère les exercices et ne parlait jamais des difficultés, ni de ses tâtonnements.

Je me suis alors décidée à écrire ce livre. Il y avait longtemps que l'idée était dans l'air. Depuis que j'avais rencontré Françoise Dolto. Très vite, elle m'a dit qu'il fallait que j'écrive ce récit. Celui d'une mère qui n'est pas prise de « colique stakhanoviste », qui ne rêve pas d'une nichée de génies fabriqués, mais qui désire satisfaire mieux la curiosité de ses enfants et leur donner les meilleurs outils pour explorer le monde.

Et ce qui m'a probablement le plus encouragée, c'est le courrier que j'ai reçu. En avril 1986, Jacques Pradel m'invite à son émission « Contact » sur France-Inter. Un reporter vient à la maison parler à bâtons rompus avec mes filles, de ce qu'elles aiment. Galia (3 ans) très à l'aise avec cet aimable monsieur, lui détaille la carte de l'Amérique du Sud, puis lui récite *Le Renard et la Cigogne* de Jean de La Fontaine, lui chante une ritournelle sur les Bourbons et lui explique, entre autres, pourquoi on appelle Henri IV « le Vert Galant ». Ensuite elle prend son jeu de cartes avec l'alphabet et met face à face les majuscules et les minuscules en disant leur nom. Je lui parle en anglais et elle traduit aussitôt en français « pour le monsieur ». Je lui passe le livre de Breughel qu'elle se met à feuilleter en disant les titres des tableaux. A ce moment, Céline (2 ans) qui jusque-là s'est tue, parce qu'elle se méfie des nouvelles têtes, ne peut s'empêcher de participer et d'expliquer que, dans *Le Triomphe de la Mort,* le chevalier mourra même s'il se bat courageusement et le lâche aussi même s'il se cache ! La peinture est leur sujet favori, c'est d'ailleurs celui que presque tous les enfants préfèrent. Peut-être parce que ce sont les plus belles images du monde et les enfants le comprennent d'instinct. Cette conversation est enregistrée et passe par morceaux pour illustrer mon interview. Heureusement, car aucun discours ne peut être aussi convaincant.

A la suite de cette émission, j'ai reçu une avalanche de courrier ! Plusieurs lettres m'ont donné la clef pour ouvrir les barrières que dressent les gens dès qu'on leur parle d'apprentissage précoce. Ils ne croient pas que les enfants puissent y trouver du plaisir. Ils n'y croient pas, jusqu'à ce qu'ils les voient, ou les entendent !

Une psychomotricienne de Grenoble : *« C'est avec grand intérêt que j'ai suivi l'émission de France-Inter. (...) Réticente au début (j'ai moi aussi peur des singes savants), j'ai été très conquise lorsque j'ai entendu vos filles : on ne peut se tromper, lorsque l'on entend la joie qui transparaît dans leurs voix, elles sont vraiment heureuses de savoir » !* Une future mère de Goderville : *« La radio résonne encore des rires d'une petite fille sur une Histoire de France devenue conte de la vie, d'intonations enfantines déposées sur la géographie du monde... et déjà je m'adresse à vous, car il est des instants où l'on se sent très proche d'êtres pourtant inconnus. (...) L'expérience que vous menez avec vos deux filles m'a passionnée, et la joie qui ressortait de vos échanges m'a convaincue »*. Je pourrais encore citer de nombreux extraits sur ce thème.

Il est impossible de ne pas faire la différence entre un enfant heureux et un enfant contraint. C'est d'ailleurs notre grande force. C'est ce qui nous guide. Quand j'ai vu les enfants si joyeux du Better Baby Institute, j'ai compris qu'ils étaient dans le vrai. Même si je ne suis pas d'accord sur les techniques et les quantités. Le problème de ce livre d'ailleurs est qu'il ne peut malheureusement ni résonner de rires joyeux ni rayonner de regards triomphants et malicieux. Il faudra nous faire confiance. A moi qui vous parle de mon expérience et à ceux qui m'ont envoyé leurs témoignages dont je vous ferai part.

Tout ce dont je vais parler n'est possible et ne doit exister que dans la joie. Mieux vaut ne rien faire, plutôt que d'ennuyer !

Beaucoup de lettres aussi montraient une soif d'entendre parler de ce sujet. Des parents de la banlieue parisienne : *« Merci donc de nous avoir montré que ce que nous croyons est possible et d'avoir formulé et prouvé clairement ce qui n'est parfois qu'intuitif »*. Une mère d'Igny : *« Quelle chance de vous avoir entendue ! Je sais maintenant que ce que j'ai senti pour mes enfants n'est pas que subjectif. Et que peut-être vous pourriez m'aider à commencer à apprendre plus et avec plaisir et curiosité à Olivier et Anne-Claire »* . Une autre mère de Le Fayet : *« Bravo pour avoir... provoqué cette émission de radio, et élargi, publiquement, un débat à propos d'un sujet bien trop "tabou". Si vous avez l'intention d'aller plus loin, je vous suis. Il reste tant à faire du côté de l'éducation des enfants et... des parents » !* Un père de Chatou : *« Vos idées, votre savoir-faire me font beaucoup réfléchir... Je vous remercie. (...) C'est pourquoi je désire en savoir plus... vous écouter, vous lire ».* Une mère de Paris : *« Je serais heureuse d'en savoir davantage sur votre expérience personnelle, notamment lorsque vos filles étaient plus jeunes »* . Toutes ces lettres, ainsi que la multitude de celles que je ne peux pas citer, faute de place, sont résumées dans une lettre d'une mère de Meaux, qui m'a beaucoup touchée : *« Je vous remercie bien vivement pour cette passionnante émission et pour la façon très sincère avec laquelle vous nous avez fait partager votre expérience. J'ai aimé l'amour intelligent que vous portez à vos deux fillettes. Je pense que cet amour, au-delà de l'amour instinctif que toute mère porte en elle, s'apprend. Voudriez-vous m'apprendre » ?* Comment résister à une telle demande ? Cependant je n'ai aucune formation pédagogique ou psychologique. Je ne peux, ni ne veux, prétendre pouvoir former qui que ce soit. Je ne représente aucune école, je ne vulgarise aucune recherche. Je laisse à ceux dont c'est le métier le soin des études exhaustives. Ce n'est pas un ouvrage scientifique, c'est le récit d'une aventure.

Nous sommes certainement très nombreux à avoir en nous un trésor d'énergie, de créativité et de patience qui nous ferait déplacer les montagnes, si un de nos enfants était frappé d'un grave handicap. Pourquoi ne pas l'utiliser un peu, ce trésor, pour nos enfants « normaux » ?

1.

MES DÉBUTS

Les adieux sont terminés. La douane passée. Nous attendons debout, dans ce cœur à cœur troublant que permet le porte-bébé kangourou. Me voici mère de ce nourrisson bringuebalant de six semaines. Moi qui m'étais si bien préparée ! Moi qui croyais que ce n'était qu'une question de préparation ! Pourtant tout est idyllique. Rien ne m'a désarçonnée. J'ai plongé dans la maternité avec délice. Même le soleil est de la partie. Mais maintenant que la famille est derrière, que nous nous embarquons seules, Galia et moi, pour la lointaine Louisianne où nous attendent époux, père et foyer, il est là, ce vide intérieur que l'agitation post-natale avait tenté de masquer. Il est là avec ses résonnances douloureuses. Et il y sera jusqu'à ce que je le comprenne. Je ne suis plus d'abord la fille de ma mère, mais la mère de ma fille. L'Acte est posé, m'en voici responsable jusqu'à la fin de mes jours. « Il pleut des vérités premières », mais rien de tel que de les vivre pour en être pénétré !

C'est ainsi que la Louisiane nous accueille avec son climat subtropical et primesautier. Mon horaire d'assistante à l'université est très léger. Je passe beaucoup de temps avec Galia. Je la regarde grandir et nous gazouillons de concert. Nous consacrons beaucoup de temps à son activité favorite : le bain. A la clinique, on m'a appris à la baigner, en maintenant bien sa tête pour que l'eau ne lui entre pas dans les oreilles, ce qui est désagréable, paraît-il. J'ai vite abandonné cette pratique. La position du corps avec la tête pliée vers l'avant me semble bien pire ! Et pourquoi ne pas l'habituer doucement à avoir de l'eau dans les oreilles. Sera-ce plus facile plus tard ? J'en doute. La petite baignoire, devenue trop étroite pour des ébats dignes de ce nom, est vite abandonnée pour la grande. Mais mon dos ne tient pas toujours le coup. Alors quand nous avons le temps, j'entre avec elle dans le bain. Je la tiens sous la tête et la fais voguer comme un petit navire. Elle est détendue et heureuse. Moi aussi.

Un soir, Victor rentre à la maison, tout excité. Il a vu une annonce de cours de natation pour bébé. Agitation dans la petite famille. Voir un nouveau-né nager, c'est déjà étonnant, mais la perspective de voir son propre rejeton dans une piscine est incroyable et très alléchante. Ça ne va pas sans appréhension. J'ai entendu parler des bébés qu'on jette à l'eau et qu'on laisse se débrouiller ; très peu pour moi. Que Galia, à trois mois, se souvienne de sa vie fœtale et aquatique, c'est plus que probable, mais de là à dire que ce sera exactement la même chose pour elle dans une piscine, il y a un pas qu'on ne peut franchir qu'avec circonspection.

C'est donc dans cet état d'esprit nuancé et avec une excitation à peine contenue que nous nous présentons tous les trois. La monitrice, une jeune femme douce et chaleureuse, nous rassure tout de suite. On ne les jette pas à l'eau ! Au contraire l'approche est très différente. Tout d'abord ce n'est pas elle qui va guider le bébé, mais les parents. Ou plus exactement le parent, car il n'en faut qu'un dans la piscine. Si les deux y sont au début, l'enfant a tendance à contourner les difficultés en cherchant refuge chez l'autre, au lieu de se concentrer sur ses sensations.

Nous décidons que c'est moi qui guiderai Galia. Au bout des trois semaines de cours (9 leçons), elle sera, paraît-il, suffisamment à l'aise pour que Victor puisse venir jouer avec nous. L'incroyable commence à prendre forme !

Et nous voici au bord de la piscine. Galia est en petite culotte pour contenir les éventuels cacas (pas de couche qui l'alourdirait comme une éponge). J'ai appris que ce sera plus facile pour nous, parce qu'elle n'a que trois mois et demi. Vers neuf, dix mois, les enfants deviennent plus récalcitrants. Ont-ils oublié la vie fœtale ? La position debout qu'ils viennent de découvrir leur paraît peut-être le fin du fin et flotter sur le dos devient, du coup, sans le moindre intérêt. Aussi l'esprit d'indépendance qui commence à poindre, ne doit pas faciliter les choses. Nous serons bientôt fixés sur la véracité de ces on-dit. Il y a une petite dizaine de marmots dont les âges s'étalent de 3 mois à 2 ans. Ils semblent pour la plupart inconscients de ce qui va leur arriver. Les parents, eux, sont dans l'expectative.

La monitrice prend les bébés un à un, tandis que nous descendons dans la piscine, et nous les rend. Galia regarde toute cette eau avec de grands yeux intéressés. La première leçon se passe à apprendre à flotter sur le dos. Je suis derrière elle et j'ai passé ma main sous sa tête. Nous circulons dans la piscine, je chante, je l'encourage, je lui raconte de douces choses. En passant près de la monitrice qui fait flotter un bébé pour montrer à sa mère comment s'y prendre, j'entends qu'elle chante l'alphabet sur l'air de *Ah vous dirais-je, maman...* Je ne saisis pas toutes les paroles, mais le principe me séduit et j'adapte l'idée en français :

Ah vous dirais-je, maman,	*A B C D E F G*
Ce qui cause mon tourment.	*H I J K L M N*
Papa veut que je raisonne,	*O P Q R S T U*
Comme une grande personne.	*V W X Y Z*
Moi, je dis que les bonbons	*C'est ainsi qu'est l'alphabet*
Valent mieux que la raison.	*Que tu dois connaîtr' par cœur.*

J'ignorais encore combien de fois j'allais chanter cette comptine et surtout combien d'adaptations de ce genre je serais amenée à faire.

Je n'oublierai jamais la deuxième leçon. Cette fois, les bébés vont apprendre à aller sous l'eau. La difficulté est d'arriver à ce qu'ils retiennent leur souffle au moment d'y entrer la tête. On pourrait évidemment les plonger, sans autre forme de procès, et, après avoir avalé quelques tasses, ils finiraient par comprendre, mais sans doute seraient-ils hurlants et complètement dégoûtés. Il y a, en fait, un truc tout simple pour limiter les désagréments. Il suffit de souffler dans le visage du bébé, juste avant de le plonger, et le ressortir aussitôt. Tout éberlué par ce « coup de vent », il ferme les yeux et surtout retient son souffle le temps d'une seconde dont il faut profiter.

Je souffle, je plonge et je ressors Galia qui me regarde avec une expression inoubliable : va-t-elle rire, va-t-elle pleurer ? Je la regarde, elle me regarde. Je réalise tout à coup que nous guettons chacune, sur le visage de l'autre, l'attitude à prendre. Aussitôt j'explose en félicitations et caresses : Galia sourit ! Ce sourire m'ouvre les yeux. Mon enthousiasme l'a aidée à se surpasser pour la première fois de sa vie, à 3 mois ! La voie est bonne, car d'ici quelques semaines je la plongerai plusieurs fois de suite pour la faire rire aux éclats.

Fière de nos résultats, je regarde autour de nous pour voir comment se débrouillent les autres. Pour ce qui est de flotter sur le dos, effectivement à partir de 8 mois, il est plus difficile de les convaincre. Mais ce n'est pas l'âge qui détermine la réussite. Ce gosse de 18 mois n'aime guère rester sur le dos, mais adore l'eau et se jette déjà du bord avec l'aide de sa mère. Tandis que celle-là qui nous fatigue avec ses vociférations hystériques refuse de tremper plus qu'un pied. Elle n'a pas deux ans. Mais sa mère est comme un nœud. Terrorisée d'avoir de l'eau jusqu'à la taille, terrorisée par les cris de sa fille, terrorisée par sa propre audace qui l'a amenée en ces lieux, elle est incapable de se détendre, de prendre son enfant et de le calmer. Toutes les appréhensions secrètes des parents se traduisent avec clarté chez leur enfant. Surtout dans une situation de surpassement. Il faut que le parent se sente à l'aise dans l'eau pour que l'enfant ait envie de l'imiter.

Troisième leçon. Les progrès sont tellement évidents qu'on en reste pantois. J'habitue Galia qui flotte sur le dos, à l'idée que je ne la soutiendrai pas toujours. Pour ce faire, je fais glisser mes mains l'une après l'autre pour créer une sensation de mouvement sous sa tête. Ensuite je retire une main et l'autre ne vient pas tout de suite la remplacer. Ces moments sans soutien se font de plus en plus longs. Et voilà que je peux compter lentement jusqu'à dix avant de reprendre Galia ! Non qu'elle était sur le point de couler, mais les cris vainqueurs et les gazouillis se sont tus et une inquiétude a pointé dans son regard. On ne peut pas quitter le bébé des yeux : bien sûr pour éviter tout risque de noyade, mais aussi pour guetter les changements d'humeur, choisir le bon moment et surtout interrompre avant que le déplaisir ne s'installe. Il faut toujours terminer l'exercice en beauté, sur l'exaltation de la réussite.

Maintenant qu'elle flotte sereinement et va sous l'eau facilement, nous passons au troisième exercice : la torpille. Comme Galia est très à l'aise, son père qui ne manquerait une leçon pour rien au monde est autorisé à nous rejoindre dans la piscine pour cet exercice. Je mets Galia sur le ventre, à la surface de l'eau. Je lui soutiens la poitrine et le bas du dos, elle relève la tête en sphinx. Je lui souffle dans la figure et la projette, à l'horizontale sous l'eau, vers Victor qui la rattrape et la remet sur le dos avec moult félicitations. Nous nous éloignons de plus en plus l'un de l'autre et voilà qu'elle « nage » sous l'eau plus d'un mètre !

Les exercices se multiplient pour aider le bébé à se remettre sur le dos. C'est très important : c'est ce qui pourra empêcher la noyade, en cas d'accident. J'aide Galia de moins en moins. Elle devient de plus en plus grenouille. Je la lève le plus haut possible à bout de bras et la laisse tomber : elle entre profondément dans l'eau, remonte à la surface et se met sur le dos, toute seule, hilare ! Il y a un autre bébé, du même âge. Il est plus menu, il a l'air fragile et un peu craintif. Et pourtant il progresse aussi, plus lentement, plus timidement, à plus petites doses, mais avec le même plaisir étonné. Les trois semaines de cours se sont écoulées. Je suis maintenant capable de continuer seule et même de guider ma progéniture à venir, dans ses débuts aquatiques. Voici 45 dollars bien investis !

Nous continuons d'aller nager deux à trois fois par semaine. Ah, la tiédeur des piscines américaines ! Elle nous manquera cruellement en Europe. Un mois après sa première leçon, Galia traverse le bassin dans sa largeur, dans le sillage que je trace en reculant à sa tête et sans mon soutien. A six mois, elle s'agrippe au bord qu'elle lâche à volonté. Je ne me lasse pas de l'observer, de guetter ses progrès. J'interviens beaucoup moins maintenant. Je ne la quitte pas des yeux et je veille au grain. Elle flotte avec joie et animation, regarde autour d'elle, prend l'eau dans sa bouche, la recrache comme une baleine et pédale vigoureusement pour se déplacer. Un jour, la voilà qui arrive près de l'échelle. Elle saisit un échelon et change d'expression. L'insouciance fait place à la concentration, celle du jeune funambuliste avant son premier saut périlleux. Tout à coup elle passe son bras par-dessus sa tête pour attraper l'échelon avec l'autre main, sans perdre l'équilibre. Trop court ! Repos et réflexion. Puis, visiblement, elle se fait couler exprès pour réussir le mouvement sous l'eau. Malheureusement la force lui manque et elle remonte à la surface, piteuse. Je n'en reviens pas. C'est Galia qui fait ça ? Le petit nourrisson qui dodelinait sur mon ventre, il y a cinq mois, dans cet aéroport où l'appréhension devant le futur m'étreignait ? Nous avons bien changé toutes les deux.

Mais l'aventure ne s'arrête pas là. Je me plonge dans le livre : *Apprenez à nager à votre bébé,* de Claire Timmermans. Celle-ci a découvert la méthode que j'ai apprise en Louisiane, par un de ces heureux hasards qui font les grandes découvertes. En Australie, les canicules peuvent être catastrophiques pour les nouveau-nés. Ayant accouché quelques jours avant qu'une vague de chaleur ne s'abatte sur sa ville, elle décide que sa petite Andrea, non seulement survivra, mais n'en souffrira pas. Le premier jour de chaleur, elle baigne régulièrement son bébé qui passe en tout quatre heures dans l'eau. Mais elle-même, encore affaiblie par l'accouchement, souffre de la chaleur qui est extrême. Dès le deuxième jour, elle rejoint sa fille dans la baignoire. Ainsi commencent les longs bains communs qui continueront bien après la canicule. Andrea adorant l'eau, sa mère devient plus audacieuse. Elle provoque des vagues qui couvrent son visage. Le bébé ne bronche même pas.

Quelques semaines plus tard, Claire Timmermans qui est, comme son mari, professeur de natation, va à la piscine avec sa fille qu'elle installe confortablement non loin du bord, avant de plonger. Dès qu'Andrea voit sa mère dans cette « énorme baignoire », elle proteste énergiquement et ne tarde pas à la rejoindre pour s'y ébattre avec délectation. Cela devient une habitude quotidienne et la rumeur commence à courir que Claire Timmermans apprend à nager à son bébé. La presse s'en mêle et la nouvelle fait le tour de la terre. Bientôt un courrier abondant arrive des quatre coins du globe. Pour la plupart, des parents qui se renseignent sur la méthode. Dans la ville, nombreux sont ceux qui voudraient qu'elle apprenne à nager à leur bébé. Devant une telle demande, Claire Timmermans décide de prendre quelques élèves. Et c'est l'échec ! Il lui faut plusieurs leçons pour que le bébé s'habitue à elle et accepte d'entrer dans l'eau dans ses bras et, dès qu'elle essaie de le faire flotter, les hurlements recommencent. Après quelques tentatives aussi peu fructueuses, elle interrompt ces leçons et va en Californie dans plusieurs écoles de natation pour jeunes enfants. Effectivement, les enfants de 3 à 5 ans nagent remarquablement bien pour leur âge. Mais les bébés hurlent autant que ses petits élèves australiens. Et vu l'impassibilité des moniteurs et des parents devant ces cris, il semble bien que ça fasse partie de la méthode. Dégoûtée à l'idée de *forcer* l'enfant et de provoquer de tels pleurs, Claire Timmermans renonce à ses cours de natation pour bébé.

Jusqu'au jour où elle reçoit un coup de téléphone d'une mère qui la relance et qui, devant son refus, explose : « Je vous trouve très égoïste ! Quand votre fille marchera, elle sera capable de nager. Près de notre maison, il y a trois étangs. Je vais vivre dans la hantise que mon petit garçon s'y noie ! » Bien qu'ébranlée par cette responsabilité dont on l'affuble soudain, Claire Timmermans, se souvenant de ses premiers échecs, continue de refuser. « Laissez-moi au moins regarder comment vous faites ! » prie l'autre mère. Pourquoi pas !

Quelle ne fut pas sa surprise de retrouver chez ce petit bébé le plaisir et les progrès de sa fille au même âge. Très vite le bouche à oreille amène d'autres marmots avec leurs mères qui observent et imitent Claire Timmermans. Et toujours la même facilité, la même absence de pleurs. C'est ainsi qu'est née la méthode qui enseigne aux parents comment guider leurs tout-petits dans l'eau.

Charmée par le récit de cette aventure qui, comme la mienne, avait commencé dans une baignoire, je relis la préface d'un certain Glenn Doman qui a, paraît-il, poussé Claire Timmermans à écrire son livre. Il y parle de gens qui, à travers le monde, ont compris que les tout jeunes enfants peuvent apprendre certaines choses beaucoup plus facilement que s'ils attendent l'âge dit requis. Claire Timmermans est de celles-là. Il y a aussi un certain Suzuki qui, au Japon, enseigne le violon aux tout-petits, selon les mêmes principes. Doman y cite aussi un livre dont il est l'auteur, *J'apprends à lire à mon bébé.*

Ce titre me laisse rêveuse. Dans le fond, l'idée de faire nager les bébés ne choque pas vraiment, tandis que la lecture... c'est tellement abstrait ! J'achète le livre qui se révèle passionnant. Un premier argument me frappe d'emblée. Pour l'enfant, écouter les mots qu'on lui dit ou regarder ceux qu'on lui montre, c'est la même abstraction. L'ouïe et la vue ne sont que deux chemins qui mènent au cerveau. Or c'est en écoutant qu'il apprend sa langue maternelle. Donc, idéalement, si on pouvait entourer l'enfant du langage écrit, comme on le fait oralement, il apprendrait les deux, de concert. Je n'ai aucune formation scientifique pour juger du bien-fondé de cette affirmation, mais d'instinct elle me séduit.

L'histoire du centre de recherche dont Glenn Doman est le fondateur n'est pas banale non plus. A la fin des années quarante, une poignée de chercheurs décident de tenter d'améliorer le traitement des enfants souffrant de lésions au cerveau. Les idées préconçues sur le sujet ne manquaient pas, mais par contre les résultats des traitements en vogue à l'époque étaient à peu près nuls. C'était donc un terrain de recherche exaltant, puisque le moindre progrès pouvait constituer un succès sans précédent. Les débuts cependant ne sont guère triomphants ; leurs recherches se soldent par les échecs habituels. Déçus, mais pas découragés, ils repartent de zéro en analysant l'évolution de milliers d'enfants normaux qu'ils comparent à celle des enfants souffrant de lésions au cerveau. Bref, ils en arrivent à se rendre compte que la stimulation active d'un sens amène l'amélioration sensible des sens handicapés. Notamment pour un enfant incapable de marcher, fût-ce à quatre pattes, la stimulation intense de la vue s'avère très efficace. Seulement, qu'entend-on par stimulation de la vue ? On peut allumer et éteindre souvent la lumière, ensuite on montre différentes couleurs, puis des formes, et puis... et puis si on veut provoquer une activité cérébrale plus complexe, on présente des mots ! Et c'est ainsi qu'au début des années soixante, force leur a été de constater que ça marchait ! Des enfants gravement handicapés, au cerveau jusqu'à moitié détruit parfois, lisaient dans leur quatrième année. La jubilation était grande au 8801 de la Stenton Avenue, Philadelphie !

Mais pourquoi les enfants au cerveau bien entier et sain, n'apprennent-ils à lire, souvent péniblement, qu'à six ans ? (Les deux grandes qualités de Glenn Doman, je l'ai constaté de visu, sont certainement la vitalité et l'amour des enfants.) Dès que cette pensée lui a traversé l'esprit, elle ne le quitte plus.

Le traitement individuel qu'établissent Doman et ses collaborateurs pour chaque enfant handicapé est en fait appliqué à la maison par les parents. C'est d'ailleurs une mère qui, la première, a eu l'audace de compléter le traitement en présentant à son fils de trois ans, muet et rampant, un alphabet illustré : un jour, la famille Lunski arrive à Philadelphie pour une évaluation de leur petit Tommy et la prescription d'un nouveau traitement. Plusieurs fois déjà, les parents ont rendu compte des progrès étonnants de leur fils en lecture ; chaque fois, la réponse avait été un sourire condescendant et une petite note dans le dossier. Ce ne sont pas ces élucubrations utopistes de parents exaltés qui intéressent Doman et son équipe. Ce qui les intéresse, ce sont les progrès étonnants du gamin : il parle et se déplace de mieux en mieux ! Mais cette fois le père insiste parce que TOMMY SAIT LIRE ! L'incrédulité habituelle accueillant la nouvelle, M. Lunski, agacé, prend une feuille de papier, écrit une phrase que Tommy lit sans difficulté, sous le regard ébahi de Doman. Il en lit une autre, et encore une, et la plupart de celles qu'on lui présente au cours d'un test sophistiqué. Tommy sait lire et comprend ce qu'il lit. Il a cinq ans, ne marche pas encore et ne pouvait pas dire un mot, deux ans auparavant.

Voici que l'injustice, l'inégalité des chances, qui, jusque-là, était le lot des enfants handicapés, changeait de camp ! De quel droit privait-on ces pauvres petits « normaux » de la chance d'apprendre à lire à un âge où leurs cerveaux, en plein développement, en profiteraient pleinement ? !

Peu désireux de se lancer dans une campagne donquichottesque auprès des écoles, Glenn Doman se dit que le mieux était d'avertir les parents. C'est pourquoi il écrivit ce livre que je dévore bouche bée onze ans plus tard.

Onze ans ! Il s'en passe des choses en onze ans. Surtout dans un centre de recherche : *Institutes for the Achievement of Human Potential.*

« Instituts pour la Réalisation du Potentiel Humain ». Ce nom un rien pompeux, me plaît. Je leur écris. Quelles sont leurs nouvelles publications ? Par retour du courrier, je reçois une volumineuse documentation sur un séminaire pour parents et futurs parents. Effectivement, en onze ans, ils ont fait du chemin ! C'est non seulement la lecture qu'on peut leur apprendre, à ces marmots, mais les maths, les langues étrangères, la géographie, la musique, l'histoire, la danse, et j'en passe. Il y a, de plus, quatre pages de réponses aux questions que peuvent se poser les parents tentés par l'expérience et le voyage. Elles respirent le bon sens, l'organisation et l'enthousiasme. Bien sûr 500 $ (+ trajet + logement) est une somme importante pour notre jeune budget, mais j'ai l'impérieuse certitude qu'il faut que j'y aille. Que je voie de mes yeux, que j'entende de mes oreilles !

Toute à l'excitation que fait monter en moi cette décision, je me rappelle une réflexion de Claire Timmermans : personne ne songerait à comparer deux individus de 30 ans et à attendre d'eux exactement les mêmes performances. Et pourtant, pour beaucoup de gens, il est tout à fait normal de comparer des enfants du même âge, sous leur nez. « Pierre marche mieux que Paul » ou pire encore « Tu vois comme Dominique flotte bien sur le dos, et toi tu n'y arrives pas ! » Ce sont des parents qui apprennent la natation à leur enfant pour le plaisir de pouvoir dire qu'il nage avant même de savoir marcher.

Une mère venait prendre des leçons chez Claire Timmermans et voulait absolument que sa fille soit la meilleure. Elle était tellement impatiente de voir des résultats qu'elle brusquait son enfant, s'exaspérait au moindre échec et ne s'attardait pas sur les petits progrès qu'elle jugeait insignifiants. Comme Claire Timmermans essayait de lui faire comprendre qu'il fallait changer d'attitude, aller au rythme de l'enfant et l'encourager sans cesse, la mère furieuse a interrompu la leçon et est partie en disant : « Je vais l'emmener chez un professeur qui pourra lui apprendre à nager sans toutes ces simagrées ! »

Bien sûr, cette mère est caricaturale. Appeler « simagrées » la tendresse et le respect ! Mais n'y a-t-il pas un peu d'elle au fond de nous ? Je regrette de ne parler qu'une langue et demie, je regrette d'être à ce point ignare en musique, je regrette... S'il est vrai que ce n'est pas qu'une question de talent, s'il est vrai que je peux apprendre ces choses à mon enfant en m'y prenant à temps et de la bonne façon, alors il faut que je le fasse. Pour lui, pas pour moi. Mais serai-je capable de lui laisser cette autonomie, de garder la mienne ? Ne pas céder à la tentation d'en faire un autre moi plus réussi. Il le faudra bien. La voie que je choisis ne me facilitera pas la tâche. Mais j'ai au moins la chance de m'en rendre compte dès le départ.

2.

UNE SEMAINE AU « BETTER BABY INSTITUTE »

Mars 1983. J'ai laissé Galia, un frigo bien rempli et des instructions à Victor pour huit jours. En père accompli, il s'en tire superbement et trouve même dans ce tête à tête avec sa fille une énergie particulière pour faire avancer sa thèse !

Quant à moi, me voici à nouveau dans un avion en route vers l'aventure. Mes parents m'ont offert le séminaire, ce qui a allégé mes dépenses de moitié. M'ont-ils jamais fait plus beau cadeau ? Avant de partir, j'ai reçu une lettre de ma mère : « Cette expérience me passionne. Bien sûr, je suppose qu'il y aura du 'meilleur et du moins bon', des discussions stériles et du créatif. »

C'est dans cet état d'esprit enthousiaste mais nuancé que j'arrive à Philadelphie, en début de soirée, dans un motel modeste à l'américaine (c'est-à-dire aux chambres vastes et confortables), à une quinzaine de kilomètres du Centre. Je repère une autre mère qui fait partie de l'aventure. Nos grossesses respectives de trois et quatre mois nous rapprochent. Bientôt nous partagerons la même chambre et huit jours plus tard, nous nous quitterons pour toujours. Elle qui va être pendant cette semaine mon miroir, une présence chaleureuse et nécessaire, deviendra un souvenir, un visage dont j'oublierai le nom.

Je crois l'avoir retrouvé dans une liste des participants : Serita ! Serita Bell qui débarquait de son Oklahoma natal avec de grands yeux derrière des lunettes. Elle était à elle seule toute l'Amérique profonde, avec sa détermination et son émerveillement de découvrir pour la première fois des bâtiments du XIXe siècle qui lui semblaient issus du Moyen Age ! Quelles exclamations enfantines elle avait pour décrire au téléphone à son mari ces bâtisses imposantes qui « d'un siècle la contemplaient » !

Nous sommes nombreux à avoir choisi ce motel. Les voitures ne manquent pas, ce qui m'évite d'en louer une car les transports en public dans cette banlieue cossue et résidentielle sont rares, comme souvent aux Etats-Unis. Dimanche 14 h, nous nous rendons aux *Institutes for the Achievement of Human Potential* (IAHP). Un parc impressionnant, malgré la pelade boueuse que lui inflige cette fin d'hiver, enferme une série de bâtiments qui sont les différents instituts. C'est le domaine de Glenn Doman. Comme tout ce qui est à l'intérieur de cette enceinte, c'est imposant et accueillant. Nous nous retrouvons tous au *Temple Fay Building* (nommé ainsi en hommage à un célèbre neurochirurgien dont Doman fut le disciple et à qui il dit tout devoir). Là, le soin de l'accueil saute aux yeux immédiatement. Une farde à anneaux, marquée de notre nom, nous attend avec l'horaire et les premières instructions. Sur la couverture, en lettres d'or, se trouvent le nom des instituts et leur blason : un enfant marchant sur une grande main ouverte qui le tient dans les airs. Nous nous retrouvons dans un vaste salon aux grandes baies. Divans confortables disposés intimement, boissons et biscuits à volonté. Dans cette atmosphère cosy, les plus bavards parlent avec ceux qui déjà connaissent plus ou moins l'endroit. Les autres, dont je suis, s'observent, s'étudient. Nous sommes une petite centaine : 75% de femmes, 25% d'hommes entre 20 et 40 ans. Quelques grand-mères ont passé la cinquantaine.

15 h. Nous entrons dans l'auditorium, l'endroit où nous passerons 8 à 12 heures par jour cette semaine. Une centaine de pupitres avec fauteuils descendent en gradins vers une vaste estrade. Au fond, deux superbes bibliothèques s'encastrent dans les lambris de bois qui recouvrent tous les murs. Les matériaux, la lumière douce donnent une impression chaleureuse qui se révèle fort trompeuse. La température ambiante est de 17° ! Au bout d'un quart d'heure, les calories accumulées dans le douillet salon sont envolées et tous nous enfilons les manteaux que l'on nous avait conseillé de prendre. Il ne s'agit pas d'une panne de chauffage. Bien au contraire, deux systèmes d'air conditionné maintiennent la température à ce niveau fort bas pour un public immobile ! Glenn Doman prend alors la parole pour nous

expliquer que cette salle a été longuement étudiée dans ses moindres détails pour offrir la plus grande efficacité. Et ces 17° sont, paraît-il, un des éléments les plus importants pour maintenir les auditeurs en éveil. Je dois dire que c'est vrai ! Surtout quand l'orateur est à la hauteur, on ne somnole pas, même à la huitième heure de cours !

Glenn Doman est un homme dans la soixantaine, trapu et enveloppé. Ses yeux qui ne sont plus qu'une fente quand il rit, sont visibles du dernier rang, malgré les lunettes, tant ils brûlent de gaieté et de conviction. C'est un grand-père, blanc de cheveux et de barbe, comme on les aime : énergique et malicieux. Il nous souhaite la bienvenue et nous présente les différentes personnes de son « staff » assis en rang d'oignons derrière lui. Déjà dans son livre, ainsi que dans la farde qu'on vient de nous remettre, j'ai été frappée par la méticulosité avec laquelle il veille à n'oublier personne. Ensuite chaque membre dudit staff explique ce qu'il fait au sein du centre. C'est alors que sortent les noms des différents instituts : celui pour la *Réalisation de l'Excellence Physiologique,* celui pour la *Réalisation de l'Excellence Physique* et enfin celui pour la *Réalisation de l'Excellence Intellectuelle.* Ce dernier est divisé en plusieurs sections : l'*Evans Thomas Institute* consacré à l'éducation des enfants de 0 à 5 ans, l'*Ecole Internationale* qui s'occupe de ceux de plus de 5 ans ; et le *Better Baby Institute* qui éduque intensivement les parents (c'est-à-dire nous !) pour leur apprendre comment se développe le cerveau humain et comment ils peuvent travailler avec leurs enfants à la maison.

Chaque membre du staff porte une veste de la couleur d'un des trois instituts de base dont il fait partie. Ils seront tous à notre disposition pour répondre à nos questions pendant les interruptions. En effet, les heures de cours sont de cinquante minutes. Quand la sonnerie retentit, on s'interrompt, fût-ce au milieu d'une phrase, pour regagner le salon douillet où l'on s'abreuve, se sustente et pose les questions qui viennent à l'esprit. Au bout de dix minutes, la sonnerie retentit de nouveau et nous retournons rapidement dans l'auditorium. Tout est prévu ! Dans la farde, un petit mémo nous prie d'être à l'heure, de ne pas sortir en cours de conférence, de ne pas fumer, ni manger, ni boire, de ne pas coudre, ni tricoter, de ne pas interrompre le conférencier.

« Essentiellement, chaque parent devrait veiller à ne rien faire que le conférencier ne ferait pas lui-même ! » Je suis abasourdie par cette organisation extraordinaire qui nous guide dans nos moindres gestes. D'ordinaire j'aime garder une certaine indépendance, mais quand je me rappelle la pagaille ou en tout cas le temps perdu qui caractérise souvent ce genre de séminaire, je trouve stimulant de ne pas perdre ici une minute de cette disponibilité et de ce temps mis à notre disposition.

La présentation du staff se termine. On apporte un micro portatif qui passe de main en main. Chaque parent se présente brièvement et raconte comment il s'est retrouvé ici. Ainsi petit à petit, ces courtes biographies colorent notre groupe. Quelques-uns sont de Philadelphie, une bonne moitié vient des Etats-Unis, une poignée du Canada, les autres ont fait le voyage d'Amérique du Sud, d'Europe, d'Asie. Il y a même, pour la première fois, une mère qui vient de Chine populaire. Elle est accueillie comme une ambassadrice ! L'éventail des professions est large. Celui des études aussi ; certains n'ont pas leur bac, d'autres ont plusieurs spécialités, la plupart se situent entre les deux. Les raisons qui nous ont amenés ici sont fort proches. Qu'ils en aient entendu parler par une amie enthousiaste ou à la télévision ou encore qu'ils soient comme moi tombés sur l'adresse du centre dans le livre de Doman, ils sont venus pour les mêmes raisons. Tous sont persuadés de l'immense potentiel des enfants et qu'il est presque « criminel » de ne pas les aider à apprendre facilement ce qui leur sera si difficile à ingurgiter plus tard. Beaucoup citent l'exemple des langues étrangères. Nous sommes tous dans le même cas.

Pendant trois heures, le micro passe de main en main. Je regarde Doman et son staff face à nous, si attentifs et immobiles. Je ne peux m'empêcher de me demander : comment se fait-il que ces gens qui mènent une telle recherche, et surtout Glenn Doman qui en outre dirige une pareille institution, comment se fait-il qu'ils nous consacrent tant de temps ? Doman donne la moitié des cours (la partie théorique), avec un plaisir évident, et assiste à toutes les démonstrations des enfants. Les autres assurent la partie pratique des cours et sont à notre disposition toutes les heures. Et cela, six fois par an pendant une semaine. Pourquoi sont-ce les chercheurs eux-mêmes qui s'occupent de nous et non des éducateurs formés par eux ? Quelle dépense d'énergie pour une petite centaine de personnes ! Quelle dépense tout court, d'ailleurs, car il paraît que les 450 $ (on nous a rendu 50 $ à l'arrivée !) que nous coûte ce séminaire, ne couvrent pas tous les frais. C'est bien possible, quand on pense au matériel mis à notre disposition et au nombre de personnes qui s'occupent de nous. Il me faudra une semaine pour commencer à comprendre et des années pour pénétrer, quelque peu, ce rouage parfaitement huilé. Mais je ne me plains pas de cette situation qui crée une atmosphère exaltante où nous nous sentons uniques ! Ce séminaire qui attire des parents des quatre coins du globe n'existe que depuis quelques années. L'impression d'être pionnier est très agréable.

Les présentations s'achèvent. Après un dernier thé (ou café !) roboratif, nous regagnons nos pénates, prêts à entrer dans le vif du sujet le lendemain matin. Nous emportons aussi une trentaine de phrases à lire attentivement. C'est la première série des *89 Points Cardinaux Pour Faire De Votre Bébé Un Être Humain Remarquable.* Nous entrons ici de plain pied dans le style éclatant et définitif de Glenn Doman qui assène les vérités premières et les nuances les plus fines sur le même ton jovial et péremptoire ! Ces fameux « points » sont des affirmations, des aphorismes qui m'ont souvent l'air évidents. Et pourtant où les ai-je entendus ? Nulle part ! La taille et le développement du cerveau ne sont pas prédestinés ; c'est, au contraire, un processus qui peut être arrêté, ralenti ou accéléré, selon les circonstances ; l'hérédité et l'environnement ne doivent pas être des prisons, mais des tremplins ; le potentiel génétique de chaque individu n'est pas celui de ses parents et grands-parents, mais celui de la race humaine, c'est-à-dire le même que celui de Léonard de Vinci, de Shakespeare, de Bach, d'Einstein, etc.

Cette affirmation-ci me paraît presque incroyable et pourtant je la retrouverai, bien plus tard, dans la bouche d'Albert Jacquard (chef du Service de Génétique de l'INED, Paris) interviewé par Rachel Cohen : *« Le potentiel cérébral est certainement fabuleux, et une chose contre laquelle il faut s'élever, c'est l'idéologie des dons : la bosse des maths, le don pour la littérature… Ces phrases n'ont guère de sens. Je ne nie pas que, bien sûr, l'on soit plus ou moins apte : mais une fois que certaines contraintes sont assez loin, on peut à peu près faire n'importe quoi. Quand on imagine la richesse fabuleuse d'un cerveau humain (...) avec ce bagage, je peux faire bien des choses : je peux apprendre, je peux raisonner, je peux évoquer — le pouvoir d'évocation est fabuleux — à condition qu'existent le besoin ainsi que les possibilités d'accès aux choses dont on a besoin. »*

Mais je suis encore tout à fait novice, et je me fie à mon instinct pour trouver ma route. D'autres affirmations sont comme des slogans troublants : les jeux et les jouets ont été inventés par les adultes pour se débarrasser des enfants ; les enfants inventent des outils, pas des jouets ; les enfants ont une rage d'apprendre, parce qu'ils pensent que c'est une question de survie ! (C'est une façon de présenter les choses qui n'est vraiment pas habituelle !) Et pour terminer, les enfants sont des génies linguistiques, puisqu'ils apprennent une langue étrangère (la première !) en deux ans ; et il est plus facile d'apprendre une deuxième langue, à lire et encore bien d'autres choses, à un enfant d'un an qu'à un enfant de sept ans.

Électrisée par ce discours provocateur, je retourne le lendemain au *Better Baby Institute* (BBI). Doman nous accueille et évoque, en guise de préambule, les nombreux voyages qu'il a faits partout dans le monde (« sauf en Antarctique où il n'y a pas d'enfant »), dans les sociétés les plus évoluées, comme dans les peuplades les plus primitives. Partout il est allé observer la naissance et les premières années de la vie des enfants. Souvent il a eu l'occasion de demander aux mères rassemblées si elles estimaient que leurs enfants faisaient tout ce dont ils étaient, en fait, capables. Chaque fois, la réponse était un « NON » massif. Et il y a de fortes chances que s'il nous posait la même question, la réponse serait identique. Mais sûr de son public, il n'en prend pas la peine. Comme il le dit souvent, la proportion de mères égoïstes, indignes et brutales envers leurs enfants, est très faible et ce n'est jamais celles-là qu'il rencontre. Je le crois volontiers !

Le destin d'un chimpanzé est de mener une vie de chimpanzé, en tout point pareille à celles de son chimpanzé de père et de sa chimpanzé de mère qui eux-mêmes lui ont transmis, pour ainsi dire intact, le savoir des chimpanzés qui remonte aux origines de la race. Il est loin d'en être de même pour les humains. Sans parler du chemin parcouru depuis les cavernes, il n'est que de comparer le style de vie de nos parents, avec ce qu'ils avaient à leur disposition, et le nôtre, pour comprendre que la réflexion « j'ai été élevé comme ça et je ne m'en porte pas plus mal, pourquoi ne serait-ce plus assez bon pour nos enfants » n'a aucun sens. Il est dans la nature humaine d'élargir sans cesse l'horizon. Nos enfants le feront, avec ou sans nous. Alors soyons avec eux et « mettons-les debout sur nos épaules », comme disait joliment la mère de Doman.

Le but de ce séminaire, poursuit celui-ci, n'est ni de vendre quelque chose, ni de persuader et encore moins de transformer quiconque, mais simplement d'essayer de rendre compte, en une cinquantaine d'heures, démonstration à l'appui, les résultats de quarante ans de recherche. « Je me battrais pour faire respecter votre droit à penser autrement que moi ! » Commence à poindre le passé martial de Glenn Doman qui fut héros de la Seconde Guerre Mondiale, et dont le goût pour l'organisation militaire imprègne les lieux !

« Les mères ont amené la race humaine de l'âge des cavernes au siècle des lumières et voici près de deux cents ans que les professionnels (pédiatres, pédagogues, psychologues de tout poil) ont petit à petit pris le relais et troublent les parents, en proférant des avis diamétralement opposés, en instaurant l'enseignement généralisé (inspiré de l'organisation industrielle anonyme et mécanisée), en révolutionnant régulièrement les méthodes d'éducation, sans grand résultat. Ces professionnels, donc, nous ont amenés en deux cents ans du siècle des Lumières à l'âge atomique, peuvent-ils s'en vanter ? » Ce discours lapidaire, flatteur et exagéré trouve une approbation tacite dans le public. Ne sommes-nous pas ici, justement parce que l'incurie, les idéologies obscurantistes et l'absence de bon sens qui souvent semblent présider à l'organisation de l'éducation de nos enfants nous désolent. Le but, donc, de ce séminaire, conclut Doman, est de donner une formation de « parent professionnel » (c'est-à-dire une personne qui se trouve être mère ou père et qui possède suffisamment d'informations sur le développement du cerveau et sur la manière de présenter les connaissances humaines aux tout-petits, pour être appelée « parent professionnel »). Doman qui a étudié longuement les meilleurs moyens de motiver les enfants sait que les humains sont tous pareils, quel que soit leur âge : estime, enthousiasme, honneurs et distinctions sont la meilleure carotte qu'on ait trouvée pour faire avancer l'âne, il nous la distribue donc généreusement !

L'enfant invente des outils, non des jouets. Il aborde le monde, comme un scientifique, avec son mini-laboratoire portatif : ses cinq sens. Chaque objet qu'il prend, il le regarde, le palpe, le respire, le goûte et écoute les bruits qu'il peut en tirer, puis utilisant sa puissante faculté d'analyse, il essaie de le démonter, voire le casser, pour comprendre comment il est fait. Quand il a fini ce rapide tour d'horizon, si l'objet ne lui semble pas être un bon support de rêve, il le jette au loin et il est inutile d'essayer d'y ramener son intérêt. Cette attitude est souvent considérée comme un manque de concentration et de persévérance, comme un signe de faible activité intellectuelle. L'intérêt visible et actif, mais bref, que l'enfant a manifesté ne nous suffit pas. Ça nous paraît trop court, à nous qui n'apprenons plus depuis longtemps que lentement et avec effort. Et pourtant c'est avec cette attitude qui n'a rien à envier au plus sérieux des savants, que l'enfant aborde la tâche la plus ardue de son existence : apprendre sa langue maternelle ! Aucune autre langue ne sera aussi difficile à apprendre, puisque, outre la difficulté de retenir les dizaines de milliers de mots et les centaines de règles qui les régissent, l'enfant doit *concevoir* ce qu'est le langage abstrait. Le reste à côté doit lui paraître roupie de sansonnet ! Et pourtant, ça, nous ne le percevons pas comme un exploit, nous ne craignons pas de mettre son cerveau en ébullition, en lui parlant trop. Nous rions quand sa fameuse faculté d'analyse et de déduction se manifeste. Pourtant qu'est-ce d'autre qui l'amène à dire des choses qu'il n'a jamais entendues, comme : « J'ai prendu » ou « Déproche-moi ». S'il dit « j'ai prendu » pour « j'ai pris », c'est qu'il a compris que les mots que nous appelons verbes (il ignore bien sûr ce terme) se conjuguent de la même façon, quand ils se ressemblent : chanter, manger — j'ai chanté, j'ai mangé, rendre, prendre — j'ai rendu, j'ai prendu. Et s'il dit « déproche-moi » pour « éloigne-moi », c'est qu'il a compris qu'en changeant le préfixe (il ne connaît pas ce terme non plus) d'un mot, on peut dire le contraire : accrocher, décrocher, approcher, déprocher. Il a reçu les faits, il en déduit les lois. Il ne lui reste plus qu'à apprendre l'existence des exceptions !

Quand on réalise ceci, au lieu de voir dans le marmot qui bredouille une petite larve humaine, on se met à le regarder comme un étudiant qui prépare sa thèse de doctorat ! Et pourquoi pas ? Il mérite au moins les mêmes égards, les mêmes dépenses, la même considération. Ce serait même sans doute un meilleur investissement ! Mais une fois l'euphorie de cette constatation passée, le sens des responsabilités revient au galop. On le savait bien que l'enfant parle comme il entend autour de lui. Il parlera une langue élégante et châtiée ou une langue imagée et argotique ou une langue sommaire et grossière, selon son entourage. On le savait bien, mais quand on se rend compte que, derrière les premiers bredouillages, se cache une analyse systématique de notre façon de parler, on se dit tout à coup qu'on ferait bien d'être à la hauteur. Mots passe-partout, phrases inachevées, fautes d'accord, grossièretés faciles, etc., le bilan n'est pas très positif. Et pourtant pourquoi ne pas s'exprimer correctement ? Dès la naissance du premier enfant, notre mode de vie change radicalement. A tel point parfois qu'on se demande à quoi on pouvait bien passer son temps avant ! Les plus paresseux se réveillent tôt et se lèvent plusieurs fois la nuit, les plus souillons se mettent à nettoyer de façon qui leur paraît parfois frénétique. Alors parler élégamment, pourquoi pas ? C'est peut-être même une transformation plus gratifiante que les autres !

C'est ainsi que se déroule dans ma tête un monologue fait des discours de Doman et des réflexions qu'ils suscitent en moi.

Mais voici qu'après cette longue introduction, nous arrivons au premier cap : la lecture. Une grande étude nationale est faite aux Etats-Unis, en cette année 1983 (l'Europe suivra quelques années plus tard) pour étudier le niveau intellectuel réel des écoliers. Les résultats sont effrayants : 30% des étudiants sortant du cycle secondaire sont « illettrés fonctionnels », c'est-à-dire que toute leur énergie sert à déchiffrer les mots et ils n'en ont plus assez pour comprendre le sens. Ils sont donc incapables, par exemple, de comprendre une offre d'emploi dans le journal ! Un froid nous glisse dans le dos. Ce n'est pas possible, l'école va de mal en pis ! Et pourtant non. D'après Jean Foucambert (chercheur à l'Institut National de la Recherche pédagogique) : *« L'idée qu'autrefois ait pu être plus beau qu'aujourd'hui fait partie des fantasmes, j'allais dire de la bêtise collective. Il existait une épreuve de lecture lors du certificat d'études primaires (en France, il y a une cinquantaine d'années) qui comptait pour cinq points sur cent ! On ne posait pas de questions à l'élève pour savoir s'il avait compris le texte qu'il venait de lire. C'était une manière très réductrice de concevoir la lecture. J'ajoute qu'il n'y avait que 50% de reçus et que les instituteurs ne présentaient pas tous leurs élèves, loin de là... »* Ce n'est donc pas l'école qui a régressé, c'est notre civilisation qui a tellement évolué en quelques dizaines d'années qu'elle exige de la population un niveau intellectuel minimum énorme qui est, en soi, une révolution. L'école essaie de suivre, s'améliore tant qu'elle peut, mais se laisse malgré tout distancer. Pourquoi? Pour Doman, la réponse est claire : c'est trop tard ! L'école commence l'enseignement de la lecture à six ans, c'est trop tard. A six ans, les fabuleuses facultés d'apprentissage s'amenuisent rapidement. Si son cerveau n'a pas été entraîné à l'activité intellectuelle pendant les premières années de sa vie, il sera très difficile de faire atteindre à l'enfant un niveau élevé de compréhension ; surtout avec les méthodes scolaires souvent rébarbatives. Ce n'est d'ailleurs un secret pour personne que ce sont les enfants des milieux défavorisés où la stimulation intellectuelle en milieu familial est à peu près nulle, où la langue parlée à la maison est un sabir non structuré, ce sont ces enfants qui pour la plupart grossissent les rangs des 30% d'« illettrés fonctionnels ». Il serait peut-être intéressant aussi de faire une étude comparative du niveau verbal des enfants de trois ans qui passent toute la journée à la crèche depuis la naissance ou presque, avec celui des enfants élevés par leurs parents qui, sans s'intéresser particulièrement à l'évolution du cerveau, désirent que leur enfant se développe bien. Mais ce serait sans doute impossible, car il y a aussi les parents qui retrouvent leur enfant, en rentrant du travail, avec un tel plaisir qu'ils font parfois plus en deux heures que d'autres en une journée.

Mes réflexions sont interrompues par l'arrivée des enfants de l'*Evan Thomas Institute* et de l'*École Internationale,* avec leurs mères. Celles-ci sont des « mères professionnelles à temps plein », c'est-à-dire qu'elles ont suivi le séminaire et passent toutes leurs journées à stimuler leurs enfants physiquement, intellectuellement et socialement, selon les méthodes du BBI. Vu les résultats qu'elles ont obtenus, elles ont été invitées à venir à l'école de l'*Evan Thomas Institute* (appelé *On-Campus Program*), pourvu que le père suive lui aussi le séminaire. Ces enfants ont été ainsi éduqués depuis la naissance ou depuis que leurs parents ont découvert le BBI. Ceux du L'*Evan Thomas Institute* qui ont moins de 4 ans viennent une fois par semaine avec leur mère chercher conseils et suggestions. Entre 4 et 6 ans, quand ils ont satisfait aux exigences nécessaires et atteint le niveau adéquat, ils peuvent entrer à l'*École Internationale*. Ils vont (toujours avec leurs mères, deux heures chaque matin) y suivre des cours, puis rentrent poursuivre leur apprentissage à la maison. Plus que les connaissances, c'est la participation qui est appréciée. Ce sont donc les plus actifs qui ont le privilège (c'est une grande récompense !) de venir montrer aux étudiants-parents comment ils apprennent dans la joie. Les plus grands ont les yeux brillants et sont tout excités. (Ils me rappellent l'état dans lequel j'étais, le jour de la présentation des « scènes d'art dramatique » au conservatoire municipal. J'avais la chance rare d'avoir un excellent professeur, très respectueux de la personnalité de chaque enfant, qui avait l'art de transformer cette journée d'examen en une fête du théâtre pour un public de parents nombreux et conquis). Comme je le disais dans l'introduction, on ne peut pas se tromper sur la joie d'un enfant. Et elle règne ici. Les plus petits jusqu'à deux ans, eux, sont plus intrigués qu'excités. On n'est jamais sûr de leur comportement : soit ils font leur « leçon » comme à la maison, sans trop se formaliser du changement de décor, soit ils se placent face au public, sidérés par ces deux centaines d'yeux qui les fixent, ravis !

Aujourd'hui, le plus jeune a six semaines. Il est là avec sa mère et sa grande sœur (Donna, 8 ans) qui commencent à lui apprendre à lire. Oui, ici ce n'est pas comme dans le livre *J'apprends à lire à mon bébé,* on ne commence pas à « 10 mois au plus tôt », mais carrément à la naissance ! Le bébé est couché sur le ventre, en position de sphinx, et sa sœur, à genoux face à lui, tient dans ses mains quelques grands cartons blancs sur lesquels sont écrits en énormes lettres rouges des mots tels que « Marc,

Maman, Papa, Donna ». Elle les tient en paquet devant les yeux du bébé et les fait défiler très vite (en mettant le dernier mot du paquet devant). Chaque fois, elle dit le mot très fort, d'une voix enjouée. Cela prend quelques secondes, puis la mère les congratule chaudement. Le suivant, Paul, a trois ans et nous réserve une sacrée surprise. Sa mère dispose devant lui des cartons un peu plus petits où se trouvent écrits des mots difficiles tels que « plancton », « espèce », « hermaphrodite », etc. ! Il les lit un à un à haute voix. Puis, après l'avoir bien félicité, sa mère les reprend et en place deux devant lui. Elle sort alors d'autres cartons sur lesquels sont écrites les définitions. Elle lui en montre un, en lisant à voix haute : « plante ou animal qui possède des organes mâles et des organes femelles ». Le petit Paul regarde les deux mots posés devant lui et donne à sa mère le carton « hermaphrodite ». Et ainsi de suite. Un certain flottement parcourt l'assistance. Les plus sceptiques se demandent dans quelle mesure il ne reconnaît pas deux cartons qui vont ensemble sans pour autant comprendre ce que sa mère lui raconte. Les autres, un peu perdus, désarçonnés par cette perspective tellement éloignée de ce qu'ils avaient imaginé dans leurs rêves les plus fous, se demandent s'ils doivent en croire leurs yeux.

Les prouesses se multiplient. Chloe (4 ans) a devant elle des cartons avec des mots en anglais, en français et en japonais. (Le BBI a des rapports très étroits avec le Japon et insiste pour que les enfants du *On-Campus Program* apprennent le japonais. Le fait de connaître une deuxième langue aussi fondamentalement différente de l'anglais développe encore plus les facultés cérébrales, paraît-il, que ne le peut la connaissance de langues voisines.) Chloe prend les cartons et se met à faire des phrases qu'elle reproduit dans les trois langues : « la pomme est sur la table », « la chaise de Chloe est rouge », puis, espiègle, elle compose « la vache est dans le tiroir » et éclate de rire. Ecrire des absurdités surréalistes est son jeu préféré ! Vient maintenant le tour des élèves de l'*École Internationale*. Heather (6 ans) va convaincre les plus incrédules. Très à l'aise, elle s'approche avec un numéro du *Washington Post*, se plante devant nous et lit un article de fond sur le manque de professeurs de mathématiques aux Etats-Unis, parce que la plupart et les meilleurs travaillent dans l'industrie où ils sont mieux payés. Heather lit rapidement, d'une voix forte et intelligible, avec des intonations pleines de sens. Sa mère lui demande ce que l'article raconte et Heather explique, avec des expressions et des exclamations enfantines, le sujet de l'article. Elle prend ensuite un livre de Marc Twain qu'elle vient de terminer, nous raconte rapidement le début de l'histoire, en situant personnages, lieu et action, pour arriver au passage qu'elle nous lit avec beaucoup de cœur. Tonnerre d'applaudissements devant tant de grâce ! Doman qui veut sans doute convaincre les derniers sceptiques qui y verraient seulement (!) un prodigieux exercice de mémoire, demande à Heather :

D. : Heather, tu lis vraiment très bien. Et est-ce que tu peux tout lire ?

H. : Oui.

D. (montrant les deux bibliothèques) : Pourrais-tu nous lire un passage d'un de ces livres ?

H. : Oui !

Doman se tourne alors vers l'un d'entre nous et lui demande de choisir une des bibliothèques, « celle de gauche » ; à un autre il demande de choisir une planche, « la cinquième » ; à un troisième un livre, « le vingt-deuxième » ; à un quatrième la page « 125 ». Doman prend le livre ainsi choisi, c'est un essai intitulé *Le Problème égyptien*. Il l'ouvre à la page 125 et le donne à Heather qui lit le premier paragraphe très intelligiblement, avec une rapidité surprenante. Deux ou trois fois elle bute sur un mot qu'elle ne connaît pas, mais qu'elle déchiffre sans problème. Ayant lu, elle nous salue gracieusement et retourne près de sa mère. Peut-être, raconté ainsi, cela fait-il démonstration de cirque, mais il n'en est rien. D'abord, il ne faut pas oublier que pour Heather, ce qu'elle fait est normal. A l'école, ses petits camarades en font autant. Elle est fière de savoir lire et à juste titre ! Notre enthousiaste approbation lui fait visiblement plaisir et va sans doute l'encourager à s'améliorer encore. Bien sûr, Doman ne lui a pas demandé d'expliquer ce qu'elle avait lu. A en juger par sa façon de balancer les phrases, elle comprenait le premier sens, mais de là à remettre ce paragraphe, pris au hasard, dans son contexte, il ne faut pas exagérer. Elle n'a quand même que six ans !

Mais Heather n'est pas un cas unique. Voici un petit garçon

tout blond, Jason (6 ans). Il nous lit un passage de Tolstoï, traduit en espagnol ! Certes il lit plus lentement et sa bouche ne lui obéit pas encore tout à fait dans cette langue, mais les intonations sont là, bien expressives. Ensuite sa mère lui propose d'écrire sur un tableau le texte d'une chanson qu'il ne connaît pas et qu'elle va lui dicter. Le petit Jason s'installe et se met à écrire, à la vitesse normale de quelqu'un qui écrit au tableau, un texte d'une trentaine de mots. Quand il a fini, sa mère relit avec lui, il n'a fait qu'une seule faute ! Il a écrit « fatle » au lieu de « fatal », ce qui en anglais se prononce de la même façon et correspondrait à une faute comme d'écrire « scille » au lieu de « scie ».

Arrivent enfin trois « grands » enfants de 7, 8 et 9 ans qui nous lisent théâtralement une scène de la comédie musicale de Gilbert et Sullivan *Mikado*. Malgré les fous rires, les mimiques et autres gesticulations comiques, le texte sort clairement et nous suivons très bien l'action. Sur cette dernière preuve de leur incroyable aisance, ils s'en vont à la façon de tous les enfants du monde qui viennent de bien s'amuser. Et nous nous retrouvons seuls, ébranlés, émus, désorientés. Tout ceci est tellement loin de ce qui se passe partout ailleurs. Pourtant l'impression de se trouver sur la lune ne fait que commencer. Les jours suivants nous réservent bien d'autres surprises.

Nous nous retrouvons avec Janet Doman (la fille de Glenn) qui est directrice du centre et Susan Aisne, directrice de l'*Institut pour la Réalisation de l'Excellence Intellectuelle*. Elles nous expliquent comment pratiquement apprendre à lire à nos petits. La méthode est simple. Il faut prendre des cartons blancs suffisamment rigides pour qu'ils ne plient pas quand on les présente, de 15 cm de haut et 50 cm de long. Sur ces cartons, on écrit, en lettres rouges d'une dizaine de centimètres de haut, le nom de l'enfant, « papa », « maman » et les noms des proches. La deuxième série se présente de la même façon et concerne les parties du corps (nez, bouche, pied, etc.). La troisième série est écrite sur des cartons plus étroits (10 cm), les lettres sont toujours rouges, les mots sont ceux de l'environnement proche de l'enfant (lit, pyjama, table, etc.) et les verbes d'action (boit, mange, marche, dort, etc.). La quatrième série est écrite en lettres noires, c'est le vocabulaire qui structure la phrase (le, une, de, est, etc.).

Pour la « leçon », il faut choisir un moment de la journée où l'enfant est en forme et réceptif ; l'asseoir confortablement et se mettre face à lui ; prendre 5 à 10 mots (suivant l'âge de l'enfant) de la première série et les tenir tous à l'endroit sous ses yeux ; faire défiler (celui de derrière vient devant) chaque mot en l'articulant d'une voix forte et amusante (pour reconnaître les cartons de dos, on y a écrit le mot en tout petit). Ça doit aller très vite et on termine en manifestant joie et approbation avec beaucoup d'exubérance. Il faut répéter cela trois fois sur la journée. Au bout de cinq jours, on enlève un des mots et on le remplace. Et ainsi de suite, chaque jour, un nouveau mot remplace le plus ancien. Les « leçons » doivent être séparées d'au moins une demi-heure. Le deuxième jour, on peut ajouter une deuxième série qui se répète trois fois aussi et le troisième jour, une troisième série. Ce qui fera quinze séances d'une minute par jour. Il ne faut jamais « acheter » son enfant avec des sucreries. Avec sa vitesse d'apprentissage, ça risquerait d'être ruineux et exécrable pour sa santé ! Et surtout quelle maigre et mesquine récompense à côté du respect et de l'amour.

Quand les premières séries sont terminées, on passe aux morceaux de phrases (« Paul boit », « le ballon rouge », « papa et maman », etc.). Enfin vient le tour du premier livre ! On en choisit un (ou on le fabrique) au vocabulaire restreint, de quelques dizaines de mots, dont le texte est écrit en grand et séparé nettement des illustrations. On reproduit chaque mot sur un carton. Puis chaque phrase sur un autre, (carré de 30 cm/30 cm) avec des lettres noires de 3 cm de haut. Ces cartons, percés de deux trous, sont reliés par des anneaux brisés. Ce sera le premier livre de votre enfant. De la même façon que pour les premiers mots, il faut présenter ceux-ci, puis les phrases et construire ainsi petit à petit le livre, chaque jour.

Quand commencer ? D'après ces dames, l'âge pour débuter est une question qui ne concerne pas le bébé, mais les parents qui sont parfois mal à l'aise. Il faut absolument avoir confiance et ne pas tester l'enfant (plus il est petit, plus il le prendra mal). Il faut lui apprendre à lire et croire qu'il le peut. Son plaisir à suivre la leçon sera la preuve que ça marche ! Du point de vue du bébé, commencer entre trois et six mois est parfait. A un an, c'est très bien aussi. A partir de 2 ans, ce sera chaque année plus difficile.

Pour ce qui est de la couleur et de la taille des lettres, il faut suivre le rythme de l'enfant. S'il est très jeune, ses facultés visuelles sont réduites, il faut garder les lettres rouges jusqu'à ce qu'il soit capable de s'intéresser aux noires, plus petites.

Pourquoi ne pas commencer par l'alphabet ? Parce que la base de tout enseignement est d'aller du connu et du concret, vers l'inconnu et l'abstrait. Les lettres de l'alphabet sont une pure abstraction, comment expliquer « a » ? ! Par contre, à force de les revoir dans différents mots, l'enfant finira par les reconnaître et intuitivement comprendre leur fonction. Les mots sont les éléments du langage, pas les lettres. D'ailleurs quand l'enfant a lu son premier livre, on lui présente des petits cartons avec une grande lettre écrite sur chacun. Les ayant déjà vues de nombreuses fois, il les connaîtra facilement.

Il faut aller très vite, l'enfant photographie mieux les mots qui défilent rapidement. S'il se désintéresse, c'est, selon toute probabilité, qu'on va trop lentement. En toute circonstance, si l'enfant ou le parent ne s'amuse pas, il faut arrêter immédiatement. Mieux vaut ne rien faire plutôt que d'ennuyer.

Ainsi se termine cette première et longue journée. Nous nous retrouvons Serita et moi au motel avec quelques autres parents. Nous dînons ensemble. L'excitation est grande, car nous regardons l'horaire de la semaine d'un autre œil. Le programme du lendemain surtout nous intrigue : *How to Teach Your Baby Bits of Intelligence* (Comment apprendre à votre bébé des fragments d'intelligence). Que sont ces « fragments d'intelligence). Nous avons reçu une nouvelle trentaine des *Points Cardinaux Pour Faire De Votre Bébé Un Être Humain Remarquable.* Ils sont dans le même style que les premiers, brefs, percutants, provocateurs. Cette fois, ils font le point sur l'intelligence : l'humain est intelligent, parce qu'il se sert de son cerveau ; l'intelligence est le produit de la pensée, et non le contraire ; pour qu'il y ait intelligence, la première condition est la capacité de percevoir les éléments qui constituent le monde (ce que Doman appelle les « faits »), la deuxième condition est de pouvoir mémoriser ces faits, la troisième est de pouvoir retrouver les faits mémorisés (devenus ainsi connaissance utilisable), la quatrième est de pouvoir déduire de ces faits les lois qui les régissent et utiliser ces lois pour résoudre les problèmes, la cinquième condition est de pouvoir combiner ces faits et ces lois, de façon à en découvrir d'autres ; les « faits » sont donc à la base de l'intelligence ; sans faits perçus et mémorisés, il n'y a pas d'intelligence ; les faits sont par conséquent des « fragments d'intelligence ». Il faut donc, je suppose, apprendre à son enfant de nombreux faits. Quoi, comment ? La réponse est pour le lendemain. Il y a une autre série de points qui me troublent davantage : les six premières années de la vie sont la genèse du génie ; il est facile de faire un génie d'un bébé, avant six ans, il est extrêmement difficile de faire un génie d'un enfant, après six ans. Quid ? ! Qu'entend-il par génie ? Qu'est-ce que ce terme vague et subjectif vient faire dans ce discours positif et matérialiste ?

Mardi 9 h 30. Nous nous retrouvons dans l'auditorium. Aujourd'hui, il n'y a pas de démonstration des enfants. Pas de récréation réjouissante ! Journée d'étude.

« Attachez un enfant dans un grenier où il n'aura de contact avec personne et où vous vous contenterez d'assurer sa subsistance, il sera, à 18 ans, un idiot irrécupérable, physiquement sous-développé. Et pourtant tout comme vous, il avait à sa naissance un potentiel bien plus grand que toutes les réalisations de Léonard de Vinci ! », ainsi commence Doman. L'intelligence n'est pas une donnée immuable qui serait à l'origine des capacités intellectuelles de l'individu. L'intelligence est le produit de l'activité cérébrale. Plus on fait fonctionner son cerveau, plus on devient intelligent. Et Doman de citer les travaux du Dr Klosovski, chef du département de neurochirurgie de l'Académie des Sciences Médicales de l'URSS. Klosovski a pris une portée de chatons et une de chiots, et les a divisées en deux groupes équivalents. Le groupe de contrôle a grandi dans l'environnement habituel des chiots et chatons, tandis que le groupe expérimental grandissait dans un environnement mouvant et saturé de stimulations sensorielles. Entre le dixième jour et le dix-neuvième jour de leur vie, Klosovski les sacrifia, à intervalles réguliers, par paires équivalentes provenant de chaque groupe, et examina leurs cerveaux. Les régions vestibulaires des cerveaux du groupe expérimental avaient grandi de 22,8% à 35%. Leurs cerveaux avaient grossi ! Non pas qu'il y eût plus de cellules, mais elles étaient plus développées. Le cerveau se développe donc « à l'usage », comme un muscle ! Un autre chercheur, à Berkeley, David Krech, a mené le même type de recherche avec des rats. A nouveau, les cerveaux des rats du groupe expérimental étaient beaucoup plus développés que les autres. La conclusion de Krech était : *« Il serait scientifiquement injustifiable de conclure que ce qui est vrai pour les rats est vrai pour les humains, mais il serait socialement criminel de ne pas en tenir compte. Simplement nous ne pouvons pas le prouver. »* Et Krech d'ajouter, malicieusement : *« Je n'ai pas voué ma vie à cette recherche dans le but de créer des rats plus intelligents ! »*

Un institut de recherche scientifique américain (RCA Corp., Advanced Technology Laboratories) a publié un tableau comparatif, très intéressant, de différents types de « mémoire » :

Type de mémoire	Capacité de mémoire (en millions de caractères)
Livre	1,3
Disquette souple	2,5
Disquette dure	313
Encyclopedia Britannica	12 500
Cartouche magnétique IBM 3850	250 000
Archives Nationales Américaines	12 500 000
Cerveau humain	125 500 000

Tableau évocateur, s'il en est, qui ravit Doman et nous impressionne beaucoup. Tout cela dans deux kilos et quelques de matière grise ! Pourtant je ne peux m'empêcher de trouver cette comparaison réductrice. Doman semble entendre mon objection. En dehors de ce record de capacité, le cerveau humain possède une qualité qu'il ne partage avec aucune mémoire électronique : l'intuition. « A quoi cela vous fait-il penser, si je vous dis : Monroe, Taylor, Grant, Ford,... » ? « Actrices et acteurs américains ! » crient quelques voix ; Doman continue : « ... Kennedy, Nixon, Carter ! » ? « Mais non, ce sont des présidents des Etats-Unis ! » corrigent les voix. « Ce que vous venez de faire, aucun ordinateur n'aurait pu le faire. Trop peu d'informations. » conclut Doman. D'anecdote en anecdote, il nous fait entrevoir les capacités du cerveau humain. Glenn Doman n'est certainement pas un mystique de la technologie. Pour lui, le meilleur des ordinateurs est comparable au cerveau d'un insecte !

Et le voilà qui enchaîne sur les « points » dont la lecture m'avait paru fort suspecte : les génies ! Il commence par une citation de Jonathan Swift : *« Quand un vrai génie apparaît au monde, on peut le reconnaître à ce signe, que tous les imbéciles font bloc contre lui »*. D'après Doman, les humains sont tous de la même eau, ils sont tous frustrés. La différence est que les abrutis sont frustrés par le mauvais temps, tandis que la frustration des génies est en proportion avec leur talent. Dans sa liste personnelle des dix meilleurs médecins de tous les temps (liste qui commence par Jésus-Christ et Mahomet), Doman inclut Jonas Salk, l'inventeur du vaccin contre la polio. Salk ne pouvait supporter l'idée que des enfants qui n'avaient fait de tort à personne puissent mourir ou être mutilés par la polio. Cette idée provoquait en lui une « frustration » telle qu'il élimina cette maladie au point que beaucoup de jeunes gens aujourd'hui n'ont même jamais entendu parler de la paralysie infantile. Jonas Salk est le prototype du génie, selon Doman.

Le monde a besoin de génies. Il n'existe pas de génies du mal, c'est un contresens. Il n'existe pas de génies inefficaces, ce ne sont qu'encyclopédies ambulantes. Le vrai génie se mesure aux actes qu'il pose. La plupart des génies étaient médiocres à l'école (Einstein, Edison, etc.) et s'y ennuyaient, comme la plupart des enfants ; mais eux en sont sortis indemnes !

C'est ainsi que je peux donner un aperçu de ce que Doman pense des génies dont la mauvaise réputation le met dans tous ses états ! Et c'est sans doute pour leur rendre hommage qu'il veut les multiplier. Car, selon lui, un génie se fabrique. Ayant matérialisé l'idéal et défini l'indicible, il ne reste plus qu'à l'atteindre. Comment ? C'est ce que nous allons apprendre.

L'intelligence est la manipulation de la connaissance. La connaissance se divise en éléments, appelés « faits ». Ces « faits », l'enfant les assimilera mieux, en plus grand nombre et plus facilement, avant l'âge de six ans. A condition qu'ils lui soient présentés de façon honnête et effective. Pour ce faire, le BBI a mis au point une technique.

La connaissance humaine est divisée en dix branches :

1. Biologie
2. Histoire
3. Géographie
4. Musique
5. Art
6. Mathématiques
7. Physiologie humaine
8. Sciences
9. Langues
10. Littérature

Ces branches se divisent en catégories. Par exemple, pour la biologie, les catégories peuvent être : oiseaux, poissons, mammifères, fleurs, arbres, etc. ; pour l'Histoire, rois de France, présidents des Etats-Unis, grands événements de l'histoire de France, grands inventeurs, etc. ; pour la géographie : continents et océans, pays d'Europe, grands fleuves d'Asie, drapeaux nationaux, etc. ; pour la musique : instruments de l'orchestre, notes de la gamme, compositeurs, etc. ; pour l'art : tableaux de Breughel, Rembrandt, Rubens..., cathédrales de France, sculptures du Bernin, de Rodin, etc. ; pour les mathématiques : nombres, formes géométriques, instruments de mesure, etc. ; pour la physiologie humaine : os du squelette, organes digestifs, organes reproducteurs, etc. ; pour les sciences : outils, symboles chimiques, constellations, planètes, minéraux, automobiles, etc. ; pour les langues : mots et expressions dans le plus grand nombre de langues, par famille (parties du corps, nourriture, animaux, antonymes, etc.) ; pour la littérature : auteurs de la littérature classique pour les enfants, personnages de Molière, poètes français, grands auteurs, etc. Chaque catégorie comprend le plus grand nombre d'éléments que l'on peut matériellement trouver. Ces éléments sont représentés (photographies, dessins, etc.) sur des cartons blancs (30 cm/30 cm). Ils doivent absolument être *précis* (c'est-à-dire aussi exacts et détaillés que possible), *uniques* (ils ne peuvent être représentés qu'une seule fois sur la reproduction et en dehors de tout décor, notamment lorsqu'il s'agit d'un animal), *non ambigu* (c'est-à-dire nommé sans ambiguïté, pour que deux éléments ne correspondent pas au même nom) et enfin *nouveau* (que l'enfant ne connaît pas encore).

Ces « fragments d'intelligence », puisque c'est de cela qu'il s'agit, sont présentés à l'enfant de la même façon que les cartons de lecture. Une catégorie à la fois, 5 à 10 éléments par séance (selon l'âge et les capacités de l'enfant), la même séance 3 fois par jour, à partir du cinquième jour on enlève le plus ancien pour le remplacer par un nouveau jusqu'à épuisement de la catégorie.

La deuxième partie de la méthode s'appelle « programmes d'intelligence ». Quand on a ainsi présenté à l'enfant près d'un millier d'éléments, on commence à les lui remontrer en donnant à chaque fois une caractéristique qui s'appelle « programme d'intelligence ». Par exemple, pour le cœur : « le cœur a la taille d'un poing et pèse moins d'un demi-kilo » ; pour le violon : « le violon a quatre cordes ». Evidemment, il faut, quand on le peut, choisir (surtout pour les premiers « programmes d'intelligence ») des caractéristiques amusantes : « le roi de France, Charles VIII l'Affable, est mort d'avoir cogné une porte » ou « le compositeur Tchaïkovski se tenait le menton, en dirigeant l'orchestre, de peur qu'il ne tombe » sont deux excellents « programmes d'intelligence » pour débuter. Quand on a repassé tous les éléments une première fois, on recommence avec une deuxième caractéristique, un deuxième « programme d'intelligence », et ainsi de suite dix fois. C'est ainsi que les éléments et les catégories commencent à se recouper : tel auteur est né dans tel pays, tel animal vit sur tel continent, etc. Les « programmes d'intelligence » qui étaient simples et amusants deviennent de plus en plus complexes et abstraits. Pour les animaux, par exemple, les dernières caractéristiques sont la famille, le genre et l'espèce.

Ainsi donc, Doman programme les cerveaux, à l'instar des ordinateurs qu'il méprise pourtant souvent. Pourquoi pas ? La conception de ces derniers ne s'est-elle pas inspirée du fonctionnement des premiers ? Peut-être, mais je ne peux m'empêcher de trouver cela trop simplificateur. Et l'idée de présenter, de la même façon et sur le même pied, la Joconde et le drapeau belge me choque profondément. Cependant Doman répète très souvent (et c'est ce que j'aime chez lui) que la méthode du BBI est, d'après leurs observations, celle qui fonctionne le mieux, mais ce n'est jamais qu'une technique. La méthode qui rend le parent et l'enfant heureux est la meilleure, du moment qu'elle respecte les principes de base. Stimuler son enfant est un jeu auquel on gagne toujours ! Du moment que l'enfant s'amuse, (si mal qu'on s'y prenne) il en tirera profit.

La troisième journée commence par un panégyrique des mères. Encensée, l'assemblée oscille entre la satisfaction du « voici enfin nos mérites reconnus » et la gêne du « n'exagérons rien » ! Son slogan favori, « les mères nous ont conduits des cavernes au siècle des lumières, les 'professionnels' du siècle des lumières à l'âge atomique », montre le goût de Doman pour les raccourcis tendancieux. Sans doute a-t-il souvent entendu prôner l'opinion que l'éducation des enfants est une chose trop importante pour la confier aux mères. Lui qui estime que la relation mère/enfant est la plus dynamique qui soit pour les questions d'apprentissage, ne peut s'empêcher de monter sur ses grands chevaux !

Ah, la réhabilitation des mères au foyer, par Doman, est une belle chose ! Créer un monde nouveau, en élevant des êtres de connaissance ! Où trouver tâche plus noble ? Le Nouveau Monde n'en finit pas de se renouveler pour combler son absence de racines. Les yeux de Serita et de ses consœurs brillent.

Je me moque, et pourtant sans tomber dans le piège utopiste de vouloir créer l'« homme nouveau », ces discours trouvent une résonnance en moi. Bien avant de rencontrer Doman, je m'étais rendu compte que la décision d'avoir des enfants dans une société qui montre certains signes de décadence et dans un monde qui s'est offert la possibilité de se détruire complètement ne pouvait se prendre à la légère. D'autant plus que je fais partie de cette première génération de femmes vraiment capables de maîtriser la procréation. La pulsion de vie était certes mon moteur premier. Mais il y avait autre chose. Le leitmotiv secret de ma mère qu'elle me livrait dans les moments de confidence où je la poussais, je le retrouvais en moi : ce désir que ses enfants soient une élite, non pas une élite d'argent ou de pouvoir, mais une élite sous-jacente, une élite caractérisée par sa qualité morale et son désir de connaissance. (Quelle est la mère qui ne le voudrait pas ?) Non, je ne suis pas venue à Philadelphie sans arrière-pensée !

Sur ce, sans autre transition, nous passons aux mathématiques. Nous sommes, paraît-il, presque tous « innumérés », comme certains sont « illettrés » ! C'est-à-dire que nous nous représentons les nombres par des symboles et non pas par une réalité concrète. Nous sommes capables de percevoir le nombre des objets disposés en désordre devant nous, s'il n'y en a pas plus de dix, douze pour les plus doués. Au-delà, ceux qui parviennent encore à les compter d'un coup d'œil sont des phénomènes ! Pour les autres, la plupart d'entre nous, les nombres au-delà de dix ne sont plus que des symboles. Si on nous dit cinquante-trois, nous n'imaginons pas cinquante-trois objets, mais nous voyons le symbole « 53 ». C'est un peu comme si le son « banane », au lieu d'évoquer le fruit, nous faisait penser seulement au mot écrit « BANANE ». Pourquoi est-ce ainsi ? D'après Doman, si nous nous débrouillons bien avec les nombres réels jusqu'à dix, c'est que nous les avons appris à la maison dans des situations très concrètes. Ensuite les parents s'en remettent à l'école qui passe très vite à l'utilisation systématique des symboles. Cette façon de « penser » les mathématiques, toujours d'après Doman, nous empêche de comprendre en profondeur la manipulation des nombres et nous force à recourir au truc qu'est le calcul écrit, et plus récemment à la prothèse qu'est la machine à calculer. Doman ne se lasse pas de vitupérer contre ce ridicule objet à « 30 balles », aux possibilités dérisoires, qui régulièrement met en échec le superbe cerveau humain, en le battant à plate couture à la course au calcul mental !

Et pourtant il y aurait une solution. Le BBI a mis au point une méthode qui développe, paraît-il, la connaissance réelle des nombres et qui permet aux enfants de devenir, très jeunes, des cracs du calcul mental ! Elle consiste à présenter à l'enfant, de la même façon que la lecture et les connaissances encyclopédiques, des cartons blancs sur lesquels se trouvent des points rouges disposés dans le désordre. Il y a cent cartons (30 cm/30 cm) allant de un à cent points. On les fait défiler sous les yeux de l'enfant (trois fois par jour, etc.) en disant clairement le nombre de points se trouvant sur le carton. Quand on en a vu une trentaine, on passe aux additions. Par exemple, on dit : « 1 + 2 =... » et on montre le carton trois, en disant : « 3 ! », etc. On continue donc à montrer les nouveaux nombres trois fois par jour, s'ajoutent les additions, ensuite on aborde les soustractions de la même façon, les multiplications, les divisions et enfin les opérations multiples. Chaque « leçon » dure une minute. Ainsi présentées, les mathématiques deviennent pour l'enfant une nouvelle langue qui ne contient que dix « mots », lesquels obéissent à des règles sans exceptions. Une vraie sinécure !

Et voici que reviennent les enfants du premier jour. Il y a quelques nouveaux dont un bébé d'un mois, un petit Japonais dont la mère fait partie du staff et qui dodeline de la tête en ouvrant de grands yeux. Il va recevoir sa première leçon de mathématiques ! Sa mère prend trois cartons sur lesquels il y a un, deux et trois points, énormes et les fait défiler devant ses yeux en criant : « Un, deux, trois ! » Tandis qu'elle le cajole, nous restons perplexes. Au bout de trois jours, nous commençons à être au fait des techniques du BBI, mais ce spectacle n'en est pas moins ahurissant !

Ensuite ce sont de « grands » bébés de 15 et 18 mois qui reçoivent leurs leçons de « fragments d'intelligence » ; l'un voit les empreintes de pas que laissent différents animaux, l'autre étudie quelques États des USA. Effectivement ils ont l'air intéressés. Mais comme ce sont encore des tout-petits, ils ne sont pas aussi démonstratifs que les plus grands. Ils jettent un coup d'œil bref et attentif sur l'image avec une expression qui semble dire : « Ah oui ! Je vois. » Et c'est tout.

Voici un petit garçon de 3 ans à qui sa mère présente de grands cartons sur lesquels se trouvent des opérations, comme « $15 + 315 \times \sqrt{144} : 5 =$... » (le petit Michaël, étant arrivé à ce stade, a appris les symboles qui sont, pour lui, l'équivalent des mots en lecture). Sa mère lui présente deux petits cartons où se trouvent « 452 » et « 792 ». Michaël regarde les deux cartons et donne le « 792 » à sa mère. Il répète plusieurs fois l'opération. Nous nous sentons sur une autre planète. Michaël passe ensuite à une leçon que l'on pourrait appeler de « zoologie historique » !

Sa mère lui donne une série d'animaux préhistoriques (toujours sur cartons) et lui demande de dire leurs noms et de les placer dans l'ordre chronologique de leur apparition sur terre. Le petit Michaël s'exécute avec aisance !

Voici le tour d'une petite fille de 6 ans qui va beaucoup me troubler. Katie est une fan de peinture. Elle a déjà vu plusieurs milliers de tableaux ! Aujourd'hui sa mère étale devant elle une dizaine de dessins qu'elle n'a jamais vus, de peintres dont elle « connaît bien » l'œuvre. La mère dit : « Il y a un Rubens. » Katie donne le Rubens à sa mère. « Il y a un Chagal », Katie donne le Chagal. Et ainsi de suite jusqu'à ce qu'il n'en reste que trois. Katie les donne un à un à sa mère en disant : « Picasso, Toulouse-Lautrec, Léonard de Vinci ». Une telle connaissance instinctive des styles de différents peintres est-il le fruit d'une présentation mécanique de la peinture ? Je ne sais plus que penser. En fait, ce sont mes enfants qui me donneront la réponse. Une longue réponse pleine de nuances.

C'est maintenant le tour du grand jeu qui plonge les enfants de 5 à 9 ans en pleine excitation. Deux capitaines d'équipe sont désignés, qui choisissent chacun leurs partenaires. On fait appel à quelques parents volontaires pour, soi-disant, renforcer les effectifs. Janet Doman entame la partie en posant à chaque équipe, à tour de rôle, des questions qui couvrent tous les domaines possibles : aviation, botanique, histoire, arts, informatique, etc. Cela fait penser à ces jeux de vacances intellectuels qu'offrent certains magazines : « Mesurez vos connaissances », où les personnes relativement érudites sont contentes de donner une bonne moitié de réponses exactes ! Ici les enfants ne se contentent pas d'un tel score. Ils ont presque toujours la réponse qu'ils soufflent bruyamment aux adultes, très souvent *a quia*. Ce sont bien sûr des branches et des sujets qu'ils ont particulièrement étudiés. Mais les questions sont si variées et précises que leur compréhension et leur connaissance de ces nombreux points ne font aucun doute. Et ce qui est encore plus évident, c'est leur plaisir. La compétition contre l'autre n'est pas encouragée, car, quand une équipe ne trouve pas la réponse, l'autre est autorisée à la lui souffler, ce qui les amène à un ex-aequo qui visiblement les ravit. Tout ceci se passe d'ailleurs dans une vaste rigolade où les plus taquins se creusent la cervelle à toute vitesse pour trouver une pirouette spirituelle avec le sujet et qui fait rire tout le monde.

Le quatrième jour est consacré au développement physique. Doman y attache une grande importance. Dans la grande admiration qu'il voue à la Renaissance, il adopte la devise « mens sana in corpore sano » et prend très souvent Léonard de Vinci comme modèle qu'il voudrait reproduire à des milliers d'exemplaires. Peut-on réduire Léonard à n'être qu'un produit de l'esprit de la Renaissance ? La Renaissance regorge-t-elle de Léonard ? Encore un raccourci tendancieux fait pour embraser l'assemblée.

Mais un esprit sain dans un corps sain est une devise sur laquelle s'accordent, en général, tous les éducateurs. D'autant qu'un tel développement intellectuel semble appeler une stimulation physique égale pour éviter le déséquilibre. Doman va même plus loin, puisque ses recherches sur les enfants handicapés lui ont fait découvrir la relation étroite qui unit les développements physique et intellectuel. « Quand vous développez, dit-il, une fonction du cerveau, vous stimulez toutes les autres fonctions jusqu'à un certain point. »

Il faut donc donner au nouveau-né le plus d'occasions possible de se mouvoir et de découvrir de nouveaux mouvements. Pour ce faire, il passe un minimum de seize heures par jour sur le sol qui doit être tiède, propre et sûr. Le bébé doit avoir les mains, les pieds, les coudes et les genoux nus. Il doit toujours être sur le ventre pour découvrir au plus vite la position du sphinx et pour pouvoir comprendre à quoi servent les premiers mouvements qu'il esquisse : se déplacer. Un bébé mis dans ces conditions passe, paraît-il, beaucoup plus vite d'une étape à l'autre vers la marche. Il faut aussi, pour l'aider à découvrir son centre de gravité, lui fournir beaucoup d'activités « vestibulaires », c'est-à-dire le faire virevolter et sauter de ces mille manières qu'affectionnent souvent les pères. On commence doucement, puis on s'enhardit en suivant le rythme de l'enfant qui d'ordinaire adore ça. (Pour protéger sa nuque encore fragile, on peut lui attacher, autour du cou, un collier de mousse enveloppé de tissu.) Troisièmement il faut favoriser le goût du sport : la natation le plus tôt possible, l'escalade et la marche dès les premières velléités. La marche doit être encouragée chaque jour et bientôt entrecoupée de quelques pas de course. Ensuite, le plus d'activités sportives : la course à pied, la gymnastique, la danse, les randonnées, le vélo, le patinage, etc.

Une autre activité est très recommandée par le BBI, ils l'ont appelée « brachiation » (prononcez « brakiacion »). Elle développe la capacité pulmonaire et par conséquent l'oxygénation du cerveau. C'est une échelle accrochée à l'horizontale, à laquelle l'enfant se suspend par les mains ; il passe d'un échelon à l'autre comme un singe, sans pouvoir toucher le sol qui se trouve quinze centimètres plus bas que ses orteils. Pour y arriver, dès la naissance (une bonne dizaine de fois par jour), il faut inciter le bébé à prendre une barre en main et le soulever légèrement, quand il s'y accroche. A 8 mois, on passe à la barre fixe à laquelle il doit se suspendre, tandis qu'on le soutient de moins en moins. A 14 mois, il commence à passer d'un échelon à l'autre. A 2 ans, il est capable de « brachier » seul. Cette technique est de nouveau le fruit de leurs recherches avec les handicapés.

Nous rejoignons les enfants dans le parc. C'est la troisième fois que nous les retrouvons. Il y a encore quelques nouveaux, mais nous connaissons déjà la plupart d'entre eux et c'est cela qui est extraordinaire. La petite Chloe (4 ans, qui composait des phrases en trois langues le premier jour) se met à courir avec son père un 800 m au bout duquel elle arrive fraîche comme une rose et prête à continuer, elle qui peut courir 4 km ! Elle n'est d'ailleurs pas exceptionnelle. Ici, les enfants de 4 ans peuvent courir 4 km et ceux de 6 ans, 9 km. C'est la moyenne !

Nous passons dans la salle de gymnastique. Les petits font divers exercices avec leurs mères : activités « vestibulaires », ramping, course à quatre pattes, équilibre sur la poutre et diverses galipettes. Jason (6 ans) qui avait écrit cette remarquable dictée est le champion toute catégorie de la « brachiation ». Il se lance dans une démonstration si endiablée qu'il en tombe, se relève un peu sonné, mais repart aussitôt !

Et voici les enchaînements de gymnastique. Dès 4 ans, ils savent faire la roue, plusieurs la font sur une seule main. Quant à Michelle (5 ans), elle la fait sur la poutre ! Ils travaillent la plupart des figures au sol et sont loin d'être des débutants. La piscine n'étant pas en état de nous recevoir, nous ne verrons pas leurs prouesses aquatiques. Je n'ose imaginer à quel niveau elles se situent !

Le dernier jour de cours est un vrai patchwork : la nutrition, les langues étrangères, la musique ! Pour ce qui est de la nutrition, je n'apprends pas grand-chose. Ils recommandent fortement l'allaitement maternel, jusqu'à six mois. Des conseils pleins de bon sens sur l'alimentation équilibrée. Après tout ce que nous avons vu ces derniers jours, j'ai l'impression de revenir sur terre. Et pourtant ce n'est pas le cas pour tout le monde. Une mère qui frise l'obésité à l'américaine (ce qui n'est pas rien) se lamente que le cours sur la nutrition soit si bref : un monde inconnu s'ouvre à elle qui se gave de cacahouètes salées à longueur de journée ! Il n'y a qu'en Amérique qu'on peut trouver, à ce point, chez le même individu une curiosité prête à soulever les montagnes, fondée sur une ignorance abyssale.

Le cours sur les langues étrangères m'enlève une crainte. J'ai connu un petit garçon élevé en français et en polonais. A 3 ans, il s'exprimait avec peine. Je pensais donc qu'il fallait d'abord que l'enfant apprenne à fond sa langue maternelle et que, vers 3, 4 ans, on pouvait lui présenter la suivante. Il semblerait que non. La grande erreur avait été, dans le cas de ce petit garçon, de ne pas faire la différence entre les langues. C'est vrai, chez eux, le langage familial tenait du sabir franco-polonais. Il est très important que l'enfant sache qu'il s'agit de langues différentes. Partant du principe qu'il comprend, bien avant de le manifester, il faut le prévenir et ne pas sauter sans arrêt d'un idiome à l'autre. Les langues doivent être parlées soit par différentes personnes de l'entourage, soit à des périodes différentes de la journée. Et au moment du changement de langue, il faut établir un petit rituel qui consiste à dire à l'enfant qu'on change de langue et lui nommer dans la langue en question, les parties de son corps qu'il connaît bien, par exemple. Bien sûr, les progrès qu'il fera seront en proportion de ce qu'il aura entendu. Un enfant qui n'entend que quelques dizaines de phrases par jour, fût-ce en plusieurs langues, ne progressera pas comme celui à qui on parle longuement, explique ce qui l'entoure, raconte des histoires et chante des comptines !

Le cours sur la musique nous ouvre les portes de ce lieu magique d'où la majorité d'entre nous se sent exclue. Il n'est pas nécessaire d'avoir étudié la musique pour l'apprendre à son enfant. Seuls sont nécessaires la connaissance des principes que nous venons d'étudier et qui sont valables pour tout, un désir enthousiaste de donner le goût de la musique à son enfant, et des disques, un dictionnaire musical et un xylophone parfaitement juste. On peut donner l'oreille musicale à son enfant. Il suffit de lui faire entendre tous les jours les sons de la gamme en lui disant les notes. On peut lui apprendre à lire la musique, comme on lui apprend à lire sa langue maternelle. Mais le plus important est de chanter. Même si on chante faux. L'enfant s'en rendra compte très vite, grâce au xylophone et aux disques, mais il a besoin de voir ses parents prendre plaisir à s'exprimer musicalement. Inventez des ritournelles, si pauvres soient-elles, pour lui montrer que c'est possible !

Et voici les enfants qui reviennent pour la dernière fois et pour la plus émouvante. Ce sont d'abord les tout-petits. Nicholas (6 mois) écoute sa mère qui lui joue des notes sur un xylophone, puis son frère (2 ans) choisit des notes parmi ses cartons et les joue. Michaël (3 ans, qui était, mercredi, un puits de science en zoologie préhistorique) analyse les premières portées d'une aria de Verdi.

Mais ces enfants apprennent aussi le violon, selon la méthode de Shinichi Suzuki. Michelle (5 ans, qui faisait, la veille, la roue sur la poutre) prend sa leçon quotidienne avec sa mère, devenue répétitrice, qui l'aide à jouer ce menuet de Bach. Car dans la méthode Suzuki, comme dans celle de Timmermans pour la natation, c'est la mère qui enseigne à son enfant. La leçon hebdomadaire chez le professeur sert à établir le programme de la semaine, le véritable apprentissage se fait à la maison. C'est ainsi que les mères savent tenir le violon. Les voici d'ailleurs qui viennent vers l'avant-scène, ces « mères du Better Baby Institute », et qui, sous la direction du fils de l'une d'entre elles, se mettent à jouer à l'unisson un morceau lent qu'elles maîtrisent tout à fait. Et paradoxalement c'est le moment le plus émouvant. Chaque personne de l'auditoire enfin comprend intimement que ce type d'éducation est aussi un enrichissement personnel pour les parents. Mais bien vite, les enfants reprennent possession de l'estrade. Et dans une grande effervescence, ils s'installent pour nous montrer le jeu qu'ils ont appris la veille. Les voilà tous en rang qui jouent avec leur propre archet sur le violon de leur voisin de gauche, ça s'appelle le « serpent ». Leur plaisir nous avait frappés à chaque démonstration, mais cette fois il est électrisant !

Suzuki a choisi le violon, parce que c'est un instrument qui existe à la taille du tout petit enfant. Celui-ci peut donc avoir un rapport affectif individuel avec son petit violon qui devient alors une merveilleuse poupée. Suzuki a aussi mis au point des exercices collectifs qui apprennent aux enfants à jouer ensemble et, il faut bien l'appeler ainsi, à « se défouler dans la concentration ». Le BBI nous en donne une délicieuse démonstration. Après le « serpent » qui était joué par tous les enfants de plus de 3 ans, ce sont ceux de 4 à 6 ans qui entament l'air de *Ah vous dirais-je, maman,...*, le morceau de base. Le professeur passe de l'un à l'autre et pose les questions les plus éclectiques : « De quelle couleur sont les yeux de ton père ? », « Qui a composé l'*Hymne à la Joie* ? », « Qu'as-tu mangé au petit déjeuner ? », etc. Et chaque fois l'enfant répond sans arrêter de jouer, même si ça le fait éclater de rire !

Maintenant ce sont les plus grands qui viennent, ils ont entre 7 et 9 ans. Le professeur passe de l'un à l'autre et joue à chacun une phrase musicale d'une demi-douzaine de notes et chaque fois l'enfant la reproduit. Puis le professeur joue une phrase qui semble inachevée et que l'enfant termine dans la même tonalité ! Ensuite, dans un chapeau, se trouvent sur des petits billets tous les morceaux de leur répertoire commun. Chaque enfant prend un papier et nous joue le morceau que le sort a désigné. Enfin tous les enfants reviennent pour un exercice de défoulement tout à fait ahurissant. Ils se mettent en file, l'un derrière l'autre. Le petit Japonais Fumio (9 ans) se met devant, ils entament *Ah vous dirais-je, maman...* avec l'accompagnateur qui les aide à garder la mesure. Ils doivent, tout en jouant, faire tout ce que Fumio fait. Et les voilà qui marchent, s'agenouillent, sautent, s'asseyent et lèvent leurs jambes, se relèvent, tournent, etc. Le tout, en riant comme des fous, mais sans perdre la mélodie. Et c'est ainsi que, sous un tonnerre d'applaudissements, ils nous quittent définitivement, Fumio en tête.

« Comment commencer ? » Ainsi s'intitule notre dernier cours. Rentrez chez vous, racontez à votre conjoint, regardez votre enfant d'un autre œil, et enfin, décidez de ce que vous allez faire : rien, un peu, beaucoup. Si l'enfant a moins d'un an commencez avec les « fragments d'intelligence » et les maths, au-delà d'un an choisissez plutôt la lecture. Mais commencez surtout avec ce qui vous plaît le plus, ce avec quoi vous êtes à l'aise.

Et avant tout, rappelez-vous que vous êtes avec lui. L'école s'arrange toujours pour mettre l'enfant en état d'échec, pour lui montrer à gros traits rouges ce qu'il ne sait pas, en négligeant de remarquer ce qu'il sait déjà. Vous en avez souffert, ne lui imposez pas la même chose. Extasiez-vous sur le chemin parcouru ; celui qui s'ouvre devant lui va de toute façon vers l'infini !

Si vous ne pensez pas que guider votre enfant sur les voies de la connaissance est un grand privilège, ne le faites pas. Cela vaudra mieux, et pour vous, et pour lui. Soyez toujours joyeuse et détendue. Soignez-vous, dormez et mangez bien !

Faites-lui confiance. S'il se trompe, peut-être vous taquine-t-il, ou alors, sans doute a-t-il besoin que vous le lui disiez encore une fois. Ne lui mentez jamais. Tenez toujours vos promesses. Soutenez-le dans ses efforts. Corrigez ses erreurs sans commentaire déplaisant et faites-lui la fête pour chaque bonne réponse. Arrêtez-vous toujours avant qu'il en ait assez. N'abordez les leçons que quand il est heureux et en bonne santé. Soyez toujours prêt à changer votre fusil d'épaule. Répondez toujours à ses questions. Quand vous ne savez pas, dites-le-lui et montrez-lui comment vous cherchez la réponse. Donnez-lui votre opinion sur les sujets qu'il aborde et expliquez-la ; n'oubliez pas que vous éduquez les futurs parents de vos petits-enfants. Et enfin, faites en sorte que l'acquisition de nouvelles connaissances soit pour lui une récompense qu'il a gagnée.

C'est sur ce manifeste, récapitulatif de l'essentiel, déclaration de principes du Better Baby Institute, que s'achèvent les cours.

Et nous nous retrouvons face aux parents du BBI, ces mères qu'on appelle « professionnelles », qui consacrent tout leur temps, toute leur énergie, toutes leurs pensées au plus grand développement physique, intellectuel et artistique de leurs enfants. Je les regarde et je me rappelle cette phrase que Glenn

Doman aime tant répéter : « Aux Instituts pour la Réalisation du Potentiel Humain, nous travaillons vingt-quatre heures sur vingt-quatre, sept jours sur sept, trois cent soixante-cinq jours par an. » Et ce qui fait l'objet de sa fierté, je ne peux m'empêcher de le trouver quelque peu monstrueux. Moi, il n'y a que vivre que je peux faire à ce rythme-là. C'est, bien sûr, chez lui, une figure de style, une exagération truculente. Mais j'ai le regret de ne pas retrouver cette vitalité chez ceux qui entourent Doman. Ces mères qui sont là pour parler de ce qui fait leur vie, de ce qu'elles considèrent comme leur mission sur terre, ces femmes sont ternes. Il y en a bien une qui, grâce à son passé de speakerine de télévision, a gardé un sens de la présentation. Mais je ne parle pas ici de l'apparence. (Je ne suis d'ailleurs pas la seule à avoir cette impression, la question a déjà été soulevée à l'hôtel quand nous nous retrouvions entre nous.) Ces mères semblent vidées de leur substance et leurs réponses tiennent presque de la langue de bois. Une jeune femme dans l'auditoire, visiblement impressionnée par tout ce qu'elle vient de voir et d'entendre, demande naïvement : « Mais quand vous devez donner une réception qui demande plusieurs jours de préparatifs, que faites-vous ? » Et la speakerine, imperturbable, de répondre : « J'ai renoncé, pour le moment, à ce genre d'activités, je me consacre entièrement à mon fils. » Je crois rêver ! La fille de Doman ne peut s'empêcher de rectifier ce militantisme, en suggérant de faire participer l'enfant auxdits préparatifs. Le dialogue continue, mais le courant ne passe guère entre ce public ému et excité, et ces mères qui nous semblent bien inertes. Et sans doute les comprendrai-je mieux plus tard, quand je serai, moi aussi, fascinée par cet appel du vide, ce vertige de tout donner à « la chair de ma chair ».

Mais elles n'ont guère entamé notre enthousiasme. Car si, seules, ces mères du BBI sont un peu réfrigérantes, chacun se souvient de ce qu'elles peuvent susciter en leurs enfants. Et nous nous retrouvons, comme au premier jour, face à Doman et son staff. Le micro passe de l'un à l'autre et chacun de nous dit ce qui l'a le plus frappé, au cours de cette semaine. Et c'est la marée, le Niagara ! Certains sanglotent carrément, d'autres font de longues pauses pour se calmer, un homme fait une réflexion sur les larmes et les garçons, d'autres encore commencent fermement et tout à coup — parfois quand on ne s'y attend plus — leur voix se brise, tous sont très émus. Et curieusement, alors que l'attitude des mères du BBI me donnait une impression d'esprit de secte, voire de bigoterie, cette vallée de larmes me touche et me rappelle certaines grandes émotions artistiques. Je sais maintenant pourquoi ce sont les chercheurs qui s'occupent de nous et non des éducateurs formés par eux. Qui renoncerait à une telle consécration ? Doman, ce brillant orateur, cet acteur qui fait rêver la comédienne en moi, ce metteur en scène exceptionnel (ne nous a-t-il pas tenus en haleine huit jours durant, nous menant sans cesse du rire aux larmes ?), Doman n'attend pas le ciel pour recevoir sa juste récompense, il se l'offre ici-bas, tous les deux mois. Cent personnes bouleversées lui répètent le même leitmotiv : « Je suis venu ici, parce que je croyais au grand potentiel de mon enfant, mais je me rends compte aujourd'hui que, malgré mon amour et mon respect, je le sous-estimais terriblement. » Dans cet unisson, chacun veut apporter une touche personnelle : « J'avais entendu parler de vous, avant de venir ici. Et il y avait une chose dont j'étais sûre, c'est que je n'apprendrais jamais ni le violon, ni le japonais. Pourtant maintenant, je vais m'y mettre ! », « Venir ici est sûrement le meilleur investissement que je ferai jamais pour ma fille », « Je ne me sentirai jamais plus 'mise au placard' en restant au foyer avec mes enfants. Ça vaut toutes les carrières », etc.

C'est ainsi que, sur une solennelle remise de diplômes de « parent professionnel » sous-tendue d'humour anglais, se termine ce séminaire. Je l'ai raconté comme je m'en souviens, comme je l'ai reçu. J'ai dit ce qui m'a le plus frappé. J'ai omis toute la partie théorique sur le développement du cerveau et son fonctionnement, je ne suis pas qualifiée pour en parler, ni même rapporter les propos tenus sur ce sujet. Je conseille à ceux que ça tente d'aller écouter Doman et se payer une semaine de bon temps. Ou sinon, pour en savoir plus, de lire ses livres.

Si j'ai longuement raconté ce séminaire, c'est qu'il a profondément changé ma vie, ainsi que j'en ai eu l'intuition à ce moment-là. Et même si je ne suis pas devenue une « mère professionnelle », comme les conçoit le BBI, j'ai été profondément touchée par leur philosophie que Doman résume en citant Hodding Carter : *« Il n'y a que deux choses durables que l'on puisse léguer à ses enfants : des racines et des ailes. »*

2.

J'APPLIQUE LA MÉTHODE DU BBI

Dans l'avion du retour, je me remémore cette semaine avec ses émotions et les aspirations qu'elle a suscitées en moi. Je me sens en porte à faux entre ce que je viens de quitter et ce que je vais retrouver. J'ai peur de faire sourire en racontant les larmes, l'exaltation. J'ai peut-être un peu honte d'être si convaincue, de relativiser si peu. En fait, j'ai une sorte de foi. Cela me paraît à la fois ridicule et blasphématoire, et pourtant comment appeler autrement la certitude que l'invisible existe, que l'impossible est atteignable. Heureusement le journal que j'ai tenu chaque soir m'aide à raconter et à convaincre mon entourage que l'aventure vaut la peine d'être tentée.

En arrivant à la maison, je prends Galia pour lui donner son biberon du soir. Elle se réveille et me fixe d'un œil pensif : « Ah tiens, tu es de retour ! » semble-t-elle dire, prête à tout. Elle me regarde du haut de ses huit mois et je suis impressionnée par ce que — comme tous les bébés — elle attend inconsciemment de moi.

Je me donne un mois de réflexion et d'ajustement pour me lancer vraiment. Ce sont les « mathématiques » que j'ai choisies pour commencer. La méthode de Philadelphie me fascine. Si ce qu'ils disent est vrai, cela tient de la magie ! J'ai rapporté le matériel tout fait, il me reste à relire attentivement mes notes. En fait, notre vie se transforme immédiatement. Notre attitude envers Galia change. Nous lui parlons beaucoup plus, nous lui indiquons plus souvent les objets, nous lui expliquons les couleurs, les sensations, les antonymes simples, etc. J'installe le xylophone (parfaitement juste) sur un meuble et quand je passe devant, je lui joue quelques notes en les nommant. Je me dis que si ça ne lui donne pas une oreille musicale parfaite, elle sera en tout cas meilleure que si nous ne faisions rien du tout. Pour ce qui est du physique, je transforme notre petit salon en un immense parc barricadé où elle passe son temps entre les repas, les siestes et les promenades. Nous lui faisons faire toutes sortes d'acrobaties : des roulés-boulés, tournoyer dans les airs en tenant deux pieds ou deux mains ou un pied et une main, jeter en l'air en rattrapant aux aisselles, etc. Nous l'encourageons à marcher. Je me lance aussi dans le bilinguisme. Je mets au point un petit rituel. Je plante mes yeux dans les siens et je dis : « Now we're going to speak English. This is nose, mouth, eyes, hand, foot, back and belly », en touchant chaque fois la partie de son corps que je nomme. Ensuite je lui montre ce qui l'entoure et qu'elle connaît déjà, je lui chante les quelques chansons de mon répertoire anglais, je parle toute seule, un peu pour ne rien dire, mais pour qu'elle s'habitue aux sonorités différentes. Et quand j'en ai assez, je repasse au français en inversant le rituel : « Maintenant nous allons parler français. Voici le nez, la bouche, les yeux, la main, le pied, le dos et le ventre ». Le tout avec une voix forte et enjouée.

C'est ainsi que s'écoule le premier mois au cours duquel je relis mes notes sur l'enseignement des mathématiques. Une nuit, je rêve de Galia qui vient me trouver et me demande : « Maman, quand est-ce qu'on commence les maths ? » Me voici prête ! Je choisis un moment où nous sommes visiblement de bonne humeur toutes les deux et je sors les cinq premiers cartons avec les points rouges (de 1 à 5). J'annonce avec un enthousiasme réel : « Galia, nous allons faire des mathématiques !!! » Assise par terre, elle me regarde intéressée. Je me mets face à elle et fais défiler sous ses yeux les cinq cartons, aussi vite que mes mains encore peu expertes me le permettent, en disant chaque fois le nombre de points que je lui montre. Son intérêt est visible pendant les quelques secondes que dure l'exercice. A peine est-il fini que je pose les cartons et empoigne ma fille. Forte des recommandations de Glenn Doman qui dit que les « folles blondes » (c'est ainsi qu'il appelle les mères extraverties et vite extatiques) ont plus de succès auprès des enfants que les intellectuelles mesurées, je me laisse aller à mon exubérance. Résultat : une partie de rigolade farcie de félicitations et d'amour. Je répète ça deux fois dans la journée et recommence le lendemain. Mais bientôt mon visage l'intéresse plus que les points rouges. Ne sachant trop comment ne plus détourner son attention, je me cache derrière les cartons. Ce qui est assez ridicule et qui, de plus, m'empêche de la voir. Je renonce donc au face à face recommandé par Doman et me mets à côté d'elle. C'est la première brèche dans la méthode, dérisoire mais combien prémonitoire. Hélas, très vite ça ne suffit plus. Malgré l'« environnement exempt de toute distraction sonore ou visuelle », la voici qui part chaque fois que je lui présente mes cartons. Je commence à déchanter. Je ne doute pas qu'apprendre soit, pour Galia, d'une importante vitale, mais je ne crois pas que, pour elle, il soit évident que ça passe par ces cartons. Comme je ne suis pas femme à me laisser abattre facilement, je décide de ruser : je profite des moments où elle est dans sa chaise pour faire ma petite leçon. Et la voilà qui se remet à regarder les cartons avec intérêt. J'aurais préféré un enthousiasme plus spontané, mais dans le fond, à la piscine elle était aussi « coincée » dans l'eau, au début, et c'est ainsi qu'elle y a pris goût. Ainsi rassurée, je continue ce qui me paraît de plus en plus délirant. J'ai commencé à ajouter de nouveaux cartons et à retirer les premiers nombres. Et nous voici arrivées à 30, il est temps de commencer les additions ! J'ajoute donc une série de « leçons ». Trois fois par jour, je lui dis cinq additions : « 1 + 1 = …2, 1 + 2 = …3, 1 + 3 = …4, etc. » et à chaque résultat, je lui montre le carton correspondant. Nous voyons ainsi toutes les combinaisons possibles, puis je passe aux soustractions, de la même façon. Je ne sais trop si ça l'intéresse vraiment. Nous sommes loin de l'enthousiasme évident prédit par le BBI, mais il n'y a pas de rejet. Et c'est ainsi que nous arrivons à l'étape appelée « solution de problème ». C'est en fait une sorte de test dont il est recommandé de ne pas abuser. On place deux cartons devant l'enfant (par exemple 5 et 16 ; plus tard les nombres se rapprochent jusqu'à se suivre, comme 20 et 21) et on lui demande : « Où est le 16 ? » Il faut être très attentif, car l'enfant peut se contenter de jeter un simple regard sur le carton et il est impérieux d'exploser en félicitations sans rater le coche. Doman recommande d'ailleurs instamment aux incrédules de toujours croire que leur enfant sait. C'est ainsi qu'un beau jour (Galia a dix mois), je pose devant elle les cartons 17 et 25 et lui demande : « Où est le 25 ? ». Tout à coup son visage impassible s'illumine, elle pousse un cri victorieux et plonge des deux mains sur le 25. Ce n'est pas un simple coup d'œil, c'est une réponse précise et surtout, enfin, une explosion d'enthousiasme qui m'inonde de joie. Quelle fête ! Quelques jours plus tard, je lui présente 64 et 75, je lui demande : « Où est le 64 ? », cette fois-ci elle me le donne carrément ! Je commence à léviter ! Au bout d'une semaine idyllique, je décide de lui proposer une addition à résoudre. Je pose devant elle le 31 et le 37 et je lui dis : « 11 + 20 = ... ». Comme elle est à quatre pattes, la voilà qui avance jusqu'à être sur le 31. Je n'en crois pas mes yeux !

Maintenant je suis sûre d'avoir gagné la partie, que le miracle est possible. Et pourtant ce n'était que le chant du cygne. Tout à coup Galia se met à rejeter ses cartons. Ce n'est même plus l'impassibilité des débuts. Elle me remballe vertement et je suis obligée de ranger les cartons de mathématiques au placard. Cette douche écossaise m'ébranle assez.

En même temps que les succès mathématiques, j'ai commencé la lecture. J'ai préparé les grands cartons (15 cm/50 cm) avec les grosses lettres rouges : Galia, Maman, Papa, etc., les parties du corps et les objets familiers. Hélas, dès le début, Galia détourne le regard. J'essaie mille trucs pour la circonvenir. En vain. Devant ce rejet, je me sens toute désemparée. Un retour aux sources s'impose. En quittant Philadelphie, je me suis inscrite au *Off-Campus Program* du Better Baby Institute. Ce programme a été créé pour aider, par correspondance, les parents qui, à travers le monde, appliquent chez eux la méthode du BBI. Il y a d'abord une période de probation au cours de laquelle un programme assez chargé doit être exécuté par les parents qui seront alors inscrits définitivement.

J'écris donc au BBI pour expliquer les problèmes de rejet que j'ai avec Galia et aussi pour leur dire que je trouve le programme qu'ils m'ont envoyé lourd et sans souplesse. Fort rapidement je reçois une longue et charmante lettre qui ne m'apporte guère de réponse, car tout ce qu'elle dit se trouve textuellement dans les livres et notes que je possède déjà. Agacée par cette fausse aide soi-disant personnalisée, j'essaie (comme ils le conseillent) de diminuer les quantités et d'augmenter la vitesse.

Mais pour obtenir de Galia que son regard passe sur les cartons j'en arrive à une caricature : déploiement d'enthousiasme pour annoncer la « mini-leçon », défilement éclair des cartons (qui ne sont plus que 2 !), explosion de félicitations qui deviennent forcément mécaniques, puisqu'on recommence vingt minutes après pour suivre le programme. Galia, bonne fille, me regarde amusée déployer cette énergie à vide. Au bout de deux jours, je me dis : « Ça va pas la tête ? ! ». C'est une histoire de fous. Ayant été au bout de la logique du BBI, je me sens affranchie et j'ai tout à coup envie de connaître l'horaire réel d'une « mère professionnelle accomplie », maintenant que j'y ai goûté un peu. Voici ce que donne un programme moyen :

1) *Maths :* au bout de deux mois, nous en serons à 5 séries 3 fois par jour (les nombres, les additions, les soustractions, les multiplications et les divisions qui seront remplacées plus tard par les fractions, les pourcentages, les racines, le système métrique, etc.) Donc 15 fois dans la journée, nous interrompons toute activité pour prendre les cartons, les présenter à l'enfant, faire une petite fête et reprendre ce qu'on a interrompu. D'après Glenn Doman, cela représente trois quarts d'heure. De plus, si le matériel des cartons avec les points rouges peut être acheté tout fait, dès que l'enfant connaît les chiffres au bout de quelques mois, il faut préparer la soixantaine d'opérations nécessaires pour la semaine, sur de grands cartons.

2) *Lecture :* prenons le programme moyen d'une mère enthousiaste (mais il faut savoir que les « mères extatiques », comme les appelle Doman — il y en a certainement dans l'école pilote du BBI —, doublent ces quantités !). Au bout de quelques semaines, nous en serons à 5 séries de 10 mots 3 fois par jour. Comme on retire quotidiennement 2 mots de chaque série pour les remplacer par 2 nouveaux, cela implique qu'il faut préparer 70 nouveaux mots écrits sur de grands cartons, par semaine. Donc 15 petites leçons par jour : environ 45 minutes.

3) *Connaissances encyclopédiques :* Doman conseille comme rythme de croisière 5 sujets. Par exemple, histoire, anatomie, peinture, zoologie et botanique. Cela donne donc toujours le même horaire : 15 petites leçons, soit environ 45 minutes, et les mêmes conséquences : préparer 70 cartons sur lesquels sont

collés des dessins ou des photos répondant aux critères précis recommandés (voir chapitre précédent).

4) *Autres activités :* à cela s'ajoutent :

— musique : formation de l'oreille, 6 mini-leçons avec le xylophone, chanter beaucoup de chansons, faire entendre beaucoup de musique en tous genres. Quand l'enfant aura commencé le violon Suzuki, il s'entraînera 15 à 30 minutes par jour, selon l'âge.

— langue(s) étrangère(s) : on peut bien sûr diviser le temps de la lecture en plusieurs langues, mais il faut compter le temps de conversation, les chansons, les cassettes pour habituer l'oreille, etc.

— éducation physique : pour les bébés, 3 séances de gymnastique par jour (soit une vingtaine de minutes en tout, la natation (2 fois par semaine), la « brachiation » (échelle suspendue à l'horizontale) 15 fois par jour. Quand l'enfant sait marcher, à cela s'ajoute une demi-heure de marche (de course à pied, dès qu'il le peut).

Je commence à comprendre pourquoi les mères du BBI avaient l'air de zombies. Leur quotidien est affolant. Plus de 60 fois par jour elles s'interrompent. Quand on pense que la grande source de fatigue dans la vie d'une femme est justement de devoir s'interrompre sans cesse, penser toujours à trois choses en même temps, de devoir caser dans les trous les courses, la cuisine, le rangement, le téléphone qui sonne, le repassage, le nettoyage et tutti quanti, l'idée d'ajouter 60 interruptions (ne fût-ce même que 20) me rend tout à fait neurasthénique ! Et puis, quelle vision mécanique de l'apprentissage ! L'enfant n'est-il qu'une machine à enregistrer ? N'a-t-il pas un rapport affectif et individuel avec chaque chose qu'il apprend ? Ne DOIT-il pas avoir un rapport affectif et individuel avec chaque chose qu'il apprend pour la faire sienne, pour l'investir psychologiquement, pour posséder sa culture propre, et non une érudition d'encyclopédie sur pattes ?

Et comment se présente la vie de famille là où la mère est continuellement obsédée par le fait de donner la becquée à son enfant ? Cela rappelle celles qui ont connu la faim pendant la guerre et qui ont gavé leurs enfants, nés après la Libération, jusqu'à les rendre obèses et malheureux. Et le père dans cette histoire ? Quel est son rôle ? Rapporter de l'argent ? Il en faut !

Cette méthode est relativement onéreuse. Quoi de plus normal, il est très gratifiant pour un père d'assurer financièrement à ses enfants la meilleure éducation. Mais en tant qu'homme, qui retrouve-t-il en rentrant chez lui ? Une femme qui, sitôt les enfants couchés, se plonge dans le carton, la colle, les ciseaux, les crayons feutres, les reproductions, etc. (Chaque carton demande de longues minutes de travail et il faut en assurer une production de 200 par semaine !) Il lui reste donc comme choix : coller avec sa femme ou aller voir ailleurs (ne serait-ce que la télévision). Ça me rappelle ces hommes qui pour assurer aux leurs une grande aisance matérielle travaillent 12 à 14 heures par jour et se retrouvent à 45 ans face à une famille hostile. Les enfants lui reprochent d'avoir été un père toujours absent, la femme de l'avoir négligée ; et pourtant ne leur a-t-il pas voué sa vie ? N'est-ce pas ce qui attend ces femmes qui se donnent corps et âme, vingt-quatre heures sur vingt-quatre, comme dit Doman, au développement optimal de leurs enfants ?

Bien sûr, le BBI donne des conseils pour varier le programme au cours de l'année : en automne et en hiver renforcez le programme intellectuel, au printemps et en été favorisez l'éducation physique et les activités sociales, voyagez autant que possible et gardez des semaines tout à fait libres. Je me demande d'ailleurs s'il est possible d'arrêter pendant une semaine et reprendre ensuite. A en juger par la réaction de mes enfants face aux cartons « abstraits » (ceux de math et de lecture), je me dis que pour arriver au résultat proposé par Doman, il faut contre vents et marées les imposer comme l'air qu'on respire. Que l'enfant ne conçoive pas la vie autrement ! Mais ne rejoint-on pas alors le Dr Brazelton (professeur de pédiatrie à Harvard, responsable de l'*Unité de Développement de l'Enfant* au *Child Hospital de Boston*) ? Il est tombé sur une brochure publicitaire émanant d'une firme californienne. Ses auteurs s'adressaient aux jeunes parents : « Pour 60 dollars par mois, recevez votre matériel éducatif et nous vous garantissons que, d'ici à son entrée dans le primaire, le quotient intellectuel de votre enfant aura grimpé d'au moins dix points ! » Et le Dr Brazelton de raconter qu'il a rencontré dans sa clientèle un certain nombre de parents qui, dès la fin des années soixante, ont été fortement motivés par ce type d'éducation. Il se rappelle une mère qui lui avait amené sa fille de trois ans pour qu'elle lui lise une page de la Bible. Ce que fit la petite fille, d'une voix monocorde, sans manifester la moindre animation, s'arrêtant brusquement après un mot pour solliciter l'approbation de sa mère. Quand elle eut achevé sa page, elle était émotivement vidée. Brazelton a suivi plusieurs de ces enfants plus tard à l'école. Ils y ont vite perdu leur avance, et comme le laissaient présager leurs voix éteintes et sans passion de bébés lecteurs, ils n'ont pas pris goût à l'étude.

Est-ce de cela que Doman parle, est-ce à cela qu'on aboutit quand on suit ses directives ? Combien de fois nous a-t-il répété : *« Si votre enfant et vous-même n'y trouvez pas une joie réelle, arrêtez pour une semaine, pour un mois, pour six mois, pour toujours. Mais surtout ne faites rien qui ennuie votre enfant ou qui soit pour vous une corvée. Et surtout n'oubliez pas que la meilleure méthode, c'est celle qui marche pour vous deux. Ce qui compte ce n'est pas la technique, c'est l'esprit qui l'anime ».* Mais alors, quant à l'essentiel, Doman et Brazelton sont d'accord. Ce dernier ne dit-il pas : *« Si vous remarquez que votre enfant est avide de découvrir de nouvelles expériences, encouragez-le. Vous l'aiderez à édifier la confiance dont il a besoin ».* A cela Doman ne fait qu'ajouter : *« Ne limitez pas l'horizon de votre enfant et vous verrez qu'il s'intéresse à tout ce qu'on lui présente de façon exaltante et claire ».* Même ces deux adversaires sont d'accord sur le fait que le plaisir de l'enfant est une donnée claire qui constitue le meilleur guide dans l'éducation des tout-petits. Et sans doute après aussi, surtout si l'habitude est prise !

Et les cartons, les quantités, qu'en est-il ? Je dois dire que chez la dizaine de personnes que j'ai rencontrées en dehors du BBI et qui ont tenté l'expérience, le rejet et la nécessité d'« adapter » la méthode semble être la règle générale, plus que l'exception. Mais peut-on juger d'une méthode sur une dizaine de cas ? Non. Il se peut très bien que, pour certaines personnes, cela marche vraiment bien. A tel point que leur adéquation avec le BBI et le sens qu'a reçu leur vie tout à coup, les fait même déménager jusqu'à Philadelphie pour s'inscrire à l'école pilote. Les cas sont nombreux. Et je peux témoigner que les enfants du BBI n'ont rien en commun avec ceux qui ont serré le cœur de Brazelton. Ils sont gais, sociables et fiers de leur savoir. Peut-être connaîtront-ils les problèmes inhérents aux groupes qui vivent en marge de la société, mais n'est-ce pas le lot de toutes les grandes écoles, qu'elles s'appellent *Normale Supérieure, ENA* ou *Polytechnique* ? On objectera qu'il ne s'agit pas de jeunes adultes, mais de bébés. Sans doute, mais au moins leur vie est-elle cohérente dès le début. Les parents, les frères, les sœurs, les amis font partie de la même aventure. C'est comme la vie de village, un village très spécial qui n'est pas comme celui d'à côté.

Mais ce sont des exceptions. Non pas les enfants qui ne sont pas triés à la naissance, mais ces familles qui ont ce don particulier. Ces gens sont un peu comme les premiers chrétiens, dévoués corps et âme à une idée qui les transcende et qui leur fait mener une vie tout à fait autre que celle du commun des mortels. Comme je fais partie de ce commun, je ne veux pas juger ce qui me dépasse. Par contre, force m'est de constater que leur « vérité » me touche profondément. Je crois que procréer est l'acte le plus fondamental qu'on puisse poser, je crois qu'ouvrir le monde à son enfant est une des tâches les plus exaltantes qui soient et je crois que le petit enfant est un condensé de la curiosité et de la soif de savoir qui caractérisent la race humaine.

Par contre, je ne crois pas que l'on puisse « faire » un génie. C'est une vision déterministe à laquelle je n'adhère pas et qui, me semble-t-il, fait beaucoup de tort à Glenn Doman. Croit-il vraiment qu'il suffit de stimuler un enfant activement dès sa naissance pour obtenir un Léonard de Vinci, un Bach ou un Schopenhauer ? Même son ami Suzuki qui affirme qu'on peut créer le talent n'est pas de cet avis : *« Le talent n'est pas une question d'hérédité, ni quelque chose d'inné, il s'acquiert et se développe par l'exercice. Le génie, lui, c'est quelqu'un qui a été élevé et entraîné de telle sorte que ses capacités exceptionnelles s'imposent à l'attention »*. Effectivement personne ne nie que les grands chanteurs d'opéra ont un don aussi extraordinaire que rare. Sans ce don, ils ne chanteraient pas sur les scènes internationales. Il est certain aussi qu'il y a des voix exceptionnelles qui restent en friche, faute d'entraînement. Et si c'est vrai pour la voix, pourquoi ne le serait-ce pas pour les autres dons ? Non, on ne fabrique pas un génie.

En revanche, comme le dit aussi Suzuki, nous apprenons tous à parler, à lire et à écrire notre langue maternelle quelle qu'elle soit. Quel talent ! Et ceux qui n'y arrivent pas sont quand même des exceptions, en ce qui concerne le parler en tout cas. Certes, nous ne sommes pas tous des orateurs prestigieux, ni des acteurs bouleversants, mais nous manions notre langue maternelle avec une aisance que nous aimerions bien avoir en musique, en dessin, dans les langues étrangères, en adresse physique, etc. Et voici que nous retrouvons Doman. Car n'est-ce pas de cela qu'il parle ? Former des individus capables d'affronter la vie avec des armes bien fourbies et d'en recevoir les joies avec le talent nécessaire pour les ressentir ?

Et la course au génie dans tout cela ? C'est sans doute encore une de ces exagérations que produit le conflit stérile entre héritage génétique et environnement. Il me semble que le premier est responsable de bien plus de choses que « de la couleur des yeux et du timbre de la voix », comme le dit Doman dans une boutade. Quant à l'environnement, son importance n'est plus à démontrer. Chaque individu est à la fois le produit de ses gènes et celui de son milieu. La seule différence pour nous, parents, est que la génétique est une donnée de base à laquelle nous ne pouvons rien changer, alors que l'environnement en est une qui, en tout cas pour les premières années de l'enfant, dépend entièrement de nous !

4.

UNE MÉTHODE SUR MESURE

M'étant ainsi affranchie, je me sens plus légère, retrouve mes intuitions et commence (presque sans le faire exprès) à mettre au point, petit à petit, des techniques qui s'éloignent de la méthode du BBI, tout en respectant son approche psychologique et sa foi dans les capacités inouïes et inexplorées de l'enfant.

La première chose à faire est d'observer ce qui marche et pourquoi. Tout d'abord la lecture. Je n'ai pas voulu m'avouer vaincue. Beaucoup considèrent, à juste titre me semble-t-il, le fait de savoir lire comme la pierre angulaire de notre culture. Je crois qu'il n'y a pas de différence, pour un enfant, entre apprendre une langue oralement ou visuellement. La grande difficulté cependant est de créer un environnement visuel comparable au bain sonore dans lequel grandit le tout-petit. Il est, bien sûr, impossible qu'ils soient équivalents, mais il faut absolument introduire le langage écrit dans l'univers de l'enfant.

Je continue donc à présenter les cartons avec les grands mots rouges à Galia. Non plus dans ce défilé éclair et à répétition que prône Doman, mais de façon beaucoup plus occasionnelle et amusante. Les mots traînent de-ci de-là dans la maison et sont associés aux objets qu'ils désignent : « fauteuil » est sur un fauteuil ; « armoire » est sur l'armoire ; quand elle boit, je lui montre le mot « tasse ». Ou encore je joins l'action au mot, j'éternue avec « éternue » et je tombe avec « tombe », ce qui remporte un franc succès ! Je parviens ainsi à l'intéresser à près d'une centaine de mots. Ensuite je passe aux couples : « Maman boit », « ballon rouge », etc. Sans encore manifester un enthousiasme débordant, ma fille sourit et regarde les mots. Je décide donc de passer au stade suivant : le premier livre que je fabrique moi-même. Je photographie Galia à divers moments de la journée. Je colle ces photos sur des cartons (25 cm/25 cm). Je les perce de deux trous pour les relier en livre avec des anneaux brisés. Sur les pages qui font face aux photos, j'écris en grosses lettres noires des phrases comme « Galia est debout dans son lit », « Galia réveille Papa et Maman », « Galia boit son biberon toute seule ». Cela me paraît beaucoup de mots par page pour un premier livre, mais ce sont les quantités recommandées par Doman qui presse les parents : « Allez vite, ne vous attardez pas. Si l'enfant se désintéresse, c'est que vous l'ennuyez avec ce qu'il sait déjà. » Je montre à Galia chaque mot du livre (elle en a déjà vu plusieurs) écrit en noir sur des cartons séparés. Je les lui montre dans l'ordre du texte pour qu'elle sente une phrase se dessiner. Puis je lui présente des cartons avec des groupes de mots qui forment la phrase du livre. Par exemple : « Galia est debout » et « dans son lit ». Ensuite je pose ces cartons par terre l'un en dessous de l'autre, je mets à côté la page du livre qui est la reproduction exacte des cartons en plus petit. Enfin j'accroche ensemble la page de texte et celle de la photo correspondante, avec les anneaux brisés. Et chaque fois, une nouvelle page s'ajoute. Galia a 17 mois et ne prononce pas encore de phrases complètes. C'est donc moi qui, tous les jours, lui lis le livre en montrant chaque mot.

Enfin !!! A la fin de chaque leçon, j'ai droit à une explosion : « Enco' !!! Enco' !!! » Finalement voici l'enthousiasme ! Maintenant elle trépigne pour avoir sa leçon. Et quand je pose devant elle deux ou trois cartons et que je lui demande où est l'un des mots, elle me le montre presque toujours correctement. Le nirvãna !

Nous passons au deuxième livre. Cette fois, c'est une vraie histoire que, de plus, elle a vécue : la fête de Noël. Je fais un petit reportage de l'événement, centré sur les enfants, des préparatifs au lendemain de la fête. Je monte un livre, semblable au premier. Mais, sans doute parce qu'il s'agit d'une histoire suivie qu'elle reconnaît, son intérêt me semble accru. C'est pourtant avec le troisième livre que nous connaîtrons l'apogée.

Cette fois, j'invente une histoire fantastique qui arrive à Galia, à Céline qui a maintenant quatre mois et à leurs poupées ;

> « Les filles sont seules à la maison. Maman est à la buanderie et Papa fait des courses. Galia lit un livre. Céline dort dans le canapé. Galia entend un bruit et va réveiller Céline. Le bruit vient de leur chambre, elles regardent par la porte entrebâillée. Et que voient-elles ? Babar, Céleste et le Singe (leurs poupées) sont en train de parler ! Ils ont faim et se dirigent vers la porte. Les filles se cachent pour les laisser passer et les suivent sans bruit. Les poupées glissent le long de la rampe, mais Céleste tombe et se casse la trompe. Pauvre Céleste ! Comme elle n'a pas trop mal, les trois vont à la cuisine, ouvrent le frigo et en sortent de quoi manger. Céleste se met à pleurer : elle ne peut pas manger à cause de sa trompe cassée ! A ce moment, Maman revient de la buanderie. Galia court la prévenir. Mais quand elles arrivent dans la cuisine, il n'y a plus rien. Galia monte dans sa chambre, les poupées y sont sur le sol, inertes. Qu'est-ce qui s'est passé ? »

Cette dernière phrase est devenue le titre du livre. J'ai raconté l'histoire en entier pour montrer que ce n'est pas difficile à inventer, ni à réaliser. Des poupées debout ou assises face à face ont l'air de parler si on les photographie à plat ventre par terre. L'une derrière l'autre, elles ont l'air de marcher. Avec une main sur la porte entrouverte, la poupée a l'air de l'ouvrir. Attachées discrètement à la rampe, elles ont l'air d'y glisser, etc. Ce n'est vraiment pas compliqué et cela fait vibrer l'enfant qui ne se tient plus, qui est prêt à tout pour connaître la suite et revoir encore ce qu'il connaît déjà.

Cependant si je dis que ce fut l'apogée, c'est parce que le déclin a suivi rapidement. Après un tel succès, je me sens d'attaque pour un « vrai livre » : *Le Petit Chaperon Rouge.* Comme nous en possédons un très bien illustré, mais dont le texte est écrit en trop petites lettres, je le recopie sur des feuilles séparées. J'utilise le même processus que pour les livres précédents (cartons séparés, etc.), la seule différence est qu'il y a deux livres : celui des images et celui du texte. Et maintenant qu'ils sont séparés, Galia me montre clairement ce qui l'intéresse vraiment : le livre avec le texte en grosses lettres est repoussé et du coup les cartons avec les mots aussi, au profit de celui avec les images qu'elle demande sans cesse. (C'était au printemps 84, Galia avait un an et demi, Céline à peine six mois.)

Si j'ai raconté cette étape en détail, c'est pour deux raisons. La première est que l'enthousiasme de l'enfant est trompeur, quand on veut prendre ses désirs pour des réalités. Or la méthode de Doman y incite, puisqu'il ne donne aucun indice pour se repérer dans l'évolution de l'apprentissage. L'intérêt de l'enfant n'aide pas sur ce point. Son enthousiasme prouve seulement qu'on ne lui fait pas de mal. Mais il est bien évident que raconter à un enfant, avec moult mimiques et inflexions de voix, une histoire qui le concerne personnellement, va le passionner sans pour cela qu'il s'intéresse vraiment à l'apprentissage de la lecture. Or Glenn Doman (qui a d'ailleurs la réputation de ne pas trop apprécier le cartésianisme des Français) ne donne aucune explication quant au processus de découverte de l'enfant : « Suivez la méthode, il saura lire ! » Et s'il n'est pas intéressé par cette présentation, tant pis pour vous !

C'est là que le cartésianisme, n'en déplaise à certains, aide. Car il permet d'analyser la situation. Et nous voici à la deuxième raison pour laquelle j'ai longuement raconté cette première étape de la lecture : elle contient les éléments qui me permettront de comprendre comment un enfant apprend à lire, mais il me faudra encore deux années de tâtonnements et la découverte des livres d'Engelmann et surtout de Rachel Cohen (voir « *Bibliographie* ») pour y arriver.

Comme la plupart des parents, je ne suis pas pédagogue. Il y a cependant un point sur lequel je ne suis d'accord ni avec Doman, ni avec ceux qui ne jurent que par la méthode globale. Pour moi, lire c'est aussi être capable de déchiffrer des mots qu'on ne connaît pas, ou du moins dont on ne connaît pas la forme écrite. Pour Doman, un enfant lit son premier livre quand il en connaît tous les mots. Mais c'est ce livre-là et pas un autre. Effectivement, ma fille Céline le fera avec grande aisance pour ses trois ans et aurait sans doute pu le faire avant si j'avais découvert plus tôt le moyen de l'intéresser au langage écrit. Pour moi, un enfant lit son premier livre, quand il est capable de lire n'importe quel livre d'un certain niveau et d'une certaine présentation. Le jour où Galia, à 4 ans et 4 mois, lira son premier livre de la collection *Emilie,* en déchiffrant les nombreux mots qu'elle ne connaît pas, en relisant la phrase de plus en plus vite, jusqu'à ce que le sens lui saute aux oreilles et qu'elle me la répète droit dans les yeux avec la bonne intonation et le regard pétillant de gaieté, ce jour-là sera marqué d'une pierre !

Certains me diront que ce n'est même pas encore cela, lire son premier livre. Le premier, c'est celui que l'enfant va chercher lui-même dans la bibliothèque, lit mentalement et dont il raconte, après coup, le contenu en détail. C'est sans doute vrai, mais je préfère célébrer l'étape précédente qui est la plus glorieuse pour l'enfant. Et puis, une belle fête l'encourage à continuer sur la voie qui le mène à la lecture mentale.

Mais revenons à ce printemps 84 qui se solde certes par l'échec de la lecture, mais qui voit s'ouvrir des horizons radieux dans d'autres domaines ! La natation bien sûr est comme un rêve. A 18 mois, Galia se balade sur le dos à travers toute la piscine en gazouillant. Je ne la quitte pas des yeux, mais elle n'a plus besoin de ma présence à ses côtés. Je peux la jeter sans ménagement à l'eau, elle remonte seule à la surface, hilare. C'est à la piscine que je puise ma persévérance. Nous avons réussi, là, quelque chose de beau. Et je considère ça comme la partie visible de l'iceberg. C'est physique, ça saute aux yeux, mais je suis sûre qu'au point de vue mental, on peut réussir dela même façon.

D'ailleurs il est un domaine qui est aussi évident que la natation, c'est la peinture. J'ai sorti un vieux stock de cartes postales, des reproductions de tableaux que j'ai glanées dans les musées et les expositions. Une fois par jour (j'ai abandonné les 3 fois par jour, je préfère faire des choses différentes, plutôt que de répéter ainsi la même) je lui présente 5 tableaux. Je n'ai pas monté mes cartes postales sur les fameux cartons (30 cm/30 cm), parce que je n'ai ni le temps, ni l'argent, ni l'espace nécessaires. Ma technique marche d'ailleurs aussi bien : je mets un carton vierge devant Galia, je pose dessus une carte postale en disant le nom du tableau, puis je la reprends et la remplace par une autre.

Enfin je comprends pourquoi Doman insistait pour qu'on présente tout de la même façon. L'idée de mettre sur le même pied le drapeau belge et la Joconde me choquait profondément, quand j'étais à Philadelphie. Mais, en fait, c'est moi qui sous-estimais les enfants, c'est moi qui croyais qu'il fallait « apprendre » à aimer la peinture. Sans doute le faut-il quand on la découvre à 10, 12 ans, mais à 1 an, avec son œil vierge, l'enfant fait de lui-même la différence. Il jette un coup d'œil au drapeau et regarde longuement le tableau. Je dirais même qu'il fait la différence entre les dessins pour enfants et les œuvres de maître. Est-ce notre attitude plus respectueuse qu'il perçoit ? Est-ce parce qu'il retrouve ces tableaux dans les livres des parents et dans les musées ? Est-ce la peinture elle-même qui s'impose ainsi à lui ? Ce qui est sûr c'est que cela lui procure de grandes joies. Très vite avec Galia, je passe à 10 tableaux par jour et s'il ne tenait qu'à elle, nous en verrions beaucoup plus, mais je préfère la laisser sur sa faim. Elle apprend d'ailleurs rapidement à « se mettre en attente », jusqu'au lendemain.

La peinture, ainsi que la sculpture, plaît tellement aux enfants que cette leçon en devient pour eux la plus belle récompense. A 18 mois, Galia n'aime guère ni les légumes, ni la viande, ni la cuiller. Chaque bouchée transite longuement dans sa bouche, tandis qu'elle fixe l'horizon d'un œil vague. Les repas ont tendance à ressembler à une corvée jusqu'au jour où j'ai l'idée de lui promettre une « leçon de peinture » si elle mange sans traînailler. Et c'est la métamorphose ! La voilà qui s'anime, qui avale cuillerée sur cuillerée pour vider l'assiette au plus vite et contempler ses tableaux bien-aimés. Doman avait raison : l'enfant préfère apprendre plutôt que manger !

Et Galia n'est pas une exception. Céline aura la même passion. Même les enfants en visite chez nous, qui ne sont pourtant pas habitués à ce type d'éducation, manifesteront le même intérêt. Le surlendemain de mon émission de radio je recevrai une lettre significative : *« Votre intervention sur France-Inter me fait regarder mes enfants avec un œil différent. J'ai eu envie d'essayer tout de suite. Plutôt que de raconter une "histoire pour enfants" à ma fille de 6 ans, je lui ai proposé de regarder un livre sur Gauguin. Tout de suite elle m'a interrogée : C'est pour les enfants ? Et elle a été enthousiasmée, employant des exclamations à chaque tableau. J'ai donc très envie de démarrer dans cette voie ».*

Ce qui est sûr, c'est que, s'il n'est pas aussi aisé que le dit Doman d'intéresser un enfant à la lecture ou aux maths, il est par contre extrêmement facile de lui faire aimer les arts plastiques. Même les enfants qui semblent incapables de concentration y arrivent. Il suffit de choisir des tableaux représentant des scènes très vivantes et de les faire défiler très vite. Quand l'enfant commence à avoir envie de les regarder plus longuement, on lui fait observer les détails amusants avec des références à son vécu. Mais il faut toujours les retirer assez vite pour qu'il reste sur son envie de les regarder.

La visite des musées et des expositions est aussi une grande joie. Depuis que je m'intéresse ainsi à l'éducation des petits, je recherche souvent dans les musées les activités réservées aux enfants. Et l'indigence culturelle de ce qu'on leur propose me frappe presque chaque fois. Comme si le seul but était de les persuader que le mot « musée » n'est ni rébarbatif, ni péjoratif. Est-ce le bâtiment qui est important ou ce qu'il contient ? Quand on voit ces musées pour enfants, on se le demande !

Bien sûr, il ne s'agit pas d'attendre de l'enfant qu'il regarde calmement, comme nous, chaque tableau en silence. La visite est plus vivante, plus fatigante. Il faut d'abord prendre l'enfant dans ses bras, car, à sa hauteur, les tableaux sont presque toujours invisibles à cause des reflets. Si la salle est exceptionnelle, on passe d'une œuvre à l'autre, sinon on repère les plus importantes. La visite d'une exposition est plus facile. Car souvent il s'agit d'un seul artiste, comme pour les leçons où il est préférable de ne voir qu'un peintre à la fois. Avec l'oreille de l'enfant à portée de la bouche, on peut lui faire retrouver, sans déranger les autres visiteurs, l'enthousiasme et les rigolades de la maison qui grâce à la solennité de l'endroit et la présence des tableaux réels, se trouvent multipliés par cent.

Et puis (comme pour la natation) avec la peinture, les parents reçoivent des récompenses qu'ils ne sont pas près d'oublier. A 23 mois, j'emmène Galia voir pour la première fois une exposition (la grande exposition internationale, *Les impressionnistes et les paysages,* en 1984). Elle connaît déjà quelques centaines de tableaux dont beaucoup d'impressionnistes. Malheureusement en arrivant, je m'aperçois très vite, à ma grande déception, qu'elle n'en connaît aucun. Tout à coup nous entrons dans une petite salle et avant même que j'aie vu quoi que ce soit, elle crie : « La Meule de Foin ! » Je regarde le tableau qu'elle me montre, c'est effectivement cela ! Et quand je lui demande qui l'a peint, elle hurle triomphante : « MONEEEET !!! » Quelle joie ! Et comme en outre, il y a toutes les versions que Monet en a peintes, à diverses période de l'année et différentes heures du jour, nous pouvons épiloguer longuement. Ce qui la rend encore plus avide, si c'est possible, de « leçons de peinture ». Une autre visite est restée dans les annales de la famille. Deux ans plus tard, l'exposition *Paris-Vienne* ouvre ses portes. Cette fois, nous sommes bien préparées, les deux filles connaissent Klimt sur le bout des doigts. Et Céline, bien calée dans mes bras, se dresse du haut de ses deux ans : « Maman ! Regarde *Judith*... et l'autre *Judith* Oh, *Le Poisson Rouge* ! Et *Danaé* !! » etc. Tandis que je bois ainsi du petit-lait avec ma fille cadette, je surprends une conversation entre l'aînée (3 ans) et son père :

— Regarde, c'est *L'Amour*.

— Mais non, Papa, ça, c'est *L'Accomplissement* !

— Non, Galia, celui-ci, c'est *L'Amour*.

— Mais, Papa, *L'Amour,* il est là-bas, je l'ai vu. Ça, c'est *L'Accomplissement.*

Le père, ébranlé par tant de certitude mais pas convaincu, jette un coup d'œil sur l'étiquette, c'est bien *L'Accomplissement* !

Les récompenses comme celles-là sont nombreuses et régulières. Mais la plus belle, c'est quand, après un beau moment de grande communication, votre enfant vous prend la tête entre ses petites mains, plonge dans vos yeux un long regard intense et puis vous embrasse de toutes ses forces.

Devant un tel succès, je décide d'ajouter d'autres éléments de ce que Doman appelle les « Connaissances encyclopédiques ». Je vais bouquiner dans les librairies d'occasion et reviens avec un assortiment disparate : des oiseaux, des mammifères, une série de portraits de grands politiciens à travers l'histoire mondiale, des cartes de géographie — un jeu intéressant : 5 cartons (25 cm/20 cm) montrant les différents continents et une quarantaine de cartes (12 cm/20 cm) avec chaque fois un pays que l'on peut retrouver par sa couleur et sa forme sur un des grands cartons —, des photos de constellations et de planètes, des fleurs, etc. Je choisis les domaines pour lesquels j'ai les plus belles illustrations, c'est-à-dire les oiseaux d'Amérique du Nord, le jeu de cartes de géographie et les portraits de personnages historiques. A notre programme de la journée s'ajoutent ces trois leçons. Je n'attends pas 20 à 30 minutes entre chaque séance comme le recommande le BBI, parce que Galia n'en a vraiment pas besoin. Elle passe d'une matière à l'autre avec enthousiasme. A 19 mois, elle adore répéter ces mots qui doivent lui paraître un peu magiques.

C'est mon premier contact avec un phénomène que peu de gens comprennent et qui pourtant est très important : les enfants adorent apprendre des mots compliqués qu'ils ne comprennent pas dans un premier temps. Ils les répètent avec plaisir, ils les thésaurisent avec amour, comme l'écureuil qui amasse ses noisettes, pour ce moment plus ou moins proche où ils les réentendront dans un autre contexte et pourront petit à petit leur donner un sens. Combien de personnes m'ont dit : « Mais pourquoi leur apprendre cela, ils ne comprennent pas, c'est leur farcir la tête inutilement, c'est les embrouiller même ! » Est-ce que le nouveau-né comprend qu'il s'agit de lui quand on lui dit son nom ? Comprend-il ce qu'on veut de lui, quand on lui dit qu'il va faire dodo ? Que fait-il de ces concepts qu'on lui jette à la tête et dont il n'a pas la moindre idée : petit, gros, beau, etc. Ne vaut-il pas mieux se taire plutôt que de lui imposer ces borborygmes dont on ne peut s'empêcher d'attendre de lui qu'il les comprenne le plus vite possible ? Quelle pression psychologique ! Ces répétitions incessantes, ces regards qui guettent la moindre réponse ! Décidément nous sommes des bourreaux de demander à nos nourrissons de pareils exploits ! Mieux vaut se taire et attendre qu'ils aient mûri, qu'ils soient en âge de comprendre les abstractions !

Curieusement quand je réponds ainsi à des personnes pleines de bonnes intentions qui me mettent en garde contre le surmenage et la confusion qui menacent mes enfants, je vois dans leur regard un flou qui leur brouille la vue. Cela les fait réfléchir !

La compréhension ne peut pas précéder la connaissance. Comment comprendre ce qu'on ne connaît pas ? Même nous, adultes, c'est ainsi que nous apprenons encore. Quand nous rencontrons un concept inconnu, nous essayons de le retenir et puis nous en cherchons la signification auprès des autres ou dans un dictionnaire. Et si nous ne faisons pas ainsi, c'est que nous avons renoncé à apprendre et nous n'avons alors aucune leçon à donner aux enfants qui ne font que ça toute la journée.

D'ailleurs pour ce qui est d'« en donner trop » à l'enfant, ce n'est pas à l'adulte de décider. Combien de fois me suis-je fait moucher par mes gosses ! Quand ils ont un intérêt particulier pour un sujet, je le développe, mais il m'arrive d'en faire trop effectivement, de donner trop d'informations à la fois. Petits, ils regardent tout à coup ailleurs, prennent un jouet et vous ignorent complètement ; quand ils savent parler, ils disent quelque chose qui n'a strictement rien à voir avec le sujet, ce qui vous donne l'impression de « revenir de Pontoise », et à partir de 3 ans, quand leur raisonnement s'affirme, ils vous regardent droit dans les yeux et disent : « Mais ce n'est pas ça que je veux, qu'est-ce que tu disais là... ? » Non, il ne faut pas s'inquiéter, l'enfant fait le tri, lui-même, dans les informations. Ce qu'il peut comprendre, il l'utilise, ce qu'il ne comprend pas, il l'emmagasine. S'il y a confusion, elle ne vient pas de l'enfant, elle est dans la présentation. Effectivement il enregistre toutes les données, exactes ou erronées. C'est là que notre tâche, à nous parents, est délicate. Nous n'avons pas à décider de ce qu'il va comprendre ou non, nous devons lui présenter toute chose, de façon claire, exacte et sans ambiguïté. Il y a bien sûr des explications que nous n'arrivons pas à formuler clairement ; c'est alors que l'enfant ne comprend pas. La cause est en nous, pas en lui. Ça ne veut pas dire qu'on peut tout lui expliquer, mais curieusement, quand on se dit qu'il y a toujours un aspect de laquestion qui est accessible à l'enfant, on se met à aborder beaucoup plus de sujets avec lui. A partir du moment où on est sûr qu'il peut comprendre, on réfléchit au moyen d'y arriver eton s'aperçoit qu'il y a des éléments indispensables à la compréhension du problème, dont il ignore encore tout, parce qu'on n'a pas pensé à les lui présenter. Et voilà qu'on se met à lui raconter des tas d'autres choses, si nombreuses que parfois cela prend plusieurs jours avant d'arriver enfin à ce qu'on ne parvenait pas à lui expliquer. Evidemment il est beaucoup plus facile de se dire qu'il ne peut pas comprendre, mais c'est tellement plus triste !

Revenons à Galia (19 mois), qui découvre l'histoire, la géographie et la zoologie, avec délectation. Quelle joie de lui voir dire « Tchitchil » pour Churchill, « Téta acoleuête » pour tétras à collerette et « Fance » avec détermination pour France ! Très vite, elle comprend la relation entre les pays et les continents, et reconnaît les pays à leur emplacement. Comme ça lui donne tant de plaisir, je continue à lui présenter toujours plus de ces images. Vient le tour des compositeurs, puis les mammifères, les fleurs, etc. Sa prononciation s'améliore et il lui suffit de voir une image deux fois pour retenir son nom. Vu son appétit, nous arrivons bientôt en vue des 1 000 premiers « fragments d'intelligence », comme les appelle Doman. Il est temps de passer aux « programmes d'intelligence », c'est-à-dire ces dix phrases qui caractérisent chaque élément et qui se recoupent parfois. Devant l'ampleur de la tâche, je ne sais trop par où commencer et je me dis, dans mon désir de commencer à structurer ces éléments disparates, que, puisqu'elle aime tant la géographie, je pourrais connecter les personnages historiques avec leurs pays.

Je reprends donc les « politiciens » que nous avons mis de côté il y a près de deux mois. Elle se souvient de beaucoup d'entre eux, une bonne moitié. Mais je me rends tout de suite compte qu'elle ne voit pas du tout le rapport entre le personnage et la forme que j'appelle « pays » ; je croyais lui enseigner la géographie et c'était en fait pour elle un jeu spatial amusant. Une fois encore, Doman m'a fait prendre des vessies pour des lanternes. Et tout à coup, je réalise quel est l'avenir qui nous attend. Tous les deux ou trois mois, je vais repasser ces éléments dont le hasard a déterminé le choix, en ajoutant un « programme d'intelligence ». Galia finira sans doute par retenir les éléments de base et une partie de caractéristiques. A moins que, et ceci me paraît beaucoup plus probable, elle ne m'envoie promener, tellement ce sera fastidieux.

Et voilà mon enthousiasme qui s'effrite. La perspective de ces leçons quotidiennes et répétitives me semble aussi pesante que le rocher de Sisyphe et le résultat aussi lointain qu'incernable. Est-ce ça la base de la culture ? Est-ce cet amoncellement de connaissances disparates glanées au gré du hasard ? Un beau jour de perplexité, je prends la série de « politiciens à travers les âges », recommandée par le BBI pour sa qualité de reproduction, et je la contemple : Louis XIV, Gandhi, Churchill, Catherine la Grande, George III, Staline, Napoléon, Elisabeth Ire, Hitler, Lloyd George, etc. Qu'est-ce que cela veut dire ? En quoi cela peut-il aider un enfant à appréhender et comprendre l'histoire ? Ça me fait penser à ces gens qui avaient appris à leur bébé à répondre « Po-po-po, poom » (sur les notes de la 5e *Symphonie*) chaque fois qu'on lui disait « Beethoven ». Est-ce cela que je veux pousser à la puissance mille ? Du pavlovisme culturel ? Non, mille fois non. Ce qui compte en histoire, c'est qui vient avant qui et après qui. Qui est en même temps que qui ? Quand s'est passé tel événement ? Qu'est-ce qui l'a préparé ? Qu'a-t-il engendre ?

C'est le récit du temps. C'est la chronologie. Cette chronologie que nous avons eu tant de mal à ingurgiter à l'école et qui depuis a été supprimée des programmes scolaires pour simplifier le problème ! C'est pourtant une des données essentielles pour devenir un être pensant. Comment savoir où aller quand on ne sait pas d'où l'on vient ? L'approche de Doman n'apporte pas de réponse à la question : comment donner à l'enfant un squelette historique aussi solide et maniable que les tables de multiplication, une structure dans laquelle il pourra intégrer de lui-même n'importe quelle donnée ? Ce n'est pas en multipliant les anecdotes isolées dans le temps et l'espace qu'on y arrivera. N'est-ce pas déjà notre problème ? Que savons-nous en histoire ? Les moments palpitants qui nous ont fait sortir de notre torpeur à l'école, les récits parfois fantaisistes d'Alexandre Dumas et autre Walter Scott, Paul Féval, etc., et enfin l'un ou l'autre livre d'histoire vulgarisée qui nous est tombé entre les mains au bon moment.

Tout le monde connaît Robin des Bois et Ivanhoé, et les démêlés de Richard Cœur de Lion avec le Prince Jean, mais qui sait qui régnait en France à cette époque ? Qui a commencé la guerre de Cent ans et qui l'a clôturée ? A quelle période de l'histoire de France correspond la vie de Bach ? Et celle de Rembrandt ? On peut multiplier ces questions à l'infini. Beaucoup resteront sans réponse. Pourquoi ? Parce que pour la majorité d'entre nous, la structure de base (l'histoire de France pour les Français) est pleine de trous. Notre connaissance du temps est comme une écharpe mitée. Il en est ainsi parce que l'école saucissonne l'histoire en tranches de programme annuelles. Certaines tranches sont bien présentées, d'autres sont bâclées, mais jamais il n'y a de réelle référence à l'échelle du temps puisqu'elle n'a pas été enseignée comme une donnée primordiale.

J'en suis là dans mes réflexions et je me demande d'où vient cette tentation de choisir l'histoire et la géographie, comme branches principales, et de reléguer la zoologie et la botanique (qui sont pourtant beaucoup plus parlantes pour les tout- petits) au second plan. C'est alors que je tombe sur le livre d'Engelmann *Comment donner une intelligence supérieure à votre enfant**. Cet

* Paru dans « Réponses », éd. Robert Laffont, en 1967.

ouvrage m'apportera plusieurs clefs, mais d'abord il confirme mon intuition. Engelmann encourage les parents à beaucoup parler à leurs tout-petits des dinosaures et des planètes pour développer leur sens du temps et de l'espace : « Il y a très, très longtemps, bien avant que Papa soit né, même avant que Grand-Mère soit née et même la grand-mère de ta Grand-Mère, il y avait... » et « Quand on s'élève très, très haut dans le ciel, bien au-delà des nuages,... » Oui, les notions de temps et d'espace sont essentielles. Parler des extrêmes que sont les dinosaures et les planètes est très important pour aider l'enfant à réaliser que le monde ne se limite pas à l'instant présent et à son environnement immédiat, mais on peut aller plus loin. Et c'est ainsi que partant de Doman et d'Engelmann, je mets au point une technique pour enseigner l'histoire de France à mes enfants, dont le succès ne se démentira pas !

Il y a plusieurs impératifs de base. Il faut une présentation qui inclue le sens de la chronologie, qui amuse l'enfant pour que les répétitions nécessaires ne soient pas fastidieuses, et enfin qui ne demande pas un grand déploiement de matériel pour ne pas perdre de temps avec les préparatifs et pouvoir faire la « leçon » n'importe où. Je choisis donc la comptine, car les enfants les adorent et sont capables d'en ingurgiter des tas si on les leur chante souvent et avec enthousiasme. De plus, dès qu'ils voient que leurs parents ont pris la peine d'apprendre quelque chose, ils sont intimement persuadés que c'est important.

J'hésite longuement sur le point de départ. Les livres d'histoire pour enfants commencent souvent dans les cavernes. Ça donne un début très flou et l'impression que nous en sommes sortis pour devenir immédiatement des Gaulois colonisés par les Romains. D'ailleurs ce n'est pas ainsi que nous décomptons le temps, nous, chrétiens : nous avons une date très importante, la naissance du Christ. A partir de ce point, nous découpons le temps en tranches égales, les siècles. Il y a deux parties. L'après qui s'écoule de ce moment essentiel jusqu'à nos jours et pour lequel nous avons une perception du temps de plus en plus fine et une conscience de plus en plus grande des subdivisions que sont les années ; et l'avant qui part de la naissance du Christ pour remonter à la nuit des temps et pour lequel notre perception devient de plus en plus floue. C'est sur ce modèle que je décide de présenter l'histoire de France. Je choisis donc la prise de pouvoir de Hugues Capet, comme pivot de mon découpage temporel. Comme de plus son règne se situe à la fin du Xe siècle, c'est donc notre millénaire qui sera détaillé et reviendra ensuite un étalon très utile en histoire : mille ans.

Ensuite, je divise cette période en six couplets : les Capétiens (du XIe au XIVe siècle), les Valois (du XIVe au XVIe siècle) les Bourbons (du XVIe au XVIIIe siècle), le « Chaos politique du XIXe siècle » (de 1789 à 1871), la Troisième République (de 1871 à 1940) et l'Après-Guerre (de 1940 à aujourd'hui). Au fur et à mesure que l'on arrive à nos jours les couplets couvrent des périodes de plus en plus courtes, sont de plus en plus détaillés, ce qui correspond à notre perception du temps.

Doman insiste fort sur l'importance du support visuel. Je ne suis pas vraiment d'accord en ce qui concerne l'histoire. D'abord parce qu'il arrive très souvent que deux portraits d'un même roi n'aient qu'une vague ressemblance, ensuite quand on remonte dans le temps et qu'on arrive aux Capétiens, il n'y a plus de portraits. Sans doute Doman se réfère-t-il surtout à l'histoire américaine dans laquelle la représentation picturale des présidents est complète et abondante. Mais prendre les deux cents ans de l'histoire des États-Unis comme référence de base est une vision de nourrisson qui ne nous convient pas.

Je décide donc de concrétiser ces noms royaux non pas par un portrait, mais par une caractéristique amusante. Je divise les rois en deux, ceux qui ont connu au cours de leur règne un événement important qu'il est nécessaire de situer et les autres pour lesquels je cherche un détail amusant dans leur biographie. Cela donne pour les premiers, par exemple : « Hugues Capet fonda la dynastie des Capétiens », « Henri Ier fut vaincu par Guillaume le Conquérant », « Philippe IV le Bel a fait brûler les Templiers » « Philippe VI de Valois commença la guerre de Cent Ans », « Charles IX ordonna le massacre de la Saint Barthélemy », etc. Pour les autres, j'utilise souvent l'explication du surnom : « Robert II le Pieux allait souvent à l'église », « Louis X le Hutin était toujours en colère », « Jean Ier le Posthume est né après la mort de son papa », etc. ; ou alors une anecdote amusante : « Charles VIII l'Affable mourut d'avoir cogné une porte », « Napoléon s'échappe : Louis XVIII s'enfuit avec son gros ventre », « Paul Deschanel est devenu fou et se promenait en pyjama sur la voie ferrée », etc. Il y a aussi les reines et favorites remarquables : « Louis VII le Jeune épousa Aliénor d'Aquitaine », « Henri II épousa Catherine de Médicis, aima Diane de Poitiers », « Louis XVI, le serrurier, épousa Marie-Antoinette d'Autriche », etc. L'alternance de ces caractéristiques très différentes rend l'identification aisée et amusante.

Enfin pour que ce soit facile à apprendre (aussi bien pour les parents que pour les enfants !), je choisis un rythme de marche binaire et comme mélodie la gamme. A chaque roi, on monte d'une note, arrivé en haut on redescend. A la fin de chaque couplet vient le refrain : « Et c'est ainsi qu'on arrive aux Valois, aux Bourbons, etc. » (la comptine avec explications se trouve dans la deuxième partie de ce livre, au chapitre *Histoire*).

A partir de ce moment, les leçons d'histoire sont très faciles et peuvent avoir lieu n'importe où, en promenade, en voiture, etc. Les parents dont la mémoire est paresseuse ne doivent pas se décourager, ils seront sans doute les premiers à se rendre compte du cadeau qu'ils font à leur enfant en l'aidant à développer cette faculté. Il suffit d'enregistrer la comptine sur une cassette et de la passer souvent devant l'enfant, en essayant de mémoriser. Si vous présentez, avec humour, les difficultés que vous pouvez avoir à retenir cette litanie, votre enfant sera ravi de vous aider et de vous montrer qu'il y arrive plus vite que vous !

Ensuite quand la chanson fait partie du répertoire familial, on alterne : une fois on chante, une fois on raconte. Au début, raconter signifie expliquer en d'autres mots le sens de chaque phrase pour rendre les personnages familiers. Par exemple :

> « Louis VI le Gros, il était gros ! Il aimait bien manger ! Il était gourmand ! Mais quand même il voulait être un bon roi. Alors il a réfléchi et il s'est dit que pour être un bon roi, il valait mieux qu'il ait quelqu'un de bien pour l'aider à faire son métier de roi qui est très difficile. Alors il a regardé autour de lui pour voir qui pourrait l'aider. Il a cherché, il a cherché. Et tout à coup il a pensé au moine Suger ! Un moine, ça sait beaucoup de choses ! A l'époque de Louis VI, les moines étaient ceux qui savaient le plus de choses, ils étudiaient toute la journée. Mais en plus, ce moine qui s'appelait Suger était très sage, c'est-à-dire qu'il prenait toujours les bonnes décisions, il savait toujours ce qu'il fallait faire. Alors le roi Louis VI le Gros lui a dit : « Moine Suger, viens, tu seras mon ministre, tu vas m'aider ! » Le ministre, c'est celui qui aide le roi à gouverner, à faire son métier de roi.

C'est-à-dire s'occuper de construire les routes, de mettre les méchants en prison, d'organiser l'armée pour que les soldats obéissent bien, etc. Et c'est ainsi que même quand Louis VI le Gros prenait trop de temps pour manger toutes les bonnes choses qu'il aimait, le moine Suger était là pour veiller à ce que tout soit bien fait ! »

Voilà ce qu'on peut dire déjà à un enfant de 3 ans, à partir de la phrase « Louis VI le gros, le moine Suger fut son ministre ». Bien sûr c'est une présentation fort incomplète du règne de Louis VI. Mais il s'agit dans un premier temps de personnaliser ce nom et de donner un début de sens à des mots tels que « ministre » et « gouverner ». Pour ce faire, la gourmandise probable de Louis VI, vu son surnom, permet de ponctuer d'humour l'explication plus sérieuse. Et les jours où on est en forme, on peut mimer le roi en train de bâfrer, tandis que le moine vient lui rappeler tout ce qu'il y a à faire. C'est une image d'Epinal qui rappelle *Le Bon Roi Dagobert*, mais contrairement à cette chanson, dans la mienne tous les rois sont nommés et situés.

Ensuite on peut comparer les rois entre eux, toujours à partir des phrases de la chanson. Par exemple, mettre en parallèle Louis VI le Gros et Louis XIII le Juste qui « gouverna avec le Cardinal de Richelieu » en faisant remarquer qu'ils ont eu tous deux un ministre remarquable ou opposer Jean Ier le Posthume qui ne régna, bébé, que quelques jours avant de mourir, à Louis XIV le Roi Soleil dont le règne de 72 ans couvrit près d'un siècle, etc.

L'avantage de cette méthode est qu'elle requiert peu de préparatifs, pas de leçon quotidienne, et peut avoir lieu n'importe où. Quand on aborde un nouveau couplet, il faut bien sûr le chanter très souvent pour mieux l'apprendre, mais dès qu'on le connaît, une fois par semaine suffit. Les trajets en voiture et les promenades sont des moments parfaits. En une demi-heure, on peut revoir l'histoire de notre millénaire et même raconter un des six couplets. Il suffit aussi d'avoir dans son portefeuille, un petit carton avec les dates et on peut ainsi rapidement quand on parle d'un événement, d'un peintre, d'un chef d'État étranger, etc., le situer dans l'histoire de France. Par exemple :

« Rodin est né sous Louis-Philippe, il a connu la révolution de 1848, la Deuxième République, le Second Empire avec les crinolines, les

Allemands qui ont envahi la France, la Commune de Paris et puis la Troisième République. Et il devenait de plus en plus vieux, mais il sculptait toujours et les présidents se succédaient l'un après l'autre : Thiers, Mac-Mahon, Jules Grévy, Sadi Carnot, Casimir-Perier, Félix Faure, le XXe siècle a commencé avec Émile Loubet, il y a encore eu Armand Fallières et Raymond Poincaré et puis la Première Guerre mondiale a éclaté et le pauvre Rodin qui était bien vieux à 77 ans est mort avant la fin de la guerre, il n'a pas vu la paix revenir ! »

On peut faire ça, soit très vite comme si on empilait des objets avec une voix affairée, ou plus lentement en détaillant tous les événements que Rodin a connus pendant sa vie. J'entends ceux qui diront qu'il est inutile de parler des chefs d'État qui n'ont fait que passer comme l'éclair sans rien accomplir : Jean Ier le Posthume, Casimir-Perier, etc. Mais je pense qu'il importe de créer un fil continu même si certaines perles sont énormes et d'autres minuscules. Car si on supprime les petites, le fil se casse et la connaissance de la chronologie s'effrite. Au moment du récit on explique bien sûr à l'enfant les importances différentes des chefs d'État.

J'ai longuement expliqué le fonctionnement de cette méthode pour enseigner l'histoire aux tout-petits parce que c'est avec elle que j'ai réalisé la synthèse entre mon désir d'éveiller mes enfants à la connaissance, en leur donnant des outils, et les contraintes d'une vie par ailleurs assez remplie. L'impact de la comptine est telle sur l'enfant qu'elle peut servir à introduire n'importe quelle matière. Dans un premier temps, il n'y comprend pas grand-chose, mais c'est amusant et il a envie de la retenir. Il ne fait pas la différence entre *« A, E, I, O, U, sont les voyelles, ainsi que Y »* et *« Carabi toto, carabo marchand d'carabas compère Guilleri, telératu, telératu, telératu mou-ouri »*. Seulement un peu plus tard, il comprendra le sens de la première comptine, tandis que le refrain de « Compère Guilleri » restera toujours un amusant charabia. Les deux sont nécessaires. Mais le fait de découvrir que A, E, I, O, U, Y sont des choses qui existent et qui étaient d'ailleurs dans la chanson de l'alphabet (sur l'air de *Ah, vous dirais-je maman,...*) que l'enfant connaît déjà, tout cela le titille et facilite bien des apprentissages. A condition que les comptines soient un tremplin et non un aboutissement. On peut d'ailleurs en inventer avec tout. Non seulement l'histoire et la lecture, mais aussi la géographie. Par exemple, sur l'air de *N'y a qu'un ch'veu sur la tête à Mathieu*, on peut chanter :

> « En France, la tour Eiffel gratt' le ciel de Paris ;
> En Belgique, le Manneken Pis fait pipi à Bruxelles ;
> Au Liechtenstein, y a plus d'argent que de gens à Vaduz ;
> Au Danemark, la petite sirène est à Copenhague ;
> Aux Pays-Bas, les moulins sèchent le pays d'Amsterdam ;
> etc. »

Un enfant qui s'est amusé à apprendre ça, veut en savoir plus ; il est accroché.

Je me suis étendue sur la période de 3, 4 ans, parce que c'est le moment où l'enfant commence à répondre vraiment et où un véritable dialogue s'établit qui permet d'expliquer, de comparer, de mettre en relation et d'établir les conséquences. C'est le moment où la lecture se débloque, où la perception du temps devient une réalité avec laquelle on peut jouer, où les quantités se mettent à exister, etc. Mais il est bien évident que pour en arriver à ce stade, à cet âge-là, il faut avoir dès la naissance une attitude qui stimule l'enfant et l'habitue par le jeu à se concentrer plus longuement.

Ce qui ne veut pas dire qu'il est un âge où il est trop tard pour commencer. Combien de parents m'ont demandé, prêts à se décourager, « s'il n'était pas trop tard pour leur enfant ». L'âge dudit enfant allant de 10 mois (sic !) à 5 ou 6 ans. C'est une très mauvaise compréhension de ce type d'éducation. Il ne s'agit pas de faire telle ou telle chose, il ne s'agit pas d'employer tel ou tel matériel, d'appliquer telle ou telle technique. Il s'agit d'avoir une attitude ! On peut très bien n'apprendre à son enfant ni à lire, ni à écrire, ni à compter, ni la musique, ni l'histoire, ni la géographie, ni la poésie, ni les beaux-arts, ni la natation, ni rien de tout ce dont il est question dans ce livre, et pourtant avoir vis-à-vis de lui cette attitude sans laquelle tout le reste n'est rien.

Celui qui dès la naissance de son enfant le regarde comme un être humain à part entière et non comme une larve, lui parle beaucoup et clairement, lui montre son environnement, lui explique ce que le hasard amène sous ses yeux ; celui qui observe son enfant avec respect, encourage son moindre effort, le félicite au plus petit progrès, l'incite à poser des questions et y répond avec enthousiasme ; celui-là n'a préparé aucun matériel, n'a suivi aucune méthode, s'est contenté de présenter à son enfant sa langue maternelle et son environnement, et pourtant il a fait l'essentiel. Il est primordial de comprendre cela avant d'aller plus loin. Ça me rappelle cette mère qui avait assisté au séminaire du Better Baby Institute et le racontait à un ami. Voyant son enthousiasme, cet ami lui demande :

— Et tu vas faire tout ça aussi avec ton gosse ?

— Je ne sais pas, ce n'est pas ça qui est important. Ce qui compte, c'est que je ne le regarderai plus jamais de la même façon !

Et il n'est jamais trop tard pour prendre une bonne habitude ! Bien souvent, il arrive que les gens qui ont pris conscience de cela ont envie d'aller plus loin. Ce fut mon cas, à tel point que me voici en train d'essayer de vous aider à éviter certaines fausses routes inutiles et de vous donner un coup de main pratique. Mais il ne faut jamais oublier que, comme le disait Montessori, l'essentiel n'est pas dans le matériel, mais dans l'enfant et dans le regard que vous posez sur lui.

Pour montrer comment l'enfant stimulé peut amener ses parents à lui apprendre bien plus qu'ils n'osaient l'imaginer, voici une anecdote. Galia a 18 mois, elle est couchée sur le langeoir. Je la change. L'envie me prend de lui raconter quelque chose d'amusant, mais l'inspiration me manque pour inventer quoi que ce soit. Tout à coup je pense au « Corbeau et le Renard », la seule fable de La Fontaine que je connaisse par cœur. Riant de ma propre audace, je me lance dans ma récitation que j'agrémente de moult effets de voix. Arrivée à la fin *Le corbeau, honteux et confus, jura mais un peu tard qu'on ne l'y prendrait plus,* j'entends une petite voix qui me dit : « Enco' ! » Je fonds et m'exécute. Je reprends la fable avec encore plus d'effets et surtout des explications sur le corbeau, sur le renard, sur ce qu'ils font. Bien sûr, je ne sais pas ce qu'elle en comprend. Tout ce que je sais, c'est que régulièrement elle me demande « Monsieur Cobo ». Comme je voudrais qu'elle comprenne un tant soit peu ce que je lui raconte, je lui fais cinq dessins pour lui expliquer ce qui arrive dans l'histoire.

Je n'ai aucun talent pour le dessin (l'école et la maison familiale ont plus retenti de ricanements que d'éloges devant mes

« œuvres »), mais ici, stimulée par l'intérêt de ma fille, je me lance sans honte, ni vergogne. Et comme j'ai lu beaucoup de bandes dessinées, voilà que je retrouve ces quelques traits qui donnent de l'expression à une tête. Ce qu'il y a d'extraordinaire dans le rapport parent-enfant, c'est la réciprocité. Tout comme en enseignant l'histoire, la géographie, les beaux-arts, etc., à mes enfants, j'ai appris des tas de choses que je n'avais plus le courage d'apprendre pour moi-même, de même ils m'ont appris le pouvoir de l'admiration. L'enfant voue à ses parents une admiration et un respect qui ne trouveront plus leur pareil plus tard. Certains parents en profitent pour écraser leur progéniture, en se présentant à elle avec l'autorité de Dieu le Père et l'infaillibilité du pape ; l'enfant nous croit capable de tout et il est important de le détromper. Mais avec sa foi en nous, il peut, si nous l'entendons, nous donner des audaces que personne d'autre ne pourrait nous insuffler. Ceux qui n'osent pas chanter fredonneront d'abord, timides « entre quat'z'yeux », et finiront par chanter vraiment ; ceux qui ne savent pas dessiner commenceront par de vagues gribouillis et finiront par soigner des dessins dont ils tireront une certaine fierté ; ceux qui ne savent pas coudre finiront par assembler des bouts de tissus pour voir le rêve devenir réalité dans les yeux de leur enfant. Ce ne sont certes pas des chefs-d'œuvre, mais nous ne sommes plus impuissants.

Ainsi au cours de nos longues promenades, entre *Frère Jacques* et *Malbrough s'en va-t-en guerre*, j'introduis « Monsieur Cobo ». Galia commence à en répéter certains mots, puis groupes de mots. La voilà qui, quand je traîne un peu, me devance et me dit les mots suivants. Je renverse alors la vapeur, en la suivant au lieu de la précéder. Et effectivement elle se met à réciter d'elle-même la fable par bribes que je répète, ce qui l'incite à dire la suite. C'est ainsi qu'elle récite presque entièrement sa première fable. J'en prépare donc une autre, *La Grenouille qui se veut faire aussi grosse que le Bœuf,* qu'elle apprend avec plus d'aisance. Je l'ai choisie parce qu'elle est courte et très dialoguée, mais elle a une longue morale assez difficile :

> « Le monde est plein de gens qui ne sont pas plus sages,
> Tout bourgeois veut bâtir comme les grands seigneurs,
> Tout petit prince a des ambassadeurs,
> Tout marquis veut avoir des pages. »

Il y a de quoi laisser tomber ! Mais je ne veux pas me laisser désarçonner par la difficulté. Voici comment je m'en suis sortie :

« Les bourgeois, ils vivent dans des maisons ; et les grands seigneurs, c'est-à-dire les rois, les princes, les marquis, ils vivent dans des châteaux (comme celui de la Belle au Bois Dormant). Mais il y a des bourgeois qui sont comme la grenouille, qui veulent avoir l'air plus gros, plus importants qu'ils ne sont. Ils veulent être comme les grands seigneurs. Ils n'aiment pas leurs jolies maisons. Ils veulent des gros châteaux comme les grands seigneurs. Alors ils en font construire, mais ils ne savent pas comment. Et ils font construire des châteaux moches et prétentieux. Et puis ils ne savent comment vivre dans leur bête château. Parfois ça a coûté tellement cher qu'ils n'ont plus d'argent, alors leur famille a faim et froid. Et ils sont malheureux dans leur vilain château, alors qu'ils étaient bien, avant, dans leur maison. Ils ont fait comme la grenouille.

Et les rois, ils ont des ambassadeurs, les ambassadeurs sont les facteurs du roi. Quand le roi veut écrire à un autre roi (par exemple il veut lui faire la guerre pour lui prendre un morceau de son pays), il écrit une lettre : « Je vais vous faire la guerre ! ». L'ambassadeur prend la lettre et va la porter à l'autre roi. L'autre roi ouvre la lettre, la lit et dit : « Quoi ? » Il prend du papier et écrit une lettre au premier roi : « Ah, vous voulez me faire la guerre ! Eh bien, je ne vous le conseille pas, parce que je vais vous ratiboiser, moi, si vous me faites la guerre ! » Et il donne la lettre à l'ambassadeur qui la rapporte au premier roi, et ainsi de suite. C'est pour ça que les rois ont besoin d'ambassadeurs. Mais les petits princes qui vivent dans leurs châteaux, qui doivent obéir au roi, ils n'ont pas besoin d'ambassadeur ! Et pourtant il y en a quelques-uns qui font comme la grenouille : ils veulent faire les rois, ils ont des ambassadeurs qui prennent leur argent pour ne rien faire. Et tout le monde se moque de ces princes-là, parce qu'ils n'ont quand même pas l'air d'être des rois !

Par contre, les princes, ils ont des pages (pas comme la page du livre, LE page). Le page, c'est le fils d'un prince qui va chez un autre prince pour apprendre son métier de prince. Mais il ne va pas chez un marquis qui est un « petit grand seigneur » ! C'est chez un prince qu'il doit aller, le page, pour apprendre à devenir un bon prince. Et pourtant il y a les marquis qui font comme la grenouille ! Ils veulent avoir l'air d'être des princes et ils font tout ce qu'ils peuvent pour avoir des pages chez eux. Mais ils n'ont que les mauvais fils de princes dont personne ne veut tellement ils sont mauvais garçons. Et tout le monde se moque de ces bêtes marquis qui ont plein de problèmes avec leurs mauvais pages !

C'est pour ça que Jean de La Fontaine dit que le monde est plein de gens qui ne sont pas plus sages que la grenouille. Ils sont aussi bêtes qu'elle ! Et ils se rendent malheureux à force de vouloir devenir plus grands qu'ils ne sont ! »

Je sais que ces explications sont lapidaires et sans nuance. Il ne faut pas oublier que c'est le premier contact de l'enfant avec ces concepts, mais pas le dernier. Plus tard, si on rencontre le mot *grève* ou *ouvrier* (les enfants ainsi stimulés sont très attentifs à la radio et à la télévision), on pourra, en faisant référence à cette fable, nuancer les propos : en lui racontant qui sont les ouvriers, comment ils vivaient au XIXe siècle, comment, en voulant vivre comme les bourgeois, ils sont parvenus (grâce aux grèves) à améliorer leur vie. Et une autre fois, avec par exemple le conte de Grimm, *Le Diable aux Trois Cheveux d'Or,* on pourra lui expliquer qu'un pauvre paysan peut, grâce à son intelligence et son audace, accéder au trône et y être à sa place. Ce qui compte, c'est de donner à l'enfant beaucoup de petites boules sur lesquelles la neige de la connaissance peut s'accumuler et aussi lui apprendre à sortir la bonne petite boule, au bon moment.

Il est un autre apprentissage que j'ai fait, comme tous les parents qui ont plusieurs enfants : ce qui marche pour l'un ne marche pas nécessairement pour l'autre ! C'est vrai dans tous les domaines de l'éducation. L'aînée aurait été parfaite pour les démonstrations de Doman (mis à part son rejet de la lecture et des maths) tant elle aimait, dès le plus jeune âge, participer, répéter, montrer ce qu'elle savait, etc. La cadette, par contre, ne manifestait pas son intérêt, parlait moins, de façon peu intelligible, ne montrait quasiment rien. Or il y a une perspective qui me fait frémir : avec l'aîné, on découvre tout, on est plein d'enthousiasme et de spontanéité, on veut lui montrer le monde et même si on s'y prend mal, l'énergie et la fraîcheur sont là ; avec le suivant, on a deux fois moins de temps et d'énergie, si l'enfant ne répond pas à ce qu'on lui propose pour des raisons de caractère ou simplement pour se différencier de l'aîné ou encore parce qu'il sent un certain automatisme chez ses parents, on baisse les bras et l'écart se creuse entre les enfants. C'est un schéma classique et je n'en voulais à aucun prix. Et pourtant j'avais l'impression que tout ce qui avait marché du tonnerre avec Galia piétinait avec Céline. A la piscine il fallait sortir au bout de cinq minutes, le jeu de cartes géographiques que Galia aimait tant ne l'intéressait pas du tout, l'alphabet que Galia avait appris avec beaucoup de facilité par la méthode d'Engelmann (A = deux jambes ouvertes avec une corde qui relie les genoux, B = une jambe toute droite avec deux boucles, C = un rond dont a enlevé un morceau, etc.) n'avait aucun succès, et même dans les « leçons » que Céline me réclamait il n'y avait pas de dialogue : je soliloquais, perdant petit à petit mon enthousiasme.

Et tout à coup je me suis rendu compte que j'étais comme une institutrice qui refait chaque année le même programme. Qu'est-ce que ce plat réchauffé que j'offre en attendant les mêmes appréciations ? J'avais pris l'habitude d'attendre les mêmes réponses aux mêmes endroits. C'est alors que j'ai compris que deux enfants peuvent arriver aux mêmes résultats par des chemins très différents. Ainsi pour la natation, j'ai persévéré en respectant les doses « homéopathiques » qui lui convenaient. (Mais aurais-je eu le courage de la conduire deux fois par semaine à la piscine pour cinq minutes, si je n'avais pas eu l'inébranlable désir qu'elle découvre la même aisance aquatique que Galia ?) Et pourtant à force d'encouragement et de respect de ses possibilités sans les comparer à celles de qui que ce soit, Céline a acquis un amour de l'eau qui fait plaisir à voir et, à 3 ans et 3 mois, elle nageait cent mètres sur le dos avec une facilité et une rapidité surprenantes. De même pour l'alphabet, je lui en ai inventé un, gai et imagé, qui l'enchantait (voir chapitre *Lecture*) et qu'elle connaissait au même âge. C'est aussi avec elle que j'ai compris que les enfants qui n'aiment pas répondre et montrer, préfèrent écouter et regarder. C'est ainsi que j'ai inventé de plus en plus de comptines pour l'entourer de connaissance, sans attendre d'elle une réponse.

Pour ce qui est du calcul, j'ai été longtemps désarçonnée par l'échec de la méthode de Doman sur laquelle j'avais fondé beaucoup d'espoir. Je n'affirmerai pas qu'elle ne peut pas fonctionner, mais comme elle n'a pas marché avec mes enfants, ni avec aucune des personnes que j'ai rencontrées et qui ont essayé de l'appliquer, il me semble légitime de proposer l'alternative que j'ai fini par mettre au point. Elle s'inspire de nouveau d'Engelmann et de Rachel Cohen. (Voir le chapitre *Logique et Calcul*.)

Avec la musique enfin et la méthode Suzuki, j'ai rencontré un nouvel aspect de l'éducation : inculquer à l'enfant, par le jeu, un sens de la discipline quotidienne. Contrairement aux autres domaines où il n'a qu'à « ingurgiter » ce qu'on lui propose, ici, avec l'apprentissage d'un instrument, l'enfant doit « produire » une mélodie et maîtriser son corps. Bien sûr avec la natation, il doit aussi apprendre à se contrôler physiquement, mais comme il est environné par l'eau, qu'il ne peut pas en sortir seul et qu'il est conscient du risque de couler, il sent combien il est vital d'apprendre vite. Tandis qu'avec le violon, il n'y a pas de tel risque, l'enfant peut l'abandonner ou jouer n'importe comment, sans se mettre en danger. C'est alors que vient le désir de « faire des simagrées », car, comme tout un chacun, il aime réussir du premier coup et il fuit les échecs.

Cet écueil est difficile à contourner. Quand les parents sont musiciens, il est plus facile de susciter chez l'enfant le désir d'imiter. C'est d'ailleurs sur ce principe que Suzuki a fondé sa méthode. Mais la majorité des gens ne sont pas musiciens. Le parent qui enseigne le violon à son enfant apprend lui-même les rudiments, arrive même à jouer les mélodies, mais il est exceptionnel qu'il puisse acquérir l'aisance du vrai musicien. Le plus souvent, il se contente de comprendre les difficultés, pour aider l'enfant à les surmonter. Il n'est donc pas un modèle à imiter. Et pourtant pour que l'enfant ait un jour la joie de pouvoir jouer ce qu'il veut, il faut qu'il accepte de prendre son instrument et de pratiquer chaque jour. La méthode traditionnelle offre la solution coercitive, elle apporte plus de dégoût que de joie. Nous sommes donc nombreux à chercher une autre voie musicale pour notre progéniture. Il est important de convaincre l'enfant de la nécessité de ce rituel quotidien et de lui faire comprendre quelle richesse il accumule ainsi, dont il jouira de plus en plus. Là aussi, je me suis heurtée à des refus décourageants chez mes enfants ; et Suzuki, s'il offre une méthode très élaborée et convaincante, n'aide pas du tout les parents à surmonter les difficultés individuelles.

Dans ce domaine, comme dans les autres, j'ai suivi mon intuition et glané l'aide où j'ai pu, pour surmonter les échecs. C'est ce savoir-faire, accumulé au fil des ans, que je mets à votre disposition dans la seconde partie du livre.

CONCLUSION

CHANGEUX : L'enfant ne prendra un livre que quand il commencera à s'intéresser à un livre.
COHEN : Oui, mais ce moment est très variable et dépend justement de la sollicitation de l'environnement.
CHANGEUX : Le cerveau ne peut aller au-delà de ses limites : il y a des contraintes à tous les niveaux, à tous les stades. A un certain stade, le cerveau sera apte à acquérir une information qui correspond à celui de la lecture, mais à ce stade seulement, et pas avant.
COHEN : Mais ce stade est différent en fonction de la sollicitation du milieu...
CHANGEUX : Non, il n'est pas différent, il faut toujours se placer dans des conditions maximales. Ce que vous voulez me dire, c'est qu'il existe des contraintes à cette interaction, contraintes qui sont imposées par l'environnement, en d'autres termes, l'environnement peut être insuffisamment riche par rapport au biologique.
COHEN : Oui, voilà...
CHANGEUX : Il n'y a aucun problème à ce sujet-là, je ne le discute même pas. Moi, je me mets dans une situation d'emblée où l'environnement est saturé, maximal...
COHEN : Mais ceci est fondamental !
CHANGEUX : C'est indispensable, si on veut saisir les contraintes biologiques. Comment voulez-vous les voir autrement ? (...) Ce qu'il faut (à l'enfant), c'est lui apporter ce qui correspond à son état de développement : et cela il faut le définir. Comme chaque enfant a un degré de maturation différent — car il y a une grande variabilité individuelle — le bon système d'éducation est celui du précepteur qui suit l'enfant à chaque instant et qui, au moment où une performance commence à apparaître, lui apporte le signal qu'il faut, de telle sorte que la nourriture de l'extérieur soit parfaitement adaptée au psychisme de l'enfant. »

(Extrait d'une interview de Jean-Pierre CHANGEUX — professeur au Collège de France, chef du Laboratoire de Neurologie moléculaire de l'Institut Pasteur — par Rachel COHEN).

Il est regrettable que Monsieur Changeux ait si peu de contact avec le ministère de l'Education nationale où l'on considère qu'il y a un âge requis et commun à tous pour apprendre certaines choses.

Mais n'est-ce pas en fait à nous, parents, de tenter d'offrir à nos enfants cet *environnement saturé maximal* ? N'est-ce pas à nous d'être attentifs à l'arrivée du bon moment pour présenter une nouvelle activité ?

Cependant, si persuadés que nous soyons de tout cela, il est une crainte sérieuse qui ne nous quitte pas : n'allons-nous pas en faire des marginaux inadaptés ? Françoise Dolto nous met en garde : ce type d'éducation est un outil redoutable entre les mains des parents obsessionnels ; cela peut isoler l'enfant au sein de sa génération ; l'influence des parents peut devenir par trop envahissante. Cependant, comme le dit encore Françoise Dolto (qui par ailleurs ne se lasse pas d'enjoindre aux parents de parler à leurs tout-petits et de leur raconter moult histoires), ce n'est pas un éventuel excès de connaissance qui serait à l'origine de ces troubles mais l'attitude des parents.

Que ressent l'enfant qui en sait plus que les autres ? En est-il conscient ? Que va-t-il se passer à l'école ? Ne s'y ennuiera-t-il pas ?

Le type d'éducation dont je parle implique, certes, une certaine philosophie de la vie. L'aventure moderne ne se vit pas qu'au cœur de la jungle ou aux confins de la galaxie. Parmi ceux qui ne rêvent que de sécurité et de statu quo, nous faisons figure d'aventuriers. Ce livre s'adresse à ceux qui considèrent que la richesse humaine est dans le surpassement de soi et non dans le confort uniformisé. Et comme la nature veut que nous soyons les modèles de nos enfants, nous leur imposons donc, par la force des choses, notre vision du monde. Puisqu'il en est ainsi, au lieu d'être un modèle autoritaire et lointain, mieux vaut partager avec eux nos goûts et nos aspirations. nous n'éviterons peut-être pas pour autant les erreurs et les échecs, mais ne sont-ils pas indispensables pour donner à l'enfant l'envie de faire mieux ?

Je ne peux apporter un témoignage personnel sur les rapports des enfants ainsi stimulés, avec l'école et leurs condisciples, car les miens sont encore trop jeunes pour que je puisse tirer des conclusions de leur expérience. Cependant j'ai voulu, autant que possible, savoir ce qui nous attendait. Mais à qui s'adresser ? Ceux qui n'ont pas été élevés ainsi sont-ils de bons juges ? Ne projettent-ils pas souvent leurs propres angoisses et frustrations, plutôt que d'analyser sainement la situation ? Mieux vaut sans doute écouter ceux qui ont reçu une « éducation particulière », ils savent ce qu'ils ont vécu. Voici quelques témoignages que j'ai recueillis :

« Enfant, mes parents m'ont envoyé dans une école bilingue qui se trouvait à l'autre bout de la ville. Aucun des enfants du quartier, avec lesquels je jouais, n'y allait. Un jour, un touriste anglais

s'est arrêté près de nous (nous n'en avions jamais vu) pour nous demander son chemin. Tous les gamins rigolaient, gênés. Moi, je lui ai répondu dans sa langue, ça leur en a bouché un coin et je dois dire que c'était agréable ! En fait, j'étais très différent d'eux : à la maison, je lisais beaucoup (je savais lire avant d'aller à l'école et j'ai toujours adoré ça), mais dès que j'étais avec eux, je me métamorphosais et je faisais les pires quat'cents coups ! Ça m'a beaucoup apporté de passer de l'un à l'autre ».

« Moi, j'ai émigré avec ma famille en Angleterre pendant la guerre. Mes parents étant bilingues, nous n'avons pas eu de problème d'adaptation. Cependant ma mère ne nous parlait que français. Mon frère et moi refusions de parler cette langue qui nous paraissait artificielle, puisque mon père était anglais. Pourtant elle s'est calmement obstinée, malgré notre refus de collaborer. En douceur, elle nous a imposé une connaissance passive du français. Après la guerre, nous sommes retournés en Belgique. Au bout de quelques semaines, nous parlions français, grâce à elle. Il ne faut pas brusquer les enfants, mais il ne faut pas non plus accepter leurs refus ».

« J'ai appris à ma fille à lire avant qu'elle aille à l'école. Son année au C.P. s'est fort bien passée : elle a établi un très bon rapport avec l'institutrice, elle montrait aux autres élèves comment lire et chaque semaine elle apportait un de ses livres pour alimenter la bibliothèque de la classe, ce qui mettait une excellente ambiance. Et ça a continué ainsi les années suivantes. Elle fait ses devoirs avec aisance, ce qui lui permet d'avoir d'autres activités et souvent elle me demande de lui expliquer la suite du programme. Elle aime être un peu en avance, elle profite mieux des leçons en classe ».

« La lecture, les langues, j'aimais bien. Mais la musique, non ! Ma mère m'imposait une heure d'exercices par jour. Et par la fenêtre, je voyais mes copains jouer dans la cour : un vrai supplice de Tantale ! Souvent c'était la bonne qui me surveillait. Elle n'y connaissait rien. Elle m'écoutait de la cuisine, un œil sur l'horloge. Je pouvais pianoter n'importe quoi en regardant par la fenêtre, elle était contente ! Ce n'était pas très stimulant. Mais comme j'ai commencé tôt (5 ans), quand j'ai déclaré à ma mère que j'arrêtais le piano, à 12 ans, j'avais la musique suffisamment en moi pour apprendre la guitare et l'harmonie sur le tas en jouant de la variété avec des copains ».

« J'ai assez bien introduit les beaux-arts dans l'éducation de mes trois enfants. Je leur montrais des livres, nous allions visiter les musées, les monuments, etc. Les deux aînés en ont gardé le goût. Mais le cadet a rejeté tout cela en bloc, à l'adolescence. Oh, peut-être que s'il rencontre une jeune femme qui aime la peinture, tout cela va-t-il ressortir ! Mais peu importe... Quand on donne ce type d'éducation à ses enfants, il faut être très serein. On sème et ce qui doit germer, germera ! Il ne faut rien attendre, simplement donner et montrer son enthousiasme... »

« J'ai appris beaucoup de choses à mon fils, à la maison. A 6 ans, il m'a dit qu'il voulait aller à l'école, c'était de bon augure ! Malheureusement, il est tombé sur une institutrice bornée qui n'admettait pas qu'il sache déjà lire. Elle le forçait à déchiffrer "comme tout le monde" ces petits textes dénués de sens qui sont une suite de syllabes qui se ressemblent. Lui qui avait appris à lire pour découvrir des histoires ne supportait pas d'être obligé de décoder ces messages absurdes. Il se rebiffait. La situation empirait et je commençais à envisager de le retirer de cette école. Mais un jour, il est allé de lui-même trouver le directeur, lui a montré qu'il savait lire et lui a dit qu'il ne comprenait pas que l'institutrice le force à lire ces phrases sans intérêt. Nous avons tous été sidérés par sa maturité, même l'institutrice à qui le directeur a parlé et qui a changé d'attitude. L'ambiance de la classe s'en est transformée ! »

« J'ai élevé cinq enfants. Je m'étais beaucoup occupée des trois premiers, mais c'est surtout avec les deux derniers que j'ai fait le plus de choses : lecture, natation, violon Suzuki, histoire, etc. On ne peut certes pas juger sur deux enfants, mais je peux vous dire que j'ai rarement vu des enfants de 8 à 10 ans aussi à l'aise et autonomes que Laurent et Sylvie. Ce n'était pas toujours facile, les premières années (ça demande beaucoup d'autodiscipline de la part de la mère !), mais quelle récompense ! »

Bien sûr, on peut dire que ces cas sont extraordinaires, mais chaque enfant est un cas extraordinaire. Il n'y a pas deux expériences semblables. Le caractère est une donnée fondamentale et individuelle ; l'harmonie familiale en est une autre. Il faut « sentir » son enfant et comprendre ce dont il a besoin. La qualité de l'école est certes un facteur important, mais ce qui compte le plus, c'est que le gosse sache que, de toute chose, il faut tirer le meilleur. D'ailleurs les problèmes sont, dans une certaine mesure, souhaitables. Une vie idyllique est aussi affaiblissante pour l'esprit qu'une hygiène absolue le serait pour le corps. L'enfant doit affronter des difficultés ; aux parents de veiller à ce qu'elles soient plus formatrices que destructrices.

Celui qui a acquis une image positive de lui-même est intéressé par ce qui est différent de lui, et a de fortes chances de s'adapter à n'importe quel groupe. De quoi parlent donc ceux qui craignent que cet enfant ne soit marginalisé et qui proposent, comme solution, de le rendre en tout point conforme au modèle en vigueur ? Qu'est-ce que l'intégration sociale ? Est-ce faire partie d'un groupe qui rassure parce que l'on s'identifie complètement à ses membres ? Ou est-ce se sentir à l'aise en toute compagnie, de la plus simple à la plus sophistiquée, de la plus traditionnelle à la plus audacieuse ? Personnellement c'est cette dernière conception qui m'intéresse.

Il y a donc de fortes chances que l'enfant, élevé dans cet esprit, s'adapte au milieu scolaire. Et si on n'a pas fait de lui un singe savant, il ne sera sans doute pas vraiment conscient d'en savoir plus que les autres. Pour lui, ça n'aura pas plus de valeur que la force physique ou l'habileté manuelle. Quant à l'ennui, la question est incomplète. Quels sont les enfants qui ne s'ennuient pas à l'école ? Et dans quelles circonstances ne s'y ennuient-ils pas ? La majorité des enfants s'ennuient à l'école et plus particulièrement ceux qui suivent difficilement ; mais il ne s'ennuient pas, quand le professeur est dynamique et doué. Nous retrouvons là le problème des bonnes et des mauvaises écoles, mais ce n'est pas le sujet de ce livre. Une bonne institutrice apprécie l'élève motivé et déluré, en en faisant le moteur de sa classe, tandis qu'une mauvaise en fait son souffre-douleur. Il s'agit alors de racisme, comme on le rencontre dans certaines écoles à l'égard des étrangers ou, dans d'autres, à l'encontre de ceux qui portent un nom à particule. En fait, quel que soit le niveau de l'enfant au moment de son entrée au CP, ce qui compte, c'est la qualité de l'école. Si elle est mauvaise, mieux vaut faire preuve d'imagination et de diplomatie.

Il ne faut cependant pas être de ceux qui s'occupent activement de leur rejeton jusqu'à l'âge de six ans, puis passent le flambeau à l'école (si bonne soit-elle) et ne s'intéressent plus que de loin aux progrès de l'enfant. C'est aussi absurde que pervers. Le petit se sent rejeté, abandonné, il ne comprend pas ce changement d'attitude et se referme sur lui-même. Il est bien évident que plus on ouvre le monde à son enfant avant six ans, plus il faut être attentif quand il est à l'école. Non pas pour le guider comme un bébé ou se réaliser à travers lui, mais pour lui assurer une présence et un soutien.

Quelle attitude avoir vis-à-vis de l'école ? Glenn Doman se vante de former des élèves capables d'entrer à l'université entre 12 et 14 ans. Est-ce bien ? Je n'en sais rien et tel n'est pas mon but. Je ne crois pas à cette course contre la montre. Une recherche de la précocité à tout prix me semble très dangereuse. Mieux vaut élargir le champ de vision, plutôt que de brûler les étapes. Mon idéal serait de donner à mes enfants la formation technique requise en cette fin de XXe siècle, ainsi qu'une éducation qui se rapproche de celle que recevaient certains, il y a deux cents ans : une connaissance de la culture qui, seule, peut engendrer une vision personnelle du monde.

Après m'être longuement interrogée sur la nécessité d'épargner à l'enfant les lenteurs scolaires en lui faisant sauter des années, j'en suis venue à me dire qu'il serait malsain de se battre contre un système hostile. Le petit ne peut qu'en pâtir. D'ailleurs faut-il remplacer l'école ou au contraire la compléter ? L'enfant qui a sauté une année doit mettre les bouchées doubles, celui qui suit le programme scolaire avec facilité a plus de temps et d'énergie à consacrer aux expériences de la vie et aux apprentissages parallèles. Si l'école offrait tout, à un régime trop lent, il serait souhaitable que l'enfant puisse aller à son rythme. Malheureusement elle est pleine de lacunes qu'il est très difficile de combler à l'âge adulte, alors mieux vaut amadouer les professeurs et obtenir un discret régime de faveur : un élève qui suit facilement peut s'absenter plus souvent !

Un jour, Galia revient de l'école maternelle. Elle est en deuxième année et, bien que ça ne la concerne pas vu son âge, elle a assisté au tri de ceux de sa classe qui « passeront directement au CP ».

— Maman, je ne veux pas aller à l'école primaire !

— Mais tu n'y vas pas encore, lui dis-je surprise par cette déclaration inattendue, tu n'iras que dans un an...

— Non, je ne veux jamais y aller ! Je veux toujours rester à l'école maternelle !

Ce n'est que quelque temps après que j'ai enfin compris ce qui s'était passé :

— Je ne veux pas aller à l'école primaire, c'est trop dur !

— Mais qui t'a dit que c'était trop dur ?

— La maîtresse.

C'est trop dur ! Ainsi commence pour cette petite fille de 4 ans qui aime aller à l'école, qui sait déjà lire, calcule à un niveau de CP, connaît trois langues, adore les exercices d'écriture etc., ainsi commence, pour elle, le mythe de la douleur d'apprendre ! Cet incident pourtant me permet de constater le bénéfice de l'éducation que j'ai choisie. Je n'ai aucun mal à lui faire comprendre que c'est faux :

> « Tu te souviens qu'au début tu ne savais pas lire ? Mais petit à petit, avec nos jeux, tu y es arrivée facilement et dans un an, tu liras encore mieux qu'aujourd'hui ! C'est comme pour le violon : quand tu as commencé, le premier rythme était très compliqué, tu n'aurais jamais pu jouer 'La Chanson de Mai' qui te paraît si facile aujourd'hui. Et la danse ! Sauter à cloche-pied, tu n'y arrivais pas ! A force d'essayer tu y es parvenue. C'est comme ça pour tout : en essayant un petit peu tous les jours, les difficultés s'effacent d'elles-mêmes. Peut-être que si tu allais maintenant à l'école primaire, ce serait dur, mais dans un an, ce sera très facile ! Tu sauras si bien lire et calculer ! »

Après cela, elle n'a plus eu peur de l'école primaire. Grâce à son expérience, elle a pu se rendre compte, à 4 ans, que les prophéties catastrophiques de la maîtresse n'avaient pas de sens. Elle savait (je n'ai pas eu depeine à le lui rappeler) qu'apprendre est amusant et aisé. Les enfants ainsi éduqués ont sur les autres le même avantage qu'ont les enfants aimés dès la naissance sur ceux qui sont rejetés et brutalisés : ils ont une référence primordiale. Pour eux, apprendre est aussi exaltant qu'amusant, tout comme ils sont sûrs que l'amour existe. A nous d'entretenir ces certitudes.

On me demande souvent si l'enfant qui connaît les grands écrivains éprouve le moindre intérêt pour les auteurs de la jeunesse ? A douze ans, je passais avec délectation de Shakespeare au *Club des Cinq* ; cela ne peut que développer l'esprit critique qui est le fondement de la réflexion. Il est bon que l'enfant apprenne à se créer une bulle de liberté intérieure ; cela l'aidera à se garder autant de l'école que de la télévision et des

« biens de consommation culturels pour la jeunesse ». Je lisais l'autre jour une revue pour adolescents qui était un exemple parfait de la crétinisation dont il faut préserver nos enfants. Cette revue offrait, entre autres, un mini-roman et une bande dessinée : les rédacteurs avaient eu la perversité de demander à un illustre inconnu de torcher une vague histoire, et de faire adapter en bande dessinée *Maître et Serviteur* de Tolstoï qui est justement un « mini-roman » parfait pour donner aux adolescents le goût de la grande littérature, mais qui, sous cette forme abâtardie, ne risquait plus de porter ombrage au reste de la revue. C'est typique de l'esprit qui règne dans l'édition pour la jeunesse : ils souillent les chefs-d'œuvre par des adaptations indignes et demandent aux médiocres de produire une littérature à leur image.

Comment ne pas essayer de donner aux enfants les moyens de se garder de tels méfaits ? Comment ne pas leur donner une échelle de valeurs qui les en préserverait ? Nous avons la chance de vivre à une époque où nous pouvons redonner à des concepts galvaudés il y a vingt ans, leur force et leur vérité originelles. Nous qui avons une opinion sur tout et qui sommes prêts à entrer en lice pour des sujets, tels que l'immigration ou la sécurité sociale, pourquoi démissionnons-nous lorsqu'il s'agit de nos enfants ? Pourquoi nous déchargeons-nous sur les autres de leur éducation ? Pourquoi est-ce la dernière tâche que nous acceptons de prendre en charge ? La société nous y pousse ? Elle a tort. Tout comme l'école doit s'adapter à l'enfant et non pas le contraire, l'organisation sociale doit s'adapter aux nécessités premières. Et elle le fera, si nous l'y contraignons. Quelle est la carrière brillante (et combien d'entre nous peuvent espérer en avoir une ?) qui arrive à effacer les regrets d'avoir négligé ses enfants ? Qu'est-ce que négliger ? C'est être en dessous du niveau auquel on avait placé la barre. C'est tout à fait individuel. En fait ne pas négliger son enfant, c'est déjà avoir une idée précise de ce qu'on veut et de ce qu'on ne veut pas faire, c'est lui offrir un modèle cohérent auquel il peut s'identifier puis s'opposer. Cette réflexion sur soi-même nous entraîne fatalement à poser un autre regard sur nos enfants ; il faut en assumer les conséquences. Et n'est-ce pas une mission exaltante que d'éduquer des êtres de valeur qui, peut-être, à leur tour en formeront d'autres ?

DEUXIÈME PARTIE

LE GUIDE PRATIQUE

AVANT-PROPOS

« Vous n'enseignez pas ce que vous savez,
vous enseignez ce que vous êtes. »

JACQUES DESJARDINS

Cette deuxième partie est un guide pratique d'exercices et de conseils pour stimuler votre enfant de la naissance à l'école, et même après. Après l'avoir lu, il faut l'utiliser comme un livre de cuisine.

Les exercices sont nombreux, il n'est pas nécessaire, ni même souhaitable, de vouloir tout faire. Ce sont des conseils qui vous guideront, des suggestions qui délieront votre imagination. A vous de dresser le menu, mais, comme en cuisine, il faut qu'il soit équilibré ! Et individuel : chaque enfant mérite et doit avoir un traitement personnel.

Mieux vaut en faire peu et bien. La qualité est préférable à la quantité. Il y aura toujours des parents qui en font plus que nous et d'autres qui en font moins. Et ça n'a aucune importance. Le qu'en-dira-t-on et le que-fait-le-voisin sont les pires conseillers qui soient en matière d'éducation.

Je ne crois pas qu'il soit bon d'établir un programme quotidien, comme le suggèrent certains. Souvent les parents ont envie d'offrir à leur enfant un éventail d'activités le plus large possible, et devoir alors passer tout en revue chaque jour devient une vraie corvée. Cependant il est nécessaire d'avoir la notion de ce qu'on a fait, et de ce qu'on n'a pas fait, au cours d'un certain laps de temps. C'est pourquoi la semaine me semble être une bonne période de base. Il faut établir la série d'activités que l'on voudrait avoir avec son enfant une ou plusieurs fois par semaine. Ce programme devient alors une sorte de référence idéale qu'on n'atteint pas nécessairement souvent, car il faut laisser à la vie ses imprévus et ne pas enfermer l'enfant dans un horaire immuable. Cependant la conscience des lacunes d'une semaine permet d'essayer de les combler la semaine suivante. Prenez garde de ne pas devenir efficace à tout prix. Ne soyez pas obsédé par le désir d'utiliser « au mieux » chaque instant que vous passez avec votre enfant. Si vous avez sans cesse l'arrière-pensée qu'il faut « faire quelque chose », vos rapports vont devenir malsains. Sachez aussi que les moments de silence et de relaxation sont aussi propices que ceux d'attention et de concentration. Quand je lis un texte complexe à ma fille, elle me dit souvent : « Je vais m'allonger, Maman, mais je t'écoute, continue à lire ! »

N'oubliez pas : plus encore que les « leçons » proprement dites, c'est l'interaction des connaissances dans la vie quotidienne qui forme l'enfant. Ayez toujours présent à l'esprit ce qu'il sait et ce qu'il pourrait apprendre, vous créerez ainsi cet échange « anodin » mais passionnant qui est la meilleure stimulation. Les « leçons » ne sont plus alors pour l'enfant que des moments où il met en ordre et en application ceque la vie lui apporte. S'il se désintéresse d'une activité, n'y prend plus de réel plaisir et ne progresse plus, il est temps de faire une pause de quelques semaines, voire de plusieurs mois. Ne soyez pas déçu, c'est tout à fait normal. L'enfant a besoin de laisser décanter ses nouvelles connaissances. Plus tard, quand vous reprendrez cette activité, vous verrez qu'il aura progressé pendant la pause.

Pour vous aider à compulser ce guide, comme un manuel de références, il y a plusieurs repères :

— L'éducation est divisée en chapitres suivant les domaines de la connaissance.

— Les chapitres sont divisés en étapes.

— Les étapes sont divisées en exercices.

— Chaque exercice a un titre mis en évidence qui permet de le retrouver rapidement.

Chaque chapitre explique comment enseigner une matière donnée, dès la naissance ou la fin de la première année. Cela ne veut pas dire qu'il est trop tard pour commencer avec un enfant de 3, 4, 5, ou 6 ans. Les enfants passent par les mêmes étapes, quel que soit leur âge. La différence est que plus ils sont âgés, plus ils semblent apprendre vite ; mais en fait, plus ils sont petits, mieux ils sont imprégnés de ce qu'ils apprennent. Il faut donc trouver, à chaque fois que vous abordez un nouveau domaine, le moment le plus proche possible dela naissance, mais où vous sentirez de la part de votre enfant une réponse suffisante pour que vous soyez à l'aise. Car plus il est petit, moins sa façon de vous montrer qu'il vous comprend est claire !

La lecture de ce guide peut donner l'impression que tout se déroule à un rythme frénétique, à cause de la succession rapide des exercices. Il n'en est rien. Cette aventure s'étend sur plusieurs années et continue bien après l'entrée à l'école primaire.

N'oubliez pas que le fait de stimuler un enfant dans un seul domaine développe toutes ses capacités, ce qui l'aide, plus tard, à aborder les autres branches. Il ne s'agit pas d'en faire un champion, un virtuose ou un génie (ce n'est pas à nous d'en décider), mais il est sûr que la stimulation dans les premières années de la vie compense les faiblesses individuelles et développe les talents naturels.

A vous de jouer. Bonne chance !

N.B. : Les mesures que je donne, dans les descriptions du matériel, sont là pour vous donner un ordre d'idées. Ne les prenez pas au pied de la lettre.

LA PREMIÈRE ANNÉE DE LA VIE

Dans la première année de la vie de son enfant, il est surtout important d'adopter cette attitude dont j'ai parlé au chapitre *Une méthode sur mesure.* Ici vous trouverez des idées pour créer un environnement stimulant pour le nouveau-né. Ce n'est pas du tout une liste exhaustive, mais plutôt une série de suggestions pour délier l'imagination des parents. Il ne faut surtout rien appliquer à la lettre, ni se forcer à en faire plus qu'on n'en a envie. Il y a bien sûr des domaines, comme la natation et la musique, dans lesquels il faut stimuler l'enfant dès la naissance ; les exercices spécifiques se trouvent aux chapitres correspondants.

Le point le plus important sans doute est ce qu'Engelmann appelle la *vitamine de croissance,* c'est-à-dire l'affection. Ça semble une lapalissade un peu bête de dire qu'il faut aimer son enfant, mais il est primordial de se rendre compte que celui-ci, pour se développer harmonieusement, a besoin de sécurité. Et cette sécurité lui vient de la certitude quotidienne que ses parents l'aiment et le respectent. En fait, ceci s'adresse surtout aux personnes introverties et réservées. Il est essentiel qu'elles comprennent qu'on ne peut garder en permanence cette attitude avec son enfant. Il faut, si on ne l'est pas, devenir extraverti en trois circonstances : la manifestation de l'amour, la parole et l'enthousiasme. Il est parfois difficile de parler à un tout petit bébé et on préfère souvent le tenir dans ses bras en silence et le regarder. Ces moments sont très importants et il ne s'agit pas de devenir un moulin à paroles, mais il ne faut pas non plus laisser le silence envahir les tête-à-tête.

Au cours de la première année de la vie, l'éducation est centrée autour de quatre points :
1) aider l'enfant à acquérir une conscience positive de lui-même et de son environnement ;
2) stimuler autant que possible ses cinq sens ;
3) l'encourager à développer sa mobilité au maximum ;
4) lui donner les bases du langage.

LA CONSCIENCE POSITIVE

En ce qui concerne ce premier point, il en a été longuement question dans la première partie. On peut résumer ainsi : manifester son amour verbalement autant que physiquement, encourager les efforts, fêter les progrès, ne pas laisser un bébé pleurer par principe. La plupart des psychologues sont d'accord pour dire qu'il est impossible de « gâter » un enfant de moins d'un an, et même de moins de deux ans. Il n'a pas encore la conscience nécessaire pour pouvoir élaborer ces fameux chantages affectifs qui caractérisent les enfants « gâtés ». Ce n'est donc pas au début de la vie qu'il faut imposer des rythmes stricts, il n'est pas encore mûr, il a trop à découvrir. Il faut le laisser avoir faim quand il a faim, sommeil quand il a sommeil ; il faut apprendre à faire la différence entre ces pleurs caractéristiques du bébé qui cherche le sommeil et tous les autres qui sont de petits appels au secours. Sans pour autant se rendre la vie impossible ! Trouver l'équilibre entre le bien-être du bébé et celui de la famille est indispensable et... individuel.

STIMULATION DES CINQ SENS

Voici une série de suggestions qui amènera sans doute d'autres idées.

La vue

• *L'état de « Motricité Libérée »*. Il faut savoir que des études sur les nouveau-nés ont prouvé que, contrairement à ce que l'on croit généralement, ils sont capables dès la naissance d'actions volontaires, quand ils sont dans l'état dit de « motricité libérée ». Or le grand obstacle pour atteindre cet état est le fait que la tête du nouveau-né est ballante et qu'il ne peut pas encore la contrôler. Donc quand vous jouez avec votre bébé, pensez à bien la maintenir pour qu'il puisse, en toute quiétude, regarder votre visage ou l'objet que vous lui montrez.

- *Les grimaces*. Le visage humain est l'objet qui intéresse le plus le nouveau-né. Quand vous le maintenez face à vous, faites des grimaces très visibles (ouvrir la bouche, tirer la langue, fermer fort les yeux, etc.) avec des sons amusants, pour stimuler sa curiosité.

- *Les objets unicolores*. Choisissez-en de différentes couleurs vives. Vous les montrez au bébé un à un (d'abord deux ; puis ajoutez-en d'autres petit à petit). Suivez votre instinct et ses réactions. N'oubliez pas de parler en faisant ressortir le nom de la couleur. C'est une habitude à prendre : « Regarde comme il est **rouge** ! Oh ! eh bien ! il est **rouge,** celui-là ! Tu as vu ça ? C'est un poisson **rouge** comme tout ! Il est **rouge, rouge, rouge** le poisson de Camille !!! »

- *Décorez son berceau*. N'oubliez pas qu'il y est souvent éveillé, parfois sans que vous le sachiez. Accrochez des morceaux de tissu, papier ou plastique sur les côtés du berceau, car jusqu'à environ six semaines, l'enfant a toujours la tête sur le côté, qu'il soit sur le dos ou sur le ventre. Dès que l'enfant est capable de saisir quelque chose, n'oubliez pas d'enlever ce avec quoi il pourrait se blesser (en avalant ou en se cognant).

- *Les miroirs*. Placez-en sur les côtés et à la tête de son berceau. Ils refléteront ses moindres mouvements et donneront de la vie à son petit environnement.

- *Le mobile*. Accrochez un mobile ou une corde élastique à laquelle vous suspendez des objets (cuillère, hochet, bracelet, etc.) sur le côté du berceau, à portée de sa main. Plus tard, vous pourrez le remplacer par un « set de gymnastique » pour berceau, comme on en trouve dans le commerce (voir le chapitre *Mobilité*).

- *Le damier*. Quand le bébé se trouve par terre ou sur un grand matelas (voir le chapitre *Mobilité*), enrichissez aussi son environnement. Par exemple, placez dans son champ de vision un panneau vertical (80 cm/60 cm) sur lequel vous dessinez un damier de carreaux (5 cm/5 cm) noirs et blancs ; cela l'aidera à focaliser son regard.

- *Les cartons illustrés*. Préparez des cartons (30 cm/30 cm) avec sur chacun un gros point (environ 15 cm de diamètre) de différentes couleurs vives ; d'autres cartons aussi avec des formes géométriques noires (carré, triangle, cercle, etc.) ; d'autres encore avec des reproductions de grande taille et très précises (sans décor) d'animaux, d'objets familiers, etc. (Une demi-douzaine de chaque catégorie est plus qu'assez pour commencer.) Placez-les à la verticale autour du bébé. Surtout ne surchargez pas son environnement ! Veillez à ce qu'il y ait toujours plusieurs choses pour attirer son regard, mais pas trop, et changez-les régulièrement.

- *Jouez avec lui*. Utilisez ces mêmes cartons, comme vous le faites avec les objets unicolores (voir ci-dessus). Calez bien l'enfant sur vos genoux ou sur des coussins (que la tête soit bien maintenue) et présentez-lui 3 à 6 cartons d'une même catégorie. Faites-les défiler rapidement pour que les différences lui sautent aux yeux, ce sont elles qui l'inciteront à fixer son regard.

- *Le mécanisme de la pupille*. Pour que le bébé acquiert une vision nette, il faut que ce mécanisme, déficient à la naissance, se développe. Vous pouvez accélérer ce processus en faisant travailler le diaphragme de l'œil : allez avec le bébé dans une chambre noire, puis allumez et éteignez la lumière plusieurs fois de suite.

- *Les scènes de la vie*. Quand vous êtes occupée, prenez-le près de vous, qu'il vous voie bouger, ou mettez-le là où il y a de l'animation.

L'ouïe

- Voir le chapitre *« Musique »*.
- *Habituez son oreille aux contrastes*. Chantez beaucoup, des chansons douces et d'autres enjouées. Alternez. Quand vous parlez, variez vos intonations. N'ayez pas honte de produire moult onomatopées et bruits dits incongrus !

- *Les sons aigus et les graves*. Faites-lui percevoir la différence.

Par exemple faites tinter un grelot puis une cloche, heurtez un verre de cristal puis une casserole, sifflez puis frappez à la porte, etc. Passez de l'un à l'autre plusieurs fois et dites-lui lequel est le plus grave, lequel est le plus aigu, en lui faisant sentir la différence avec votre voix (dite « aigu » d'une voix aiguë et « grave » d'une voix grave).

● *Ne créez pas le silence* autour du bébé, même pendant la sieste. Evitez tout autant la cacophonie permanente.

● *Les cassettes*. Rien ne peut remplacer la communication directe et le contact humain. Cependant, quand l'enfant est seul, on peut lui passer des cassettes avec différentes musiques, des cris d'animaux, des chansons dans la langue étrangère qu'on veut lui enseigner, etc.

Le toucher et la préhension

● Voir au chapitre *« Natation »*, les exercices préparatoires en baignoire.

● *Donnez à sa peau des sensations diverses*. Massez-le doucement, caressez-le avec une plume, tapotez-le avec une éponge dure, etc. (Voir dans la bibliographie, *Shantala* un livre sur le massage des bébés.) Pour lui donner conscience des différentes parties de son corps, concentrez-vous un jour sur un pied, puis sur une main, une autre fois sur le ventre, etc.

● *La couverture en patchwork*. Confectionnez-la avec plusieurs morceaux de tissu de textures très différentes (velours, satin, tulle, toile rêche, etc.) Donnez-la-lui comme un jouet.

● *Les mitaines de couleur vive*. Pour développer la préhension dirigée par la vue, il faut que le bébé prenne conscience de ses mains. Pour ce faire, confectionnez-lui des mitaines de couleur vive et différente de celle de ses vêtements : prenez des chaussettes de la plus petite taille, coupez-en l'extrémité et faites un trou sur le côté pour y passer le pouce. Enfilez-les-lui. Les miroirs du berceau (voir ci-dessus *Stimulation de la vue*) renforceront l'effet.

● *Incitez le bébé à prendre un objet* et tirez doucement pour qu'il s'y agrippe bien. Si ça lui plaît, vous pouvez lui faire prendre avec une barre et lui apprendre petit à petit à s'y suspendre. Ensuite, apprenez-lui aussi à prendre et donner un objet.

Le goût et l'odorat

- *Ne pas brimer*. Les bébés utilisent ces deux sens bien plus que les adultes. Il faut donc surtout éviter de les brimer sur ce point. Il est normal qu'un bébé porte tout à son nez et à sa bouche, pour lui les cinq sens ont la même importance.

- *Les odeurs de la maison*. Prenez-le dans la cuisine au moment de la préparation des repas, faites-lui connaître les parfums de la salle de bains et les odeurs du jardin.

- *Les parfums végétaux*. Confectionnez des petits sacs en tissu et achetez, dans une herboristerie, des herbes aux odeurs contrastées : vanille, algues marines, anis, lavande, basilic, etc. Remplissez-en les petits sacs et fermez-les hermétiquement en notant dessus le nom de la substance enfermée. Faites-les sentir à l'enfant en lui disant ce que c'est. Vous aurez peut-être la surprise de le voir préférer les algues marines à la vanille. N'ayez pas peur de choisir des odeurs qui vous paraissent désagréables.

- *Les repas*. Pour ce qui est du goût, les repas lui apportent une grande stimulation. Servez-lui en apéritif ou au dessert une assiette de « bouchées variées » (carotte, pomme, pain, etc. ; ce que vous avez sous la main). Et dites-lui ce qu'il est en train de manger.

- *Les objets à mâcher*. Fournissez-lui des objets à mâcher aux consistances diverses. Le rayon des jouets pour chiens est parfois plus intéressant, sur ce point, que celui des bébés !

- *Divers ustensiles comme jouets*. Donnez à l'enfant des objets de la vie courante : cuiller, gobelet, bobine de fil dévidée, vieux catalogue, chaussette, chapeau, etc. Ne lui en donnez pas plus de 3 ou 4 à la fois et échangez-les quand ils n'intéressent plus l'enfant.

LA MOBILITÉ

Le développement complet de la mobilité peut prendre 3 ans chez l'enfant précoce, 6 ans en moyenne, et 9 ans chez l'enfant précoce, 6 ans en moyenne, et 9 ans chez l'enfant retardé. Comme il s'agit d'un aspect important de l'éducation, il est préférable de lui consacrer un chapitre. Vous trouverez donc dans les premières étapes du chapitre *Mobilité* de nombreux exercices et conseils pour stimuler votre bébé dans ce domaine, au cours de la première année de sa vie.

LE LANGAGE

Pour les mêmes raisons, vous trouverez au chapitre *Langage et Poésie* les exercices et les conseils pour développer chez votre enfant l'acquisition du langage, au cours de la première année.

N.B. : LES ANNÉES SUIVANTES

- *L'attitude*. Gardez-la jusqu'à la fin de vos jours, vos petits enfants en profiteront.
- *La présence*. Pendant au moins une partie de la journée, l'enfant a besoin à ses côtés d'une personne aimante.
- *La voix en direct*. Ne laissez pas les voix enregistrées (T.V., radio, cassettes, etc.) supplanter les conversations vivantes. Encouragez les échanges.
- *L'espace vital du bébé*. Ne le réduisez pas à 1 m^2. Donnez à l'enfant des lieux de jeu insolites (une armoire de la cuisine, un morceau d'escalier, etc.).
- *Encouragez la curiosité*. Trouvez cette attitude qui stimule la curiosité de l'enfant, sans le laisser devenir un tyran : il doit comprendre qu'il trouvera toujours chez vous réponse et encouragement, même s'il lui faut, parfois, attendre que son tour vienne.

MOBILITÉ

Glenn Doman insiste sur l'importance de la mobilité et son influence sur la maturation intellectuelle, dans le développement de l'enfant.

L'évolution de la mobilité passe par un certain nombre d'étapes. La stimulation consiste à encourager l'enfant à passer de l'une à l'autre. Avant de commencer la description de cette évolution et l'énumération des exercices, je voudrais rappeler combien la natation est une aide importante. Si elle est bien pratiquée, dans la confiance, elle apportera au bébé la joie, l'audace, la santé (une grande résistance à la maladie), le sens de l'équilibre, la conscience du corps ainsi allégé et devenu mobile, et enfin le développement de la capacité pulmonaire (c'est-à-dire l'oxygénation, donc un meilleur fonctionnement du cerveau). L'apprentissage de la natation commence à la naissance, un chapitre y est consacré.

Les fourchettes d'âges qui suivent indiquent les évolutions des enfants précoces et celle des enfants retardés ; la moyenne se situe entre les deux.

A LA NAISSANCE, l'enfant est capable de bouger bras et jambes sans mouvoir le corps. L'étape suivante consiste à ramper. C'est-à-dire à se déplacer sur le ventre. Voici quelques exercices pour l'aider à passer ce cap :

● *Le berceau.* Mettez le bébé dans un grand berceau pour qu'il puisse se déplacer autant qu'il le veut dans le sommeil, comme à l'éveil. Ou alors, fabriquez-lui le berceau du nourrisson, recommandé par Doman, pour rendre le moindre mouvement efficace : assemblez trois planches de façon à faire une gouttière de 40 cm de large, 15 cm de haut et d'un minimum de 120 cm de long, recouvrez-la d'une couche de mousse (3 cm), enfin recouvrez la mousse d'une matière lavable et imperméable. L'enfant y dort, légèrement vêtu, dans une pièce bien chauffée. Comme il s'appuie, à chaque mouvement, sur les parois rapprochées, il apprend inconsciemment (en se déplaçant vers l'autre bout de la gouttière) à quoi servent les petits mouvements qu'il fait instinctivement. Pour les bébés actifs, il est bon de prévoir des arrêts aux extrémités de la gouttière.

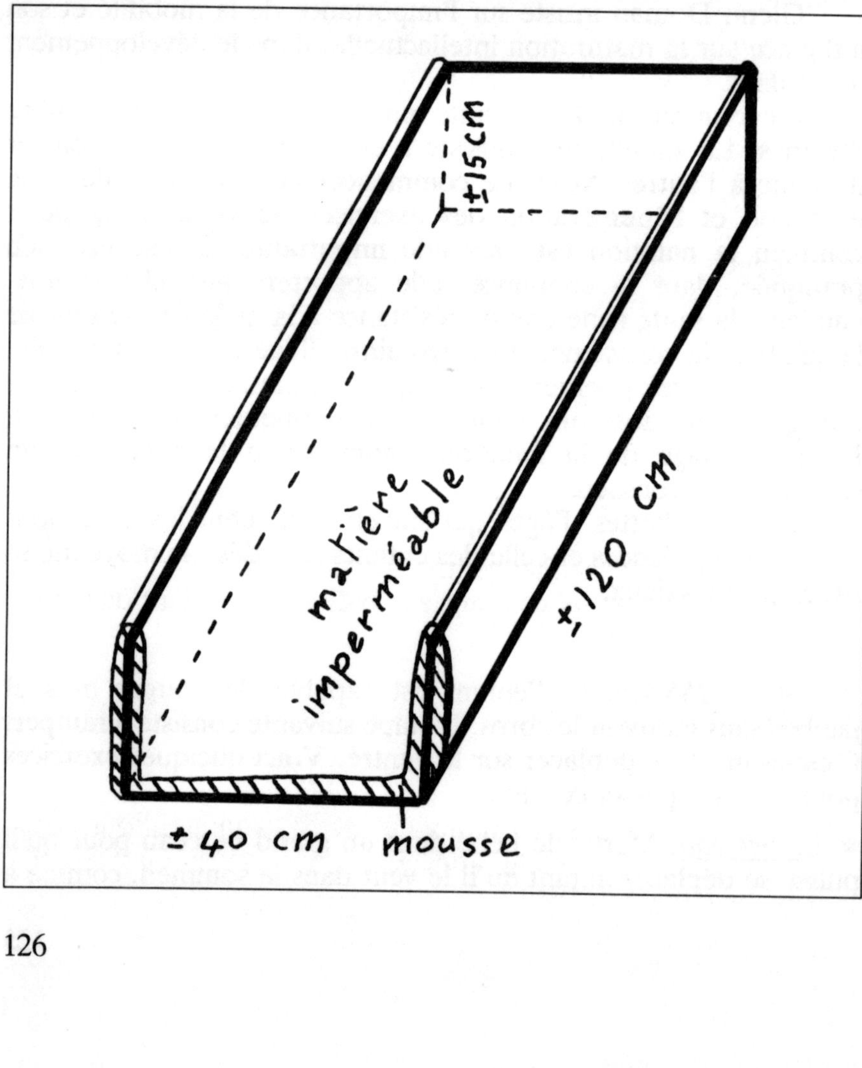

● _La position sur le ventre_. Pendant la journée, prenez l'habitude de mettre le bébé soit sur un grand matelas, soit par terre. La position sur le ventre est préférable pendant le sommeil et aussi lorsqu'il est seul sur son tapis avec les stimulants visuels (voir chapitre précédent). La position sur le dos aide à découvrir les mains et la préhension, mieux vaut la réserver aux moments où l'on joue avec lui et aux endroits où on ne peut pas le coucher par terre.

● _Le « set de gymnastique » pour berceau_. Vous trouverez dans le commerce cette espèce de ceinture (à fixer au berceau) à laquelle sont accrochés divers agrès miniatures que l'enfant aime attraper.

● _Le plan légèrement incliné_. C'est une planche lisse (150 cm/ 100 cm) surélevée de 20 cm à une extrémité de la longueur. Placez le bébé en haut de la pente qui l'incitera à descendre, donc à se déplacer. A faire sous surveillance.

● _Gymnastique_.

— Croisez les bras du bébé sur sa poitrine et tirez-lui doucement les mains. Croisez-les dans l'autre sens idem.

— Faites la même chose avec les jambes.

— Même chose avec le bras et la jambe opposés (bras en dessous, jambe au-dessus).

— Chatouillez-le et chahutez-le (doucement d'abord, de plus en plus fort ensuite) pour renforcer sa musculature.

— Placez-le sur votre épaule et tournoyez sur vous-même.

— Tenez-le solidement dans vos mains et faites-le voyager dans les airs.

— Couchez-le à plat ventre sur un gros ballon de plage, maintenez-le bien et faites bouger le ballon doucement dans tous les sens.

N.B. : Veillez à ne pas lui donner de choc à la nuque. Pour éviter tout risque, vous pouvez lui attacher autour du cou un collier de mousse enveloppé de tissu.

ENTRE 1 ET 4 MOIS, l'enfant se met à ramper. L'étape suivante est la marche à quatre pattes.

• *Le parc* est un obstacle au développement de la mobilité. Il est préférable de le supprimer ou, en tout cas, d'en limiter l'usage. Mieux vaut adapter la maison à l'enfant que l'enfant à la maison. Il faut, quelque part, lui créer un vaste espace où il pourra s'ébattre à l'aise, au chaud et en sécurité.

• *L'équilibre*. Certains petits lits d'enfant ont une barrière avec un bon rebord. Incitez votre bébé, en le soutenant bien, à canaliser les pas qu'il fait instinctivement, et à mettre un pied devant l'autre sur ce rebord. Cela le prépare à la poutre (voir à l'étape suivante *L'équilibre*). A défaut, utilisez une latte (10 cm de large) posée sur le sol.

• *La position à quatre pattes*. Quand le bébé tente de se mettre à genoux, encouragez-le en calant ses pieds avec vos mains.

• *Gymnastique*.

— Les exercices sont les mêmes qu'à l'étape précédente, mais ils deviennent plus audacieux, au fur et à mesure que l'enfant grandit et s'affermit. Il est très important de suivre le rythme du bébé. Si l'on y va trop fort, il prendra peur et régressera. Au contraire, si vous arrivez à lui donner de « délicieux frissons », il saura vous montrer qu'il en veut encore ! Il faut être d'une prudence et d'une aisance extrêmes pour lui éviter tout choc dans la nuque.

ENTRE 4 ET 12 MOIS, l'enfant commence à se déplacer à quatre pattes. L'étape suivante est la marche.

• *La position debout*. Placez dans l'espace qui est réservé au bébé des objets ou meubles qui lui permettront de se mettre debout en s'appuyant dessus. Il faut qu'ils soient assez longs pour l'encourager à marcher en s'y tenant. Placez-en aussi de façon suffisamment rapprochée pour l'encourager à faire ses premiers pas de l'un à l'autre.

• *Circuler librement*. L'enfant est maintenant assez grand pour se déplacer seul dans la maison. Veillez à la rendre accueillante pour lui. Mettez les objets précieux ou dangereux hors de sa portée.

• *L'incitation à la marche*. En cours de promenade, faites-le marcher en le tenant par les deux mains. Quand il est debout appuyé à quelque chose, appelez-le jusqu'à ce qu'il fasse quelques pas pour atterrir dans vos bras. Ces exercices sont très encourageants pour lui. Même avec l'enfant qui semble paresseux, faites-en quelques minutes par jour.

• *L'escalier*. Si vous en avez un chez vous, encouragez l'enfant à le monter, sous votre surveillance. Il y prendra probablement goût et la surveillance peut devenir passive si l'escalier est en bois ou recouvert de moquette : mettez un obstacle infranchissable à 5 marches, des coussins ou un matelas en bas et il n'y aura guère de risque, vu que les enfants ont un art de la chute que les adultes ne retrouvent généralement que sous l'influence de l'alcool ! A défaut, vous trouverez dans le commerce de petits escaliers en plastique, de quelques marches, pour bébé.

• *Les grands cubes creux* à cinq côtés peuvent être très utiles pour se mettre debout, se cacher, grimper et aussi taper, faire du bruit et des rythmes, et enfin ranger les jouets d'une façon plus attrayante que dans le coffre fourre-tout. Quelques grands cubes creux (carrés ou rectangulaires) de couleurs vives sont l'ameublement idéal de l'espace du bébé.

• *L'équilibre* est une acquisition très importante. Vous pouvez soit vous procurer une poutre de gymnastique, soit en fabriquer une : prenez trois planches de 10 cm sur environ 2 m à 2,50 m de long (suivant l'espace dont vous disposez) ; assemblez-les à angle droit, avec des équerres placées à l'intérieur ; fixez cette sorte de pont sur des planchettes de 30 cm de longueur placées à 50 cm de distance (voir croquis page suivante).

Si vous ne pouvez vous permettre de poutre d'aucune sorte, placez (de préférence dans la chambre de l'enfant) une latte de 10 cm de large et de la longueur que le lieu permet. Avant même qu'il sache marcher, apprenez-lui à mettre un pied devant l'autre sur la latte ou sur la poutre. Encouragez-le à jouer dessus, même seul.

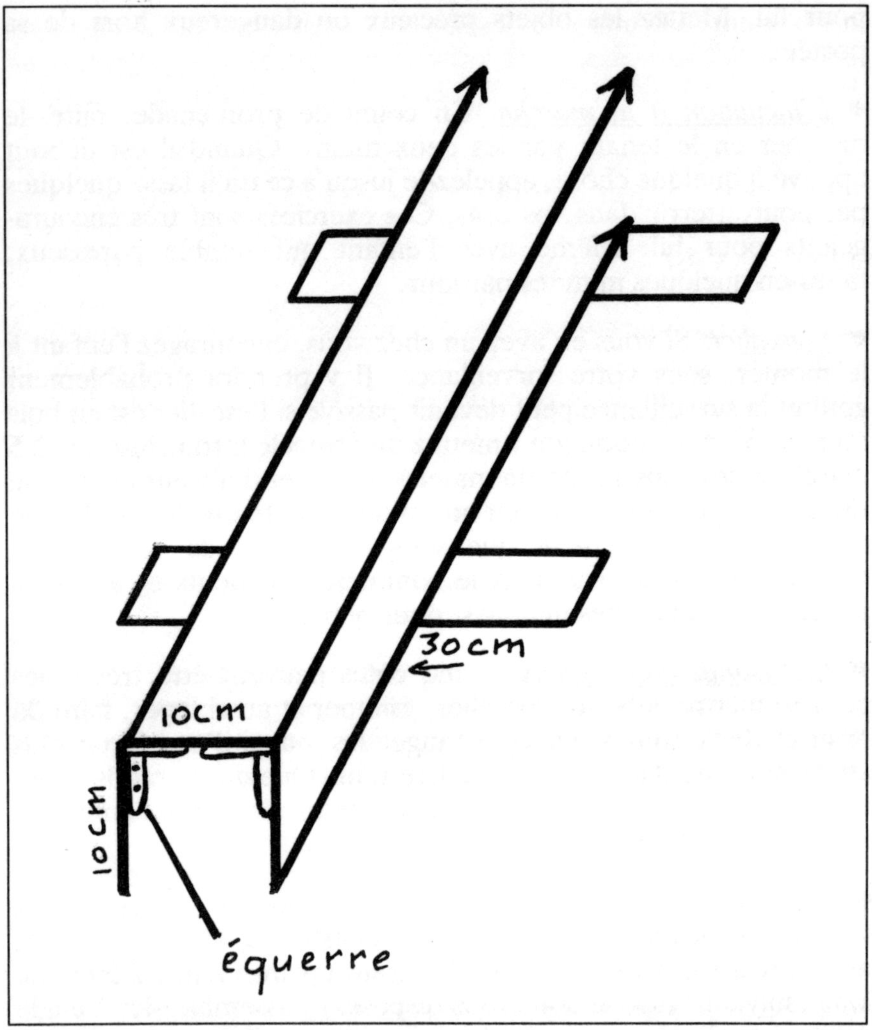

• <u>La brachiation</u> (prononcez « brakiacion »). Si vous avez habitué votre enfant à se suspendre à une barre (voir chapitre précédent § *Stimulation du toucher et de la préhension*), vous pouvez lui apprendre la brachiation, recommandée par Glenn Doman. C'est-à-dire se déplacer le long d'une échelle horizontale (fixée au-dessus de la tête) en saisissant de la main les échelons l'un après l'autre et en balançant le corps pour y arriver harmonieusement, à la manière des singes. Cet exercice développe aussi la capacité thoracique et favorise donc l'oxygénation du cerveau. Pour inciter l'enfant à « brachier », il faut le soutenir (au début complètement), tandis qu'il passe d'un échelon à l'autre ; ensuite on le soutient de moins en moins. L'enfant qui le fait quotidiennement pourra arriver à brachier seul vers l'âge de trois ans. Pour l'inciter à pratiquer cet exercice, il vaut mieux que ses parents s'y adonnent aussi. Cela implique la fabrication d'une échelle mobile dans la hauteur, car un adulte doit pouvoir s'y suspendre sans que ses pieds touchent le sol et un enfant doit pouvoir y évoluer sans risquer de chute trop importante. L'échelle doit avoir 40 cm de large, 3 m à 5 m de long et des échelons de 2 cm de diamètre, à intervalles de 15 cm. On peut faire venir ces échelles des Etats-Unis (voir *Adresses Utiles*).

• *Jeux d'extérieur ou d'intérieur :* les véhicules à roues sans pédale et les petits tobogans aident les bébés de ce niveau à acquérir une plus grande mobilité, mais il faut les aider et les rassurer quand le frisson est trop grand !

• *Gymnastique :*

— Placez le bébé sur votre épaule dans le creux de votre bras et tournoyez. Changez sa position : sur le dos, le ventre et les côtés.

— Tenez-le par les poignets tandis que quelqu'un d'autre le tient par les chevilles et faites-le balancer latéralement.

— Même exercice, mais cette fois vous tenez chacun un poignet et une cheville.

— Prenez-le par les poignets, visage vers le haut, tournez sur vous-même pour le faire voler dans un sens puis dans l'autre sens. Même chose, visage vers le sol.

— Même exercice en le tenant par les chevilles.

— Même exercice en le tenant par la cheville et le poignet droits, puis à gauche.

— Prenez-le par les aisselles, jetez-le en l'air et rattrapez-le.

— *Le gros ballon de plage*. Couchez le bébé à plat ventre sur le ballon que vous faites rouler vers l'avant sans tenir l'enfant. Rattrapez-le par les jambes avant qu'il touche le sol de la tête.

— *Les culbutes*. Apprenez-lui à rentrer la tête et à rouler en avant. Quand il y a pris goût, couchez-le sur le dos, placez ses mains sur le sol près des oreilles, et tirez-le par les pieds pour lui faire faire la culbute arrière.

— *Marcher sur les mains*. Tenez-le par les pieds en poirier, soutenez-le vers le haut pour alléger son poids et faites-le marcher sur les mains. Puis dites-lui de mettre le menton sur la poitrine pour terminer en roulé-boulé.

N.B. : Quand le bébé est encore petit, faites ces exercices sur un matelas dur. Soyez très prudent, mais non pusillanime. Il faut donner à l'enfant le goût du risque calculé et une confiance absolue en vous. Il existe d'excellents cours de gymnastique pour bébé. Mais ils sont encore rares et cette série d'exercices vous permet de renforcer l'équilibre, la conscience du corps dans l'espace et la force musculaire de votre bébé, à peu de frais.

ENTRE 8 ET 22 MOIS, l'enfant se met à marcher. L'étape suivante est la course.

• *Le goût de la marche*. Quand l'enfant a manifesté la volonté de marcher (en traversant, par exemple, une pièce sans appui), vient le moment de lui faire aimer cette nouvelle activité. La première chose est de ne plus utiliser la poussette que dans les cas où elle est indispensable. Ce n'est pas une période très facile, parce que la position pour aider un bébé à marcher n'est pas très confortable. Le mieux est de consacrer un moment de la journée à la promenade du bébé. Il faut se choisir un but vers lequel on tend, par exemple le tour du pâté de maisons. Au début vous ferez cinquante mètres, mais petit à petit la distance va s'allonger. Il faut profiter de cette promenade (où il est important de se montrer assez exubérant pour donner du cœur au ventre à l'enfant) pour lui chanter des comptines, lui raconter des histoires, etc. Souvent il demandera à être porté, faites-le, mais sur de petites distances : « D'accord, je te porte jusqu'à cet arbre-là ! » En le portant dix mètres au bon moment, vous lui donnerez parfois envie d'en marcher cinquante de plus. Il est très important que l'arrivée à la maison, au retour, se fasse en marchant pour que l'enfant se souvienne plus de ses exploits que des moments où il a été porté.

• *Les randonnées*. Si on en a l'occasion, les promenades dans la nature peuvent être une apothéose. Un enfant, pas particulièrement doué, mais ainsi entraîné, peut arriver à marcher 5 km à 6 km sur des chemins difficiles avant d'avoir deux ans. Il faut bien sûr lui tenir les deux mains et rendre la promenade très gaie par des chansons et des histoires. Mais quelle joie de pouvoir se promener en famille, sans s'éreinter le dos à porter un bébé devenu trop lourd !

• *Pour lui apprendre à courir*, il faut le faire marcher de plus en plus vite, en le tenant, jusqu'à ce qu'il soit obligé de courir, et s'extasier dès qu'il l'a fait. Quand il a compris, instaurez dans la promenade un ou plusieurs moments de course à pied. Montrez-lui jusqu'où vous allez courir tous les deux pour qu'il voie le but se rapprocher, ce que vous ne manquerez pas de lui faire remarquer. Ensuite, si vous pratiquez le jogging, emmenez-le avec vous.

• *Les sauts*. Il y a deux sortes de sauts : celui qui sert à vaincre la peur, « le saut de la mort ! », c'est-à-dire se jeter d'une certaine hauteur dans vos bras ; et il y a l'autre qui lui apprend à sauter (les seuils de maison sont parfaits pour cela). Après lui avoir montré comment faire, vous vous mettez face à lui en le tenant par les deux mains et vous le faites sauter vers vous, en bas de la marche. Les enfants adorent ça ! Quand il saute bien, apprenez-lui à monter la marche en sautant, puis à sauter à cloche-pied, etc.

ENTRE 22 ET 70 MOIS, l'enfant apprend à courir. A l'étape suivante, il pourra utiliser une jambe avec dextérité. Cette étape arrive entre 3 et 9 ans. La jambe de prédilection est déterminée par le fait d'être gaucher ou droitier. Cette nouvelle acquisition permet de sauter à cloche-pied, de taper sur un ballon, etc.

• *L'activité physique : un panaché* de ce qu'il y a eu auparavant. Il importe de favoriser la marche, la course à pied, l'équilibre et les sauts.

• *La danse ou gymnastique rythmique*. Quand l'enfant sait courir, il est en fait mûr pour ces cours de danse rythmique (voir *Adresse utiles* : Irène Poppart) où ils sont admis à partir de 3 ans. En fait, un enfant de 2 ans, bien stimulé, est souvent prêt à y entrer, si les parents et le professeur lui laissent le temps de s'adapter psychologiquement. A cet âge le tout-petit a souvent besoin de 3 à 6 mois d'observation avant de participer. Mais, peu de gens le comprennent, cette observation est aussi bénéfique que la participation. Bien souvent, quand il décide de s'y mettre, en deux leçons l'enfant est au niveau des autres qui répètent ces exercices depuis plusieurs mois.

- *L'observation des aînés*. Il est souhaitable sur le plan psychologique, pour un enfant de 2 ans, d'aller une fois par semaine observer ses aînés d'un an exercer une activité de groupe.

- *Tous les sports*. A ce stade, vous pouvez commencer à lui enseigner n'importe quel sport que vous connaissez : ski, équitation, escalade, patinage, cyclisme, danse, etc. et bien sûr la natation. (Voir les chapitres *Natation* et *Equitation*.)

LANGAGE ET POÉSIE

Le développement du langage commence à la naissance et non pas au moment où l'enfant prononce son premier mot. Avant d'en arriver là, un long processus s'est déroulé que vous pouvez accélérer ou ralentir, selon votre attitude.

Des études intéressantes ont été faites pour analyser la faculté du nourrisson de percevoir le langage parlé. On a pris notamment deux groupes équivalents d'enfants abandonnés à la naissance. Le premier groupe a été traité comme le sont toujours les bébés dans ce cas-là. Ils ont été soignés, nourris, en attendant d'être envoyés chez la nourrice ou dans l'institution qui devait les recevoir. Le deuxième groupe, par contre, a été soigné de la même façon, mais en outre les infirmières ont pris la peine chaque jour de parler aux bébés, de leur dire pourquoi ils n'avaient pas de parents pour les accueillir, de leur expliquer avec force détails l'endroit où on allait les envoyer, s'il y aurait d'autres enfants, des animaux, un jardin, quel était le nom de la personne qui allait s'occuper d'eux, comment elle était, etc. Quand ils furent assez solides pour quitter l'hôpital, les nourrissons des deux groupes ont été envoyés dans leurs endroits d'accueil. On constata que le nombre d'enfants malades qui durent revenir à l'hôpital était beaucoup plus élevé dans le premier groupe que dans le second. Cela ne fait que confirmer ce que Françoise Dolto proclame depuis tant d'années : il faut parler aux enfants dès la naissance, leur expliquer leur environnement sans se soucier du fait qu'ils ne connaissent pas le français ou l'anglais. *La communication se fait au-delà des mots, mais par les mots !*

LE LANGAGE

- *Expliquez-lui* ce qu'il fait, ce qu'il voit, ce qu'il entend, ce qui se passe, ce qui va se passer, qui est qui, etc.

- *Les parties du corps*. Les séances de massage et de stimulation tactile (voir le chapitre *La Première Année de la vie : § Stimulation du Toucher et de la Préhension*) sont un bon moment pour lui apprendre ceci. Prenez sa main et faites-lui toucher son nez : « Ça, c'est ton **nez** ! C'est le **nez** de Camille ! Et ça, c'est ton **pied.** » Faites-lui toucher le vôtre : « Ça, c'est mon **nez.** C'est le **nez** de maman ! »

- *Les objets familiers :* même chose.

- *Les cartons de stimulation visuelle* (voir le chapitre *La Première Année de la Vie*) : même chose.

- *Racontez des histoires courtes*. Inventez l'histoire de son pied qui se cache dans la chaussette, de son nez qui coule comme un robinet, de sa main qui caresse et part à l'aventure, de lui qui va faire dodo aux pays des rêves et des merveilles, etc.

- *L'étiquetage oral*. Prenez l'habitude de lui montrer ce qui l'entoure et de le désigner clairement.

- *Langage bébé - langage châtié*. Mêlez les deux selon votre envie, sans proscrire ni l'un ni l'autre. L'enfant a besoin des deux.

- *Répétez tous les sons que produit le bébé*. Il faut parler au tout-petit pour lui enseigner le langage, mais il faut aussi lui faire comprendre qu'il est capable de le produire. Laissez-vous donc aller à votre envie de répéter tous les sons qu'il produit (y compris bâillement, éternuement, toux, etc. !) Et incitez-le à recommencer pour lui apprendre le dialogue. Si vous avez cette attitude dès la naissance ou le plus tôt possible, vous verrez très vite votre enfant essayer de dire ses premiers mots. Dès que son esprit sera mûr pour comprendre que ce qu'il entend sont des mots qui désignent des choses (en moyenne vers 8 mois), s'il les a entendus depuis toujours et avec plaisir et s'il a été incité à produire le plus possible de sons, il aura envie de répéter ce qu'il comprend enfin, en abondance.

N.B. : Ces exercices commencent à la naissance, mais se prolongent bien au-delà de la première année. C'est une attitude et une habitude qu'il convient de prendre. Au début, vous serez peut-être pusillanime, voire gêné de parler autant à un nourrisson. Il y aura toujours dans votre entourage une personne charitable pour se moquer de vous. Mais ne vous laissez pas démonter. Petit à petit, votre bébé vous répondra par des sons, des sourires et des regards, il vous incitera à lui en dire plus. Et ça n'aura plus de fin !

• *Quand l'enfant prononce mal,* il est important de lui faire comprendre que ce n'est pas correct. Sinon il sera dans la position de ces gens qui connaissent assez bien une langue étrangère, mais la parlent si mal que les autochtones ne les comprennent pas du tout. C'est une source de grande frustration. S'il s'agit d'une simple erreur de prononciation, il faut féliciter l'enfant de posséder ce nouveau mot et l'aider à le prononcer correctement : soit en faisant un jeu caricatural avec la lettre qu'il n'arrive pas à prononcer ; soit, si c'est parce qu'il mélange les syllabes ou en oublie au passage, en les lui faisant prononcer deux par deux (par exemple : s'il dit « lélésivion », faites-lui dire « té » tout seul, puis « té-lé », ensuite « vi-sion », enfin lentement « té-lé-vi-sion » ; quand il y est arrivé, vous vous amusez ensemble à le dire de plus en plus vite, sans mettre l'enfant en état d'échec). Terminez toujours sur un succès !

• *Les mots qu'il déforme délicieusement* et qu'on a envie d'adopter dans le langage familial méritent un traitement de faveur. Il ne faut certes pas encourager l'enfant à bêtifier. Ce qui ne veut pas dire qu'on ne peut pas « parler bébé » pour rire. Il y a des trouvailles dont on a envie qu'elles fassent partie du patrimoine familial. Ma fille, Céline, avait l'art d'en produire qui nous amusent encore aujourd'hui : « Papalon » pour pantalon, « Malalel » pour miel, « Déprocher » pour éloigner, etc. Il faut les accueillir comme un trait d'esprit particulièrement brillant :

> « Oh tu as dit 'papalon' ! Ton pantalon est long comme papa ?! C'est un fameux pantalon, ça !!!... Tu veux du 'malalel' ? Mmmm ! Ça a l'air encore meilleur que le miel ! Mais peut-être que si tu manges du miel, il va devenir du 'malalel' dans ton ventre !... C'est toi qui as raison ! On devrait dire 'déproche-toi' ! On dit accrocher pour mettre au crochet et décrocher pour enlever

crochet ; on dit approcher pour se mettre plus près de la table et on devrait dire 'déproche-moi', quand on est trop près. Mais le français est une drôle de langue, on ne dit pas 'déproche-moi' ! (On se demande pourquoi !) Non, il faut dire 'éloigne-moi'. C'est bizarre, hein ! Mais c'est comme ça ! », etc.

Si vous avez accueilli le mot ainsi, il peut entrer dans le vocabulaire familial avec un clin d'œil. Quand vous l'utilisez, vous pouffez en disant : « En fait comment est-ce qu'il faut dire ? » L'enfant sera ravi de vous répondre. C'est même une excellente manière de l'inciter à inventer des jeux de mots, ce qui est un très bon exercice mental.

• *Le cinéma*. Dès 2 ans, vous pouvez emmener l'enfant au cinéma voir des dessins animés, par exemple. Prenez l'enfant sur vos genoux et racontez-lui à l'oreille ce qui se passe au fur et à mesure. Quand c'est trop complexe, faites-lui remarquer des détails sur l'image (les dessins animés de Walt Disney sont excellents pour cela). Allez au cinéma tous les 2 ou 3 mois, cela développe la compréhension des longues histoires et encourage la concentration.

LA POÉSIE

Cette façon de développer le langage chez le tout-petit attire très souvent les foudres de ceux qui, sans jamais beaucoup observer les enfants, sont très préoccupés par leur sort : « Mais pourquoi leur apprendre une fable de La Fontaine à cet âge ? C'est du bourrage de crâne, ils ne peuvent rien y comprendre ! Ça les embrouille, ils auront des problèmes plus tard, etc. » Ce sont les mêmes personnes qui s'extasient sur l'actuelle « poésie pour enfants » souvent aussi médiocre que dépourvue de sens. Pourtant quel malentendu ! Pour ces gens, culture est synonyme d'ennui et de labeur pénible. Ils ont tant peiné (avec leur mémoire mal entraînée) pour apprendre ces poèmes-punitions que personne n'avait pris la peine de leur expliquer de façon exaltante qu'ils veulent épargner, au moins aux plus petits, ces pensums douloureux. Ce sont des malheureux qui ont occulté leur enfance et qui ont oublié combien ils ont attendu la personne qui les aurait guidés vers ces choses belles et complexes que l'on dit faites « pour les grands » et qui, quand ils furent enfin grands, n'étaient plus que mortes et rébarbatives.

Le grand psychologue américain, Bruno Bettelheim, a fait une étude approfondie sur l'apprentissage de la lecture et pourquoi certaines méthodes remportent plus de succès que d'autres . Une de ses constatations les plus intéressantes fut l'importance du matériau, c'est-à-dire la qualité du premier livre. Plus il est médiocre et simpliste, moins l'enfant a envie d'apprendre à lire. Il ressent cela inconsciemment comme une insulte à son intelligence. Et il a tout à fait raison, c'est une insulte à l'intelligence humaine ! Bettelheim avait d'ailleurs constaté que dans l'éventail des écoles choisies pour son étude, celle qui obtenait de loin les meilleurs résultats était l'école traditionnelle juive où les enfants apprenaient à lire dans la « Torah » ! On n'imagine guère une école, en France, qui proposerait la « Bible » au C.P. ! Cette constatation en dit long sur l'ampleur de la curiosité et des capacités de l'enfant.

Revenons à la poésie. Il existe un répertoire de chansons et ritournelles qui s'accumule depuis des siècles et qu'il est essentiel de transmettre à l'enfant. Il faut les lui chanter le plus possible (voir chapitre *Musique*). Les ritournelles surréalistes qui font la joie des enfants sont d'ailleurs une excellente introduction à la poésie, ainsi qu'au développement de la mémoire.

• *Les ritournelles*. Elles apparaissent (non pas à 3 ans, mais dès la naissance), entre les chansons : *Une souris verte qui courait dans l'herbe…*, *Un petit chat gris qui mangeait du riz…*, etc. Il y a aussi celles que vous aurez inventées, un jour d'inspiration, et qui seront entrées dans votre répertoire. Par exemple :

> « Patapouf et Pataquès
> sont bien celles de Camille,
> parfumées à la vanille
> Ce sont les plus jolies fesses ! »

• *Première étape : l'enfant complète vos phrases*. Entre 18 mois et 2 ans, il commence à mettre quelques mots ensemble quand il parle. Si vous lui récitez souvent les ritournelles avec enjouement, il va compléter ce que vous commencez. C'est une étape très importante, il faut alors y consacrer du temps tous les jours. Que ce soit une grande partie de plaisir !

• *Deuxième étape : amenez-le à réciter le premier.* Quand il est capable de réciter des morceaux de la ritournelle, inversez la vapeur. Amenez-le à réciter le premier, c'est-à-dire mettez-le dans la situation où vous répétez ce qu'il dit plutôt que le contraire. Le fait que vous répétiez la bribe de phrase qu'il vient de dire lui sert de tremplin pour se rappeler la suite. Par exemple :

Maman : « Patapouf... ? »
Camille : « ... et Pataquès ! »
Maman : « et Pataquès... ? »
Camille : « Sont bien celles de Camille ! »
Maman : « Sont bien celles de Camille. »
Camille : « ... ? »
Maman : « Parf... ? »
Camille : « Parfumées ! »
Maman : « Parfumées... ? »
Camille : « A la vanille ! »
Maman : « A la vanille ? »
Camille : « Ce sont les plus jolies fesses ! »
Maman : « Ce sont les plus jolies fesses ! BRAVO !!! »

Bien sûr l'enfant n'arrive pas tout de suite à dire des vers complets d'un coup, il faut toujours répéter ce qu'il dit pour l'inciter à continuer tout seul. Ceci ne peut se faire bien entendu qu'avec une ritournelle dont on est sûr qu'il la connaît par cœur « dans sa tête », à défaut de pouvoir la réciter.

• *La grande poésie.* Quand l'enfant sait réciter plusieurs ritournelles, avec votre aide, passez à la grande poésie. La littérature française est une mine d'or. La Fontaine, Victor Hugo et Verlaine, pour ne citer que ces trois-là, fournissent un éventail très varié. Je crois cependant que La Fontaine est celui par lequel il faut commencer. Ses histoires d'animaux parlent aux enfants et plus encore la morale des fables : à cet âge où ils sont sans cesse à la recherche de « jusqu'où ils peuvent aller trop loin » ces histoires morales les touchent, même s'ils ne les comprennent qu'à moitié. Elles feront partie de cet engrangement intellectuel auquel l'enfant consacre la plupart de son temps. Et si vous entretenez chez lui l'esprit de réflexion, vous le verrez un an ou deux ans plus tard expliquer pertinemment les leçons de La Fontaine.

Comme je l'ai raconté dans le chapitre *Une méthode sur mesure,* c'est par hasard que j'ai découvert que La Fontaine pouvait intéresser un enfant de moins de 2 ans. Un jour que je langeais ma fille aînée, l'idée saugrenue de lui réciter *Le Corbeau et le Renard* m'est passée par l'esprit et elle m'a répondu : « Encore ! » Comme le nouveau-né qui « boit » le langage sans le comprendre, l'enfant de 2 ans découvre, en La Fontaine, un monde mystérieux qu'il veut absorber, pour autant qu'on le lui présente avec un enthousiasme réel et une grande richesse d'expression.

● *Mais pourquoi lui apprendre des mots et des expressions qu'il est incapable de comprendre ?* Le vocabulaire complexe et peu usuel que nous connaissons et qui nous permet d'avoir une perception et une compréhension plus fine des choses, nous le possédons, parce que nous avons eu la chance de le rencontrer régulièrement jusqu'à ce que nous puissions le faire nôtre. Les autres termes, ceux que nous rencontrons à l'âge adulte, lorsque la curiosité nous mène vers des ouvrages plus complexes, ces autres concepts que nous ne connaissons pas, nous avons bien du mal à les assimiler. Il en est un qui, pour moi, est devenu un symbole : « syncrétisme ». Le hasard a voulu que je ne rencontre ce mot qu'à la fin de mon adolescence. Combien de fois ai-je regardé sa signification dans le dictionnaire ! C'en devenait une farce. Et aujourd'hui encore j'évite de l'employer tant j'ai l'impression de mal l'utiliser.

Il est essentiel d'introduire dans l'univers de l'enfant des concepts et des expressions qui lui passent au-dessus de la tête. Ça lui donnera l'habitude de regarder moralement vers le haut, n'est-ce pas la quintessence de la nature humaine ? De plus, si vous savez les présenter, ces concepts seront comme des cadeaux que vous aiderez l'enfant à déballer petit à petit au fil des ans. Je crois qu'il y avait beaucoup de sens dans cette pratique ancienne qui consistait à faire apprendre aux enfants les prières par cœur pour qu'ils les aient en eux et en découvrent la signification tout au long de leur vie. On ne peut pas comprendre ce qu'on ne connaît pas ! Je ne me lasserai pas de le répéter, car nombreux sont les Trissotins qui prétendent le contraire et qui malheureusement ont noyauté l'enseignement.

• *La première fable.* Il est important de la connaître très bien, avant de la proposer à l'enfant. Pour se lancer dans cette aventure, certains préféreront peut-être choisir la seule dont ils se souviennent à peu près, c'est-à-dire pour la majorité d'entre nous *Le Corbeau et le Renard.* Cette histoire de vanité et de flatterie est plutôt difficile, cependant grâce au dialogue et au fromage disputé, elle fonctionne bien. Il ne faut pas oublier que si on commence vers 2 ans, cette première fable sera sans doute celle que l'enfant récitera longtemps le moins bien (alors qu'il l'aura entendue le plus), car elle est une charnière, elle sert d'introduction à un monde mystérieux et complexe.

• *A quel âge commencer ?*Comme dans tous les domaines, l'âge que je donne n'est pas une règle. On peut commencer bien plus tard. Il ne faut aborder un nouvel apprentissage que quand le parent sent que le moment est venu aussi bien pour l'enfant que pour lui. Quand je parle d'environ 2 ans, c'est, à mon sens et selon mon expérience, le minimum requis pour qu'il y ait réelle communication.

• *A ceux que l'idée d'apprendre un texte par cœur horrifie,* je dirai d'abord que c'est moins dur qu'on ne croit, quand on est motivé. Et motivé, il faut l'être si on veut apprendre quelque chose à son enfant. Mieux vaut ne rien faire que le faire comme une corvée. Ensuite l'entretien de la mémoire est une nécessité, autant que l'entretien du corps par le sport. Certains hôpitaux commencent à offrir des traitements, faits d'exercices mentaux, pour empêcher le ramollissement du cerveau ; je vois ma mère s'imposer chaque jour un exercice de mémoire : apprendre les départements de France ou les états des U.S.A. ; ma mercière refuse d'utiliser une machine à calculer pour imposer à son cerveau la gymnastique quotidienne du calcul mental. Je trouve ma méthode plus efficace puisqu'on n'attend pas le troisième âge pour commencer, plus joyeuse puisque ça ne peut se faire que dans la gaieté, plus exaltante puisque on transmet la connaissance à son enfant et plus satisfaisante puisqu'on se cultive chaque jour.

• *Comment apprendre une fable à un enfant.* Vous l'apprenez par cœur et vous faites des dessins qui ne demandent pas de talent particulier, et qui, à l'instar des bandes dessinées, en quelques traits esquissent l'évolution de la situation. Voici les dessins pour trois fables : *La grenouille qui se veut faire aussi grosse que le bœuf* que j'ai présentée en détail dans le chapitre *Une méthode sur mesure* (p. 98), *Le Corbeau et le Renard* qui est la plus connue et *Le Renard et la Cigogne* qui plaît beaucoup aux enfants.

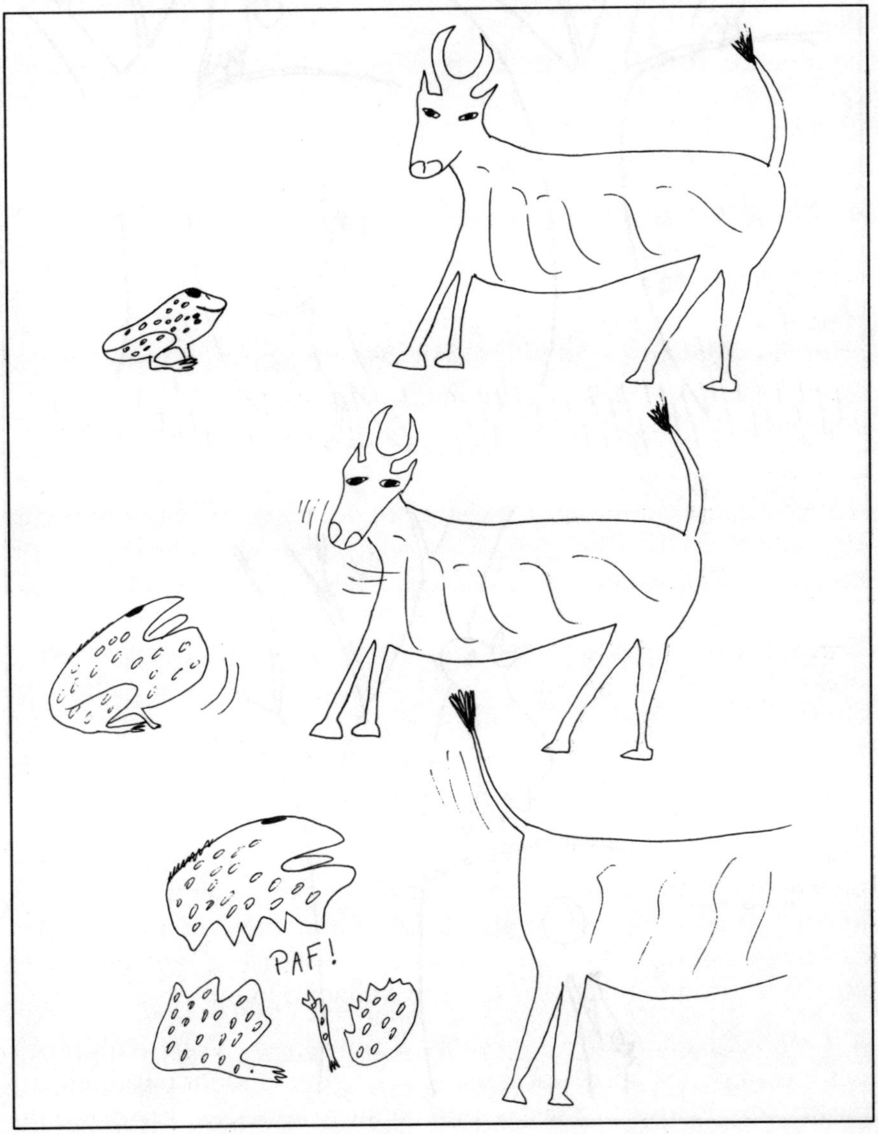

A un moment où vous vous sentez en forme et où l'enfant est réceptif, récitez-lui, par exemple, *Le Corbeau et le Renard* avec beaucoup d'expression. N'hésitez pas à être théâtral. Votre enfant est le meilleur public qui soit et il est inutile d'en avoir un autre. Ayez ces audaces et ces exagérations que vous ne vous permettez jamais. Si l'enfant trouve ça amusant, prenez les dessins dans l'ordre et racontez-lui l'histoire simplement. Ensuite reprenez le texte et expliquez-le par morceau :

> « *'Maître corbeau'* ça veut dire Monsieur le corbeau (il est poli Jean de La Fontaine !) *'sur un arbre perché'*... le corbeau était sur un arbre ! Perché sur un arbre, *'sur un arbre perché' ! 'tenait dans son bec un fromage'* Oh le corbeau a attrapé un fromage et il est allé sur l'arbre pour le manger ! *'Maître renard'* Monsieur le renard, *'par l'odeur alléché'* le renard a senti l'odeur du fromage et il est alléché, il trouve que ça sent drôlement bon et il a envie de manger le fromage ! *'Lui tint à peu près ce langage'* Le renard vient près de l'arbre où se trouve le corbeau et lui dit à peu près ceci *'lui tint à peu près ce langage'*, le langage, c'est ce qu'on dit. Et que dit le renard ? *'Eh bonjour Monsieur*

> *du corbeau'* il lui dit bonjour très poliment, *'que vous êtes joli ! que vous me semblez beau'* Oh ! Le renard dit au corbeau qu'il le trouve très joli ! *'Sans mentir, si votre ramage se rapporte à votre plumage'* Qu'est-ce que c'est que ça ? *'Sans mentir'*, ça veut dire qu'il dit ce qui est vrai, ce n'est pas une farce. *'Si votre ramage'* le ramage c'est le chant, la voix des oiseaux, donc *'si votre ramage se rapporte à votre plumage'* si votre voix est aussi belle que vos plumes (le plumage, ce sont les plumes et le corbeau a de très belles plumes noires) ; donc le renard dit au corbeau : si votre voix est aussi belle que vos plumes *'vous êtes le phénix des hôtes de ces bois'*, le phénix c'est le plus beau, le plus magnifique, le plus extraordinaire *'des hôtes de ces bois'*, des habitants de la forêt, le plus beau de tous les animaux qui vivent ici dans les bois, *'Si votre ramage se rapporte à votre plumage, vous êtes le phénix des hôtes de ces bois' !* » etc.

Il faut réciter la fable une fois par jour et la lui expliquer, ainsi que je viens de le montrer. Avec certains enfants, on peut expliquer toute la fable d'un coup ; avec d'autres il faut découper en morceaux de quelques vers. A force de l'entendre expliquée et récitée, l'enfant aura envie d'en dire des bribes de plus en plus longues.

N.B. : N'oubliez pas que, quand l'enfant a entendu la fable de nombreuses fois, vous devez inverser la vapeur, répéter ce qu'il vient de dire pour l'inciter à continuer le premier.

- *Les fables suivantes, plus longues.* Quand l'enfant connaît une ou deux fables relativement courtes, on peut passer à de plus longues. *Le Renard et la Cigogne* en est une excellente, mais aussi *Le Renard et le Bouc, Le Loup et le Chien,* et bien d'autres encore.

Vous pouvez faire ici une sorte de livre qui découpe la fable en pages et dont le texte se rapporte au dessin. Par exemple :

« Compère le renard se mit un jour en frais,
Et retint à dîner commère la cigogne,
Le régal fut petit, et sans beaucoup d'apprêts :
Le galant, pour toute besogne,
Avait un brouet clair : il vivait chichement.

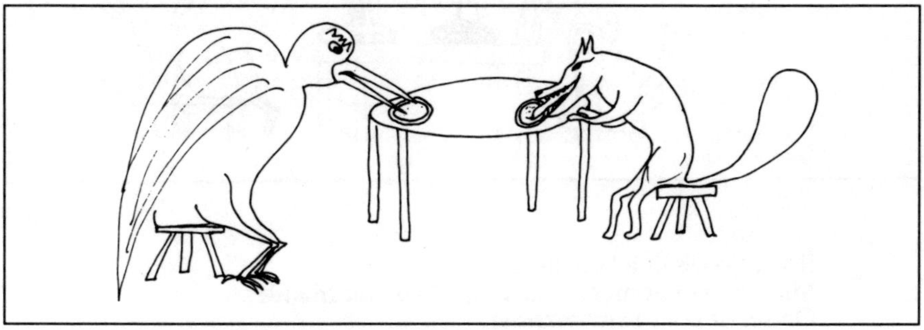

Ce brouet fut par lui servi sur une assiette :
La cigogne au long bec n'en put attraper miette,
Et le drôle eut lapé le tout en un moment.
Pour se venger de cette tromperie,
A quelque temps de là, la cigogne le prie.

Volontiers, lui dit-il ; car avec mes amis
Je ne fais point de cérémonie.
A l'heure dite, il courut au logis
De la cigogne son hôtesse ;
Loua très fort sa politesse,
Trouva le dîner cuit à point :
Bon appétit surtout ; renards n'en manquent point.

Il se réjouissait à l'odeur de la viande
Mise en menus morceaux, et qu'il croyait friande.
On servit pour l'embarrasser,
En un vase à long col et d'étroite embouchure.
Le bec de la cigogne y pouvait bien passer ;
Mais le museau du sire était d'autre mesure.

Il lui fallut à jeun retourner au logis
Honteux comme un renard qu'une poule aurait pris,
Serrant la queue et portant bas l'oreille.

Trompeurs, c'est pour vous que j'écris.
Attendez-vous à la pareille.

Suivez avec chaque page la démarche que j'ai décrite pour la première fable. Quand vous avez expliqué le deuxième morceau, récitez-le régulièrement avec le premier et complétez ainsi petit à petit la fable.

• *Introduisez les expressions de La Fontaine dans la vie courante.* Si vous possédez un vase comme ceux de la cigogne, dites à l'enfant qu'il est *à long col et d'étroite embouchure*, faites-lui entendre le *ramage* des oiseaux, comparez la vanité de la marâtre de Blanche Neige à celle du corbeau, dites du potage que vous avez préparé qu'il n'est pas *un brouet clair* !, appelez votre enfant : mon petit *phénix,* etc.

• *Quand l'enfant est habitué à ce langage complexe,* vous pouvez alterner les fables avec d'autres poèmes. A Queneau ou Tardieu dont on dit qu'ils s'adressent davantage aux enfants, je préfère les poètes du XIXe qui, dans une langue belle et claire, s'intéressaient sans détour aux thèmes essentiels. Je crois que l'enfant est plus proche de l'adulte dans ses goûts que l'adolescent. Son but premier est de comprendre l'univers pour pouvoir y survivre. L'adolescent n'a aucun doute sur sa subsistance, son but à lui est de s'affirmer dans ce monde. Bien souvent on prend l'enfant pour un pré-adolescent, on a tort. En lui fermant le monde de l'adulte qui le fascine tant, on prépare l'enfant à une adolescence difficile puisqu'il devra s'imposer au monde, sans avoir reçu les moyens de l'analyser. C'est pour cela qu'il faut aborder les thèmes essentiels, y compris les plus douloureux que les enfants veulent d'autant plus comprendre qu'on les leur cache, comme la mort, l'emprisonnement, etc.

Quand l'enfant rencontre la mort dans son entourage ou dans une histoire, et qu'il s'interroge, le poème de Victor Hugo, *Le Petit Fils,* est un excellent support pour les discussions et ses rêveries :

> « Oui, ce petit, c'est l'aube, et moi je suis le soir.
> Il naît. Que va-t-il voir ? Je meurs. Que vais-je voir ?
> Tous deux nous ignorons. Son jour vient, ma nuit tombe.
> Il essaie à tâtons le berceau, moi la tombe. »

L'emprisonnement que l'enfant rencontre dans les histoires ou dont il entend parler à la radio ou la télévision l'intrigue très souvent. Combien de fois n'entend-on pas les enfants dire : « Je vais te mettre en prison ! » Pour lui faire comprendre ce que peut être le fait d'être privé de la liberté d'aller et de venir, Verlaine est le meilleur aide :

« Le ciel est par-dessus le toit,
Si bleu, si calme !
Un arbre, par-dessus le toit,
Berce sa palme.

La cloche, dans le ciel qu'on voit,
Doucement tinte,
Un oiseau sur l'arbre qu'on voit,
Chante sa plainte.

Mon Dieu, mon Dieu, la vie est là,
Simple et tranquille.
Cette paisible rumeur-là,
Vient de la ville.

— Qu'as-tu fait, ô toi que voilà,
Pleurant sans cesse,
Dis qu'as-tu fait, toi que voilà,
De ta jeunesse ?

Comment mieux évoquer la douleur de celui qui a perdu la liberté et qui ne voit plus le monde que par un coin de lucarne ?

Et si l'enfant adore la poésie et qu'il apprend la musique, vous pouvez l'emmener plus loin encore avec ce poème que Rilke a écrit en français :

« Le sublime est un départ.
Quelque chose de nous qui au lieu
de nous suivre, prend son écart
et s'habitue aux cieux.

La rencontre extrême de l'art
n'est-ce point l'adieu le plus doux ?
Et la musique : ce dernier regard
que nous jetons nous-mêmes vers nous ! »

Je ne veux pas faire ici une anthologie de poésie, mais ces exemples donneront une idée de ce qu'ils peuvent aborder, à ceux qui ne savent comment choisir.

Il y a aussi la poésie épique et humoristique que les enfants apprécient beaucoup. Par exemple : « La Tirade du Nez » de Rostand *(Cyrano)* est en soi une superbe leçon de vocabulaire ; ou « Mon père, ce héros au sourire si doux... » de Victor Hugo *(Les Châtiments) ;* pour les enfants qui apprennent l'histoire de France et connaissent Napoléon, « Waterloo » du même Hugo *(Les Châtiments)* les feront frémir !

Il ne faut pas noyer l'enfant sous des flots de poésie. Quelques poèmes par an, choisis en fonction de ses préoccupations du moment, l'aideront non seulement à élargir son vocabulaire et à développer sa mémoire, mais aussi à comprendre pourquoi la poésie existe. De plus, un enfant à la mémoire bien entraînée aura beaucoup de facilité à l'école.

- *Pour les parents qui commencent plus tard avec un enfant déjà dégoûté par les exercices de mémoire*. D'abord apprenez le poème en question avec l'enfant, puis jouez à réciter ensemble en alternant : un vers, vous ; un vers, lui. La première fois, vous commencez ; la seconde fois, c'est à lui de démarrer. Ensuite récitez-le en entier chacun à votre tour. Montrez-lui que c'est quelque chose qui vous amuse, VOUS. C'est la seule façon de lui en redonner le goût !

- *Le théâtre.* Si ce domaine vous réussit et que vous avez des talents de comédien, vous pouvez ajouter le théâtre. Les farces de Molière ont un humour bon enfant qui a beaucoup de succès. Par exemple la première scène du *Médecin Malgré Lui* ou la leçon d'orthographe dans *Le Bourgeois Gentilhomme* (Acte II, scène 4) que vous pouvez mettre en parallèle avec les bourgeois de la fable de La Fontaine *La Grenouille qui se veut faire aussi grosse que le Bœuf,* ou bien d'autres encore.

Si je choisis Molière, plutôt qu'un de nos contemporains, c'est qu'il s'agit ici de développement du langage. L'enfant est abreuvé par les médias, l'école et nous-mêmes d'une langue à la limite de l'indigence et de la vulgarité qui se retrouve souvent dans les films et les pièces de théâtre modernes. Or c'est à cet âge où l'enfant est tellement curieux qu'il faut lui donner une référence de qualité et non pas dix ans plus tard quand il sera en rébellion contre l'autorité et le langage qui peut la représenter à ses yeux.

LES LIVRES

Pour le développement du langage chez l'enfant, il est important de lui faire la lecture, si possible quotidiennement. C'est sans doute la première activité que vous devez choisir.

- *Le contact avec le livre*. Le plus vite possible, habituez votre bébé à regarder avec vous un livre dont vous lui détaillez les images.

- *Lui faire suivre une histoire*. Prenez un livre qui raconte en image une histoire très simple : un caneton qui cherche sa maman, ou bien un chiot qui a entendu « miaou », qui va demander à chaque animal de la ferme si c'est lui qui a fait « miaou », etc. Ou encore la collection *Martine* dont les dessins très réalistes plaisent aux enfants, racontez, par exemple, *Martine est malade* en suivant les images, sans vous préoccuper du texte. Répétez souvent les mêmes histoires pendant un an (de 1 à 2 ans).

- *Quand l'enfant est capable de suivre une histoire simple*, choisissez des livres, à lire cette fois, dont le texte est bref et vivant. Puisez dans les contes de fées qui suivront l'enfant jusqu'à l'adolescence. Bettelheim, encore lui, a fait une autre étude passionnante sur l'importance des contes de fées dans la formation de la personnalité. Selon lui, l'enfant a besoin (comme exutoire pour ses angoisses) de ces histoires violentes que racontaient les grand-mères. La littérature enfantine qui tente de supplanter, aujourd'hui, les contes d'autrefois prive l'enfant de quelque chose d'essentiel, avec ses histoires édulcorées d'où la haine, la jalousie et la mort sont exclues arbitrairement. L'enfant a besoin de la tragédie et n'a que faire des petits drames.

- *Quand vous lisez, expliquez ce que vous venez de dire*. Chaque livre doit être un peu plus élaboré et long que le précédent. Ne lisez pas d'une voix morne ! Soyez vivant et répétez, en d'autres mots, ce que vous venez de lire (voir ci-dessus *Les Fables*). Expliquez les mots nouveaux. Découpez le livre en un feuilleton quotidien. Suivez le rythme de la procession d'Echternach : un pas en arrière, deux pas en avant ; c'est-à-dire relisez ce que vous avez lu pour la première fois la veille et ajoutez le passage suivant que vous relirez le lendemain. Quand vous avez fini le livre, relisez-le sans retour en arrière. Vous aurez ainsi lu trois fois chaque livre, à l'enfant, avant de passer au suivant. Vous pouvez arriver à lire à l'enfant, au cours de sa troisième année, des livres tels que ceux de la collection *Disney Classique* (Ed. Nathan) que vous choisissez, bien sûr, en fonction du film que vous avez vu ou aurez l'occasion de voir avec l'enfant.

• Les grands mythes. Quand l'enfant atteint ses trois ans, s'il a été ainsi stimulé au niveau du langage et de la narration, on peut passer aux grands mythes : la Bible, les mythologies grecque et romaine, etc. Vous serez seul à aborder les fondements de notre culture avec votre enfant, l'école y a renoncé depuis longtemps. Il est d'autant plus important de le faire. Vous pourrez en outre établir des parallèles avec la peinture (voir le chapitre *Histoire de l'art*). Chaque livre devient alors un feuilleton de plusieurs mois.

Si vous voyez l'histoire de France avec votre enfant, prenez un bon livre sur le sujet et lisez-le. Si vous suivez la méthode que je vous suggère dans ce livre (voir le chapitre *Histoire*), commencez par Hugues Capet jusqu'à nos jours. Puis dites à l'enfant : « Maintenant on va voir ce qui se passait avant Hugues Capet, quand la France n'existait pas encore vraiment », et lisez-lui le début du livre.

Le Petit Prince de Saint-Exupéry et *Alice au Pays des Merveilles* dans le texte de Lewis Carroll sont deux exemples de ce qu'on peut lire à un enfant une première fois, dès l'âge de 3-4 ans. Ces livres le fascineront, si vous les expliquez bien. Ils entreront dans son univers et il voudra les retrouver plus tard lui-même, quand il sera capable de lire.

LE VOCABULAIRE

Élargir le vocabulaire de l'enfant doit devenir une « préoccupation insconsciente ». Pour cela, parlez une belle langue. Soyez précis et évitez les termes passe-partout. Finissez vos phrases, soyez complet, ne laissez pas votre pensée s'exprimer dans de nébuleux sous-entendus. Ayez toujours à l'esprit les synonymes des termes qui vous employez. N'oubliez pas l'argot qui introduira l'enfant au parler populaire juteux ; la possession, dès l'enfance, de la langue châtiée et de cette transposition anarchique donne à l'enfant une connaissance réelle du langage.

Pour élargir le vocabulaire de l'enfant, il y a aussi des exercices systématiques qui permettent de présenter un vocabulaire qu'on rencontre rarement. Vous pouvez préparer des fiches (sur les modèles ci-dessous), ce sont d'excellents passe-temps pour les longs trajets.

• *Les cris d'animaux.* Chaque fois que vous parlez d'un animal à l'enfant, dites-lui son cri. Quand il connaît à peu près tous ceux de votre liste, jouez à « Que fait qui ? » et « Qui fait quoi ? ». Cachez les réponses et jouez vous-même avec l'enfant pour éviter le côté interrogatoire. Voici une première liste pour vous lancer :

l'abeille	— bourdonne	la grenouille	— coasse
l'âne	— brait	le hibou	— hulule
le canard	— cancane	le lapin	— clapit
le cerf	— brame	le lion	— rugit
le chameau	— blatère	le loup	— hurle
le chat	— miaule	le mouton	— bêle
le cheval	— hennit	l'oie	— cacarde
la chèvre	— chevrote	l'ours	— grogne
le chien	— aboie	la pie	— jacasse
la chouette	— chuinte	le pigeon	— roucoule
la cigale	— stridule	la poule	— caquète
le coq	— chante	le renard	— glapit
le corbeau	— croasse	le rhinocéros	— barrit
le crocodile	— vagit	le sanglier	— grommelle
le dindon	— glougloute	le tigre	— feule
l'éléphant	— barrit	la vache	— beugle
etc.			

• *Les termes scientifiques.* Vous pouvez établir des listes, pour vos jeux, avec diverses catégories de termes. Par exemple :

ZOOLOGIE
mammalogie : étude des mammifères
ornithologie : étude des oiseaux
erpétologie : étude des reptiles
ichtyologie : étude des poissons
entomologie : étude des insectes
malacologie : étude des mollusques
helminthologie : étude des vers parasites
protistologie : étude des organismes unicellulaires
etc.

MÉDECINE
allergologue : médecin qui soigne les allergies
anesthésiste : médecin qui pratique l'anesthésie
cancérologue : médecin qui soigne les cancers
cardiologue : médecin qui soigne le cœur
chirurgien : médecin qui effectue les opérations
dermatologue : médecin qui soigne la peau
diététicien : spécialiste des régimes alimentaires
endocrinologue : médecin des glandes endocrines (dont les produits sont déversés directement dans le sang)
gynécologue : médecin des organes reproducteurs féminins
obstétricien : médecin accoucheur
neurologue : médecin du système nerveux
ophtalmologue : médecin qui soigne les yeux
orthopédiste : médecin qui soigne les pieds
oto-rhino-laryngologue : médecin des oreilles, nez, gorge
pédiatre : médecin des enfants
pneumologue : médecin qui soigne les poumons
psychiatre : médecin qui soigne les maladies mentales
phlébologue : médecin qui soigne le système circulatoire
radiologue : spécialiste de la radiologie
rhumatologue : médecin qui soigne les articulations
stomatologue : médecin de la bouche et du tube digestif
urologue : médecin du système urinaire
etc.

Vous pouvez multiplier ces jeux à l'infini suivant les circonstances. Liez-les aux branches qu'ils concernent : les cris d'animaux avec les « leçons de zoologie », les médecins avec l'anatomie, etc.

● *Le dictionnaire des synonymes*. Choisissez un mot et cherchez avec l'enfant tous les synonymes que vous connaissez, puis regardez dans le dictionnaire. Congratulez-vous mutuellement pour ceux que vous avez trouvé, expliquez à l'enfant ceux qu'il ne connaît pas.

LA GRAMMAIRE

Quand l'enfant entre dans cette période (entre 2 et 3 ans) où il devient un moulin à paroles, parce qu'enfin il maîtrise le langage, il est temps de lui faire prendre conscience de la nature des mots et de la structure des phrases.

● *Découper en mots*. Prenez une poésie que l'enfant connaît par cœur, écrivez-la en grand en détachant bien les mots. Faites-la réciter à l'enfant, en lui apprenant à montrer chaque mot du doigt. Au début, il s'embrouillera, mais bientôt il sentira comment la phrase se découpe en mots. Peu importe qu'il ne puisse pas encore lire, c'est d'ailleurs une excellente préparation à la lecture.

• *Les genres*. Expliquez-lui la différence entre masculin et féminin. Puis dites-lui des noms avec l'article : « la chaise, le lit, la pomme, etc. » et demandez-lui quel est le genre de chacun. Quand il est passé maître à ce jeu, enlevez l'article qu'il devra retrouver lui-même pour savoir quel est le genre. Enfin choisissez des noms commençant par une voyelle : « L'avion, l'école, l'auto, l'autobus, etc. » Il doit alors utiliser le mot avec un ou une pour déterminer le genre d'après l'article indéfini.

• *Le nombre*. Apprenez-lui la différence entre singulier et pluriel. Proposez-lui des bribes de phrases et demandez-lui de déterminer le nombre. Progressez dans la difficulté :
a) Les pommes, une cerise, des chevaux, etc.
b) Une belle femme, de beaux hommes, le panier de maman, etc.
c) Nous mangeons, tu bois, ils sont partis, etc.

• *Sujet et verbe*. Expliquez à l'enfant que le sujet, c'est celui qui fait, tandis que le verbe, c'est faire.
a) Camille boit, maman mange, papa dort, etc.
b) Je veux du lait, papa mange dehors, etc.
c) Qui arrive ? Où va grand-mère ? etc.

• *Le temps*. Faites faire à l'enfant la différence entre passé, présent et futur. Au début mettez « hier, aujourd'hui ou demain » dans vos phrases. Puis aidez-le à s'y retrouver par la seule forme du verbe.

• *Les compléments*. Vous continuez selon les mêmes principes à lui expliquer le complément d'objet direct, celui d'objet indirect, les compléments circonstanciels de temps, de lieu, etc.

• *Les ritournelles*. Apprenez à votre enfant les comptines des conjonctions, des exceptions, etc. : « Mais, ou, et, donc, or, ni, car » (Mais où est donc Ornicar ?), « J'étais assis sur un caillou parmi les choux, quand un hibou plein de poux est venu se poser sur mon genou pour prendre mon bijou, comme si c'était un joujou ! » (pour les exceptions en « ou » qui prennent x au pluriel), etc.

bleaux. Quand l'enfant sait lire, il est un moyen de lui faire encore mieux comprendre la grammaire. Ce qui non seulement lui donnera une profonde connaissance de sa langue maternelle, mais de plus développera en lui l'esprit logique. Faites des tableaux (voir ci-dessous). Choisissez différentes couleurs pour les différents éléments.

1) **masculin**			**féminin**
2) **singulier**			**pluriel**
(on peut aussi utiliser ces deux-ci en même temps)			
3) **sujet**			**verbe**
4) **passé**		**présent**	**avenir**
5) **sujet**		**verbe**	**complément**
6) **sujet**	**auxiliaire**	**participe**	**C.O.D.**

On peut ainsi les multiplier. Dans un premier temps, l'enfant a le tableau devant lui. Dites-lui quelques mots ou une phrase, selon l'exercice, qu'il doit répéter en tapant à chaque mot sur la case qui y correspond.

Ensuite, quand vous en êtes à la construction de la phrase, vous pouvez reproduire chaque case sur des cartons individuels que l'enfant devra choisir dans l'ordre de la phrase. Cette méthode, appliquée au tableau n° 6, l'aidera à bien comprendre le fonctionnement de l'accord du participe. Il est excellent de continuer cette méthode, quand l'enfant est à l'école où bien souvent il lui arrive de ne pas comprendre une étape dans les explications de la grammaire.

LECTURE ET ÉCRITURE

Cette technique a été mise au point après de nombreux tâtonnements, une longue errance dans la méthode Doman et des incursions chez Engelmann, Rachel Cohen, Dodson et d'autres. Elle a été élaborée pour satisfaire autant un enfant épris d'abstraction, qu'un autre qui semblait en avoir horreur. Elle est fondée sur deux principes : premièrement il faut d'abord connaître pour pouvoir ensuite comprendre ; deuxièmement la lecture sert à lire un message et non pas à décoder des non-sens.

Du premier principe découlent une série d'exercices qui permettront à l'enfant d'apprendre (en douceur et par le jeu) alphabet, voyelles, consonnes, diphtongues. Le second principe amène la création d'un matériel de lecture qui concerne l'enfant au premier chef et qui lui donne la certitude que lire lui est personnellement indispensable.

LES CHANSONS

(voir en annexe *Les Partitions*)

● La chanson de l'alphabet. Ce premier exercice peut commencer à la naissance et doit devenir un pilier de votre répertoire. L'enfant sera alors sans doute capable de la chanter tout seul (ou presque) vers deux ans. Sur l'air de *Ah vous dirais-je, maman...* :

A B C D E F G
H I J K L M N
O P Q R S T U
V W X Y Z
C'est ainsi qu'est l'alphabet
Que tu dois connaîtr' par cœur.

Quand cette chanson a été chantée des centaines de fois et que l'enfant visiblement commence à la posséder, on peut introduire les suivantes une à une, dans l'ordre ci-dessous :

- *Les voyelles* :

A E I O U
Sont les voyelles,
Ainsi que Y.

- *Les consonnes* :

(comme l'alphabet, sur l'air de *Ah vous dirais-je, maman...*, mais chaque voyelle est remplacée par « Mhm ») :

Mhm B C D **Mhm** F G
H **Mhm** J K L M N
Mhm P Q R S T **Mhm**
V W X **Mhm-hm** Z
Quand on enlèv' les voyelles,
Il ne rest' que les consonnes.

- *Les voyelles qui ne sont pas dans l'alphabet* :

an, in, un, on
ou, é, è, eu
Sont les voyelles
Qui ne sont pas dans l'alphabet.

- *Les diphtongues* :

ill, eil, euil,
ouille, ail,
oin, oi, ien
sont les diphtongues qui pleurent
si on les coupe en deux !

- *c et g* :

Avec e et i
c, g font ceci, gegi
mais avec toutes les autres lettres
ils font kk et gg
cro-co-ca-cu-cla !
gli-gu-gan-ga-gro-go-gain !

- *h* :

H, c'est une drôle de lettre
On ne l'entend pas !
Mais quand il suit C, il fait CH
Et quand il suit P, il fait PH.

● g :

g, c'est le plus coquin :
avec n, il fait gn
comme un gnon ;
avec u, il fait gg
comme dans guêpe ;
et avec e il fait j
comme dans Georges.
Quel coquin, ce g,
quel coquin !

● s :

Entre deux voyelles
s fait « zz ».
Mais quand ils sont deux,
il font « ss ».
Ruse russe.

● y :

Avec o et a
y = 2 x i
il fait « payer »
et fait « noyer ».

● q :

Q veut U,
Mais on n'l'entend pas !

● tion :

Dans « tion »
C'est t qui fait ssss !

Ces ritournelles doivent être chantées parmi les chansons pour enfants, entre *Frère Jacques* et *Le Bon Roi Dagobert.* Et si elles ne sont pas plus compréhensibles pour le tout-petit dans un premier temps, que *Sur l'air du Tradéridéra, tralala,* elles auront l'avantage ensuite d'acquérir beaucoup de sens et, de plus, de donner à l'enfant le sentiment que toutes ces lettres, voyelles, consonnes, diphtongues, etc. sont pour lui de vieilles connaissances qui prennent enfin un visage.

● Pour ceux qui ne lisent pas la musique. Les mélodies que j'ai inventées (voir *Les Partitions*) n'ont aucune importance. Inventez-en d'autres (ne fût-ce que des rythmes), mais tenez-vous-y !

LES MOTS ET LES LETTRES

Pour qu'un enfant s'intéresse à la représentation graphique d'un mot, il est indispensable qu'il ait investi affectivement dans ce mot. D'après mon expérience et celles de nombreuses personnes qui ont appris à lire à leur enfant, le défilement de cartons sur lesquels sont écrits des mots (comme le propose Glenn Doman) ne suscite chez l'enfant que peu, voire pas du tout, d'intérêt. Cependant, il est nécessaire de créer, dans son environnement, une présence du langage écrit qui deviendra une référence toujours disponible.

• *Pour ceux qui veulent commencer le plus tôt possible*. Je crois que le meilleur moment est la période où le bébé commence à parler. Pour qu'un enfant qui comprend beaucoup, depuis longtemps déjà, décide de franchir le pas de la parole et choisisse tel ou tel mot, il est sûr que ces mots revêtent une importance particulière. Affichez au mur de sa chambre un grand panneau de papier blanc (si vous ne voulez pas faire trop de frais, un rouleau de nappe en papier blanc peut faire l'affaire, trois épaisseurs protégeant le mur). Ecrivez-y, devant l'enfant, le ou les premiers mots qu'il dit. N'oubliez pas que pour lui les expressions sont un tout qu'il ne divise pas en mots. S'il dit « Veux pas », écrivez « Je ne veux pas », faites-y référence comme à un tout et ne parlez pas de « je » ou de « pas » séparément. Il s'agit seulement de lui faire comprendre que ce qu'il dit existe aussi sous une forme graphique. Chaque fois qu'il possède un nouveau mot (ou une nouvelle expression) qu'il utilise fréquemment et à bon escient, écrivez-le en grande pompe sur son tableau. Quand il y a une bonne dizaine de mots et d'expressions, vous pouvez, tout en continuant à compléter le tableau, lui préparer la surprise de l'exercice : *Le nom sur l'objet* (voir ci-dessous). Mais n'oubliez pas qu'à cet âge, jusqu'à environ 3 ans, il s'agit plus de familiariser l'enfant avec le langage écrit, que de lui apprendre à lire.

• *Le nom de l'enfant*. Dès qu'il le dit, attachez à l'intérieur de son lit pour qu'il puisse le voir en étant couché un carton avec son nom. N'oubliez pas de le lui montrer affectueusement quand il se couche et quand il se lève.

• *Le mot sur l'objet.* Préparez une bonne dizaine de cartons sur lesquels vous écrivez les noms d'objets qui se trouvent dans sa chambre : mur, plafond, rideau, armoire, table, lit, penderie, tapis, porte, fenêtre, etc. En son absence, attachez-les à l'endroit qu'ils désignent. Puis menez-le en grande pompe dans sa chambre et faites-en le tour en lui montrant que chaque chose a son nom. Régulièrement faites le tour des mots en les lisant. Bien sûr l'enfant saura très vite que tel mot est « armoire », parce qu'il se trouve sur l'armoire et non pas parce qu'il lit armoire. Mais peu importe, ces mots sont là non pas pour lui apprendre à les lire, mais pour lui servir de référence dans les comparaisons, quand il rencontrera les mêmes lettres et les mêmes sons.

• *TRÈS IMPORTANT : Comment écrire les mots.* Il y a plusieurs écoles en ce qui concerne l'écriture des premiers mots d'un enfant. Doman dit de commencer par de grandes lettres rouges, et de progresser vers de petites noires. D'autres utilisent seulement soit les rouges soit les noires, d'autres encore utilisent toutes les couleurs pour que ça soit plus vivant. Personnellement les ayant essayées toutes, je suis, comme beaucoup, convaincue que la méthode d'écriture de Rachel Cohen est de loin la meilleure, car l'enfant, grâce à elle, comprend instinctivement la lecture analytique et le fait que les lettres n'ont pas toujours le même rôle. Il faut donc écrire les consonnes en noir et les voyelles en rouge. Cependant il ne s'agit pas seulement des voyelles de l'alphabet, mais aussi de celles qui n'y sont pas. S'écrivent en rouge les façons d'écrire tous les sons-voyelles (voir ci-dessous *Les tableaux*). Enfin, il y a les lettres « qui ne servent à rien », c'est-à-dire que non seulement on ne les entend pas, mais elles ne servent pas à créer un son. Ces lettres-là, on les souligne d'un trait vert qui indique à l'enfant que, si elles sont nécessaires pour l'écriture, par contre on ne doit pas en tenir compte pour lire.

Quant aux majuscules, vous les écrivez normalement au début des phrases et des noms propres. Quand vous en rencontrez une, vous expliquez à l'enfant que c'est une majuscule, une grande lettre, dont on se sert pour les noms des gens et des endroits : il y a beaucoup d'enfants, mais il n'y a qu'une Camille ; il y a beaucoup de villes, mais il n'y a qu'un Paris.

La taille des lettres doit être au minimum de 2 cm pour les petites lettres (a, e, m, s, etc.) et 4 cm pour les autres (d, p, g, h, etc.). Si vous commencez avec un enfant de moins de deux ans, les lettres doivent être plus grandes. Vous apprendrez vite à sentir quand il est capable d'en lire de plus petites. Il est de toute façon préférable, au début, que les lettres soient plus grandes que nécessaire.

• *L'alphabet*. Quand l'enfant connaît bien la chanson de l'alphabet (voir ci-dessus), il est temps de lui donner du sens. Certains enfants perçoivent très vite qu'il peut être amusant de mettre un nom sur un signe abstrait, ceux-là apprennent l'alphabet rapidement. Avec eux n'importe quelle méthode fonctionne, il suffit de leur présenter fréquemment les lettres. On les estime doués. Peut-être. Mais dire que les autres ne sont pas doués pour la lecture, s'ils ne s'intéressent pas à l'alphabet, est une erreur souvent faite. Comme dit Rachel Cohen, chaque enfant a droit à une approche individuelle dans l'apprentissage d'une matière. Il faut respecter sa forme d'esprit. Ces enfants que l'alphabet laisse indifférents seront intéressés par la lecture, mais ils ne savent pas que c'est une étape nécessaire. Il faut donc rendre l'alphabet attrayant pour eux. Ayant une fille qui fait partie de ce second groupe, j'ai mis au point un abécédaire qui fait la joie de tous les enfants qui l'ont vu et qui est très efficace pour leur faire retenir l'alphabet :

Qui mange une noisette ? **a** !

Qui va se noyer ? **b** !

Qui veut me manger ? **c** !

Qui grimpe sur le mur ? **d** !

Qui pleure sur ses genoux ? **e** !

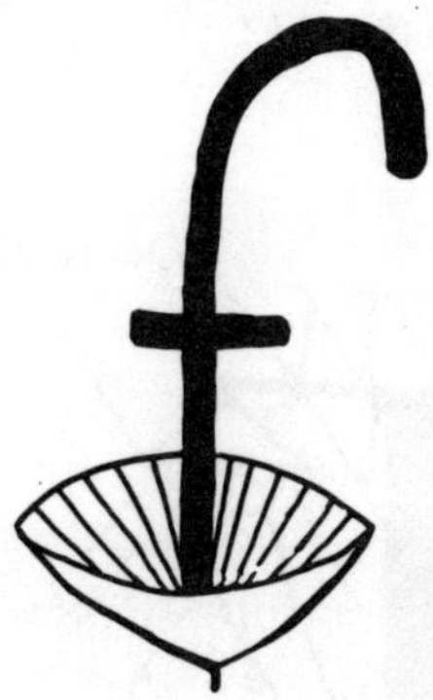

Qui est à l'envers ? **f** !

Qui a un bébé dans le ventre ? **g** !

Qui flotte sur l'eau ? **h** !

Qui perd la tête ? **i** !

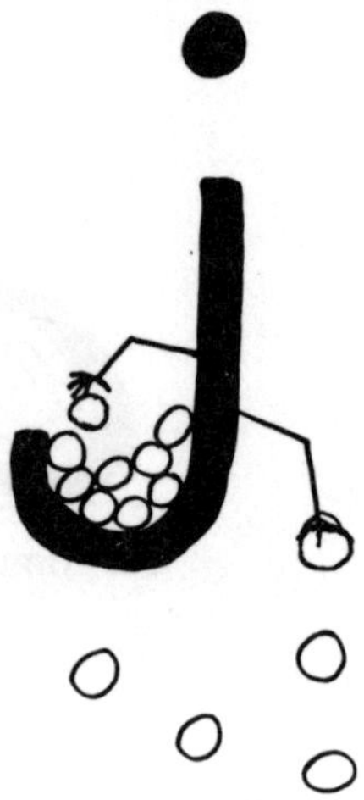

Qui ramasse les œufs ? **j** !

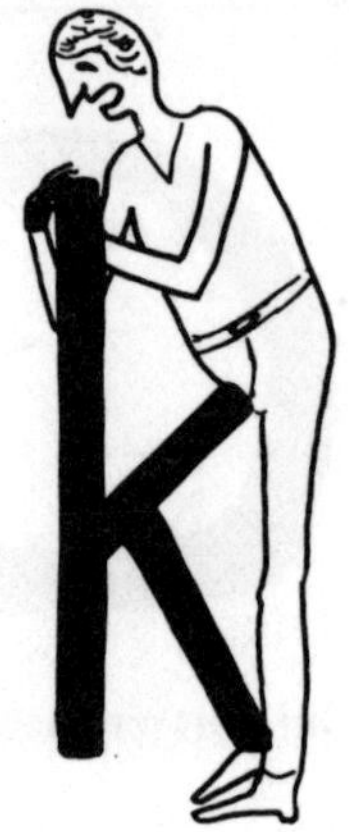

Qui a la jambe cassée ? **k** !

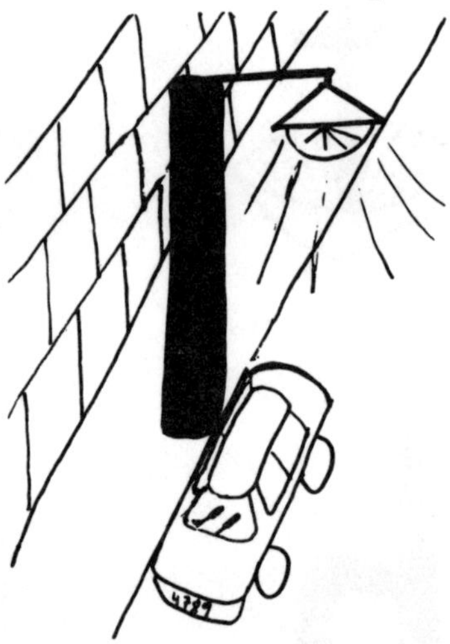

Qui éclaire la rue ? **l** !

Qui tire le wagon ? **m** !

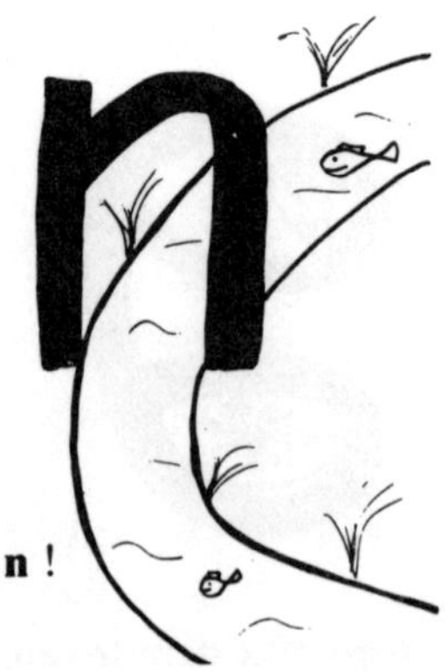

Qui enjambe la rivière ? **n** !

Qui rit comme un fou ? **o** !

Qui porte la fleur ? **p** !

Qui butine le pollen ? **q** !

Qui abrite le chat ? **r** !

Qui tire la langue ? **s** !

Qui retient Blanquette ? **t** !

Qui est plein de jus ? **u** !

Qui vole dans le ciel ? **v** !

Qui est couvert de neige ? **w** !

Qui refuse la tristesse ? **x** !

Qui est plein de feuilles ? **y** !

Qui déchire le ciel ? **z** !

La lettre est écrite à gros traits noirs et le dessin l'est à traits fins et rouges. Chaque lettre (6 à 10 cm) se trouve sur une carte blanche séparée (taille carte postale). Présentez toujours cet alphabet sous la forme interrogative pour que l'enfant vous réponde par le nom de la lettre. Ne le laissez pas dire : « Qui mange une noisette ? L'écureuil ! » ou « Qui grimpe sur le mur ? L'escargot ! ». Ce sont des personnages qui ont un nom, de même que lui s'appelle Camille et non pas fille ou garçon. Commencez avec quatre lettres. Quand il connaît bien les noms des quatre personnages, dites-lui que pour le récompenser il va en recevoir un nouveau ! N'oubliez pas l'enthousiasme ; jouez avec les personnages, faites l'écureuil et dites : « Je suis **a,** j'adore les noisettes, niam-niam-niam. Et toi, fais **a...** Oh le beau **a** !!! » ou « Regarde **b** ! Il va se noyer, pauvre **b,** il crie au secours ! Qui va sauver **b** ? Toi ? Vas-y ! Va sauver **b** ! », etc. En promenade, faites-en une comptine et repassez ainsi les lettres qu'il connaît déjà.

• <u>*Quand il connaît une dizaine de lettres,*</u> montrez-lui les mêmes (plus petites et sans dessin) sur des petits cartons séparés et faites-lui retrouver de mémoire les petits personnages et leurs noms. Puis aidez l'enfant à reconnaître les lettres dans les mots qui sont sur les objets et sur son tableau.

• <u>*Les tableaux*</u>. Quand il connaît bien l'alphabet graphique, vous pouvez afficher au mur de sa chambre les chansons des voyelles, sous forme de tableaux :

Première chanson* :

a	*e*	*i*	*o*	*u*
	(eu)	*(y)*	*(ô)*	
	(oeu)		*(au)*	
			(eau)	

s*o***n**<u>**t**</u> **l***e***s** **v***oye***ll***e*<u>**s**</u>
*ai***ns***i* **q**<u>*ue*</u> *y*.

* Écriture tricolore : gras = consonne en noir ; italique = voyelle en rouge ; souligné = lettre inutile soulignée d'un trait vert.

Deuxième chanson :

an	*in*	*un*	*on*	*ou*	*é*	*è*	*eu*
(am)	*(im)*	*(um)*	*(om)*		*(ai)*	*(ai)*	
(en)	*(ain)*				*(et)*	*(et)*	
(em)	*(aim)*				*(ed)*	*(ê)*	
	(ein)				*(er)*	*(ei)*	
	(eim)					*(es)*	

sont les voyelles
qui ne sont pas dans l'alphabet.

Troisième chanson : les diphtongues.

ille	*eil*	*euil*	*ouille*	*ail*	*oin*	*oi*	*ien*
(i-lle)	*(eille)*	*oeil)*		*(aille)*			

sont les diphtongues
qui pleurent si on les coupe en deux.

Il faut d'abord afficher les tableaux sans les sons entre parenthèses. Apprenez à l'enfant à chanter la chanson qu'il connaît bien, en montrant du doigt (sur le tableau) chaque lettre ou mot. Ainsi il peut retrouver le son qu'il cherche en se chantant la chanson dont il suit le texte du doigt. Ensuite, au fur et à mesure que vous rencontrez les autres façons d'écrire ces voyelles, vous les ajoutez devant l'enfant sur le tableau, dans la bonne colonne. Certains sons peuvent s'écrire de la même manière : ai = é et è ; eu = e et eu. Faites-le remarquer à l'enfant.

Il est inutile d'occuper les murs avec les autres chansons. Il suffit d'avoir, à portée de la main, sept petits cartons sur lesquels on montre les sons en chantant :

1) ce-ci cro-co-ca-cu-cla
   ge-gi gli-gu-gan-ga-gro-go-gain
2) ch — chat ph — photo
3) gn — gnon gu — guêpe ge — georges
4) ruse russe

5) payer = pai-ier noyer = noi-ier
6) qu – qui
7) tion = sion

● *Les consonnes*. Elles ne posent guère de problème. L'enfant les voit dans son abécédaire et dans les mots affichés. Il faut simplement lui apprendre les sons que font les consonnes. Présentez-les comme des animaux : « le chat fait miaou, le canard fait coin-coin, le coq cocorico,... eh bien, les consonnes, elles font aussi des bruits : bé fait bb, dé fait dd, pé fait pp, etc. » Commencez par celles dont le son s'entend au début (b, d, j, k, p, q, t, v, w, z), puis passez à celles dont le son se trouve à la fin (f, l, m, n, r, x) : ef fait ff, el fait ll, em fait mm, etc. Viennent les plus difficiles « c et g ». Expliquez, avec la chanson, que quand ils sont suivis de e ou i, ils restent « ss » et « jj », mais quand ils sont suivis d'une autre lettre, ils deviennent « kk » et « gu ». Il faut le répéter à chaque occasion, à force de les rencontrer l'enfant finit par s'en souvenir, mais ça prend du temps. Idem avec « h », « s » et « gn, gu, ge ».

● *Les majuscules*. Quand l'enfant connaît parfaitement l'alphabet minuscule et qu'il épelle les mots aisément, vous pouvez passer aux majuscules. (Il en aura d'ailleurs rencontré plusieurs dans les livres ; voir ci-dessous.) Fabriquez un jeu de cartes avec sur chacune une majuscule de grande taille et montrez-les à l'enfant, petit à petit. Prenez les minuscules correspondantes (sur cartons séparés) et proposez-lui de mettre les lettres par paire. La plupart des enfants apprennent très vite cette deuxième forme de l'alphabet. Cependant certains aiment être aidés par des images qu'il n'est pas nécessaire de dessiner. Par exemple :

A = 2 jambes ouvertes avec une corde qui relie les genoux.
B = 2 balles accrochées à une jambe.
C = un rond dont on a enlevé un morceau
(ou « Qui veut me manger ? » en grand).
D = une jambe avec un grand ballon.
E = une jambe avec 3 bâtons.
F = une jambe avec 2 bâtons.
G = un C avec un petit siège.
H = 2 bâtons de ski reliés par une corde.
I = une jambe toute seule.
J = un manche de parapluie.

K = 1 jambe droite et 1 jambe pliée
(ou « Qui a la jambe cassée ? » en grand).
L = 1 jambe avec 1 pied.
M = 1 maison avec 2 toits pointus.
N = 1 jambe qui marche entre 2 bâtons.
O = 1 rond (ou « Qui rit comme un fou ?).
P = 1 jambe avec 1 petit ballon.
Q = 1 rond avec 1 petite queue.
R = 1 gros ventre qui marche sur 2 jambes.
S = 1 serpent (ou « Qui tire la langue ? »).
T = 1 jambe avec 1 toit plat.
U = 1 gobelet (ou « Qui est plein de jus ? »).
V = 1 oiseau qui vole (ou «Qui vole dans le ciel »).
W = 2 oiseaux jumeaux (ou « Qui est couvert de neige ? »).
X = 1 croix (ou « Qui refuse la tristesse ?»).
Y = 1 branche d'arbre (ou « Qui est plein de feuilles ? »).
Z = 1 éclair (ou « Qui déchire le ciel ? »).

Autre présentation : les majuscules sont les maisons des petits personnages.

• *Pour distinguer les sons à l'oreille*. Jouez à « Pigeon vole » avec les mots : dites à l'enfant de lever la main chaque fois que vous dites un mot qui commence par « p ». Mélangez les mots qui commencent par « p » avec d'autres qui ne contiennent pas le son « p ». Même exercice avec le son final. Même jeu avec un son qui se trouve dans le mot, en n'importe quelle position. Cet exercice amènera l'enfant à vous dicter les sons, quand vous écrivez les livres ensemble (voir ci-dessous).

LES LIVRES

Cette partie-ci est la plus intéressante et la plus importante. C'est celle qui donne la compréhension et le goût de la lecture. A la limite, si on ne veut faire qu'une chose, c'est ceci qu'il faut choisir.

Donner le goût de la lecture à son enfant est sans doute le plus grand cadeau qu'on puisse lui faire, puisque c'est la base de la culture. Il faut donc lui présenter la lecture comme une aventure personnelle. Pour cela, il y a deux moyens simples. Le premier est de lui faire comprendre qu'un livre n'est pas simplement un objet qu'on achète au magasin ; c'est quelque chose qu'on invente et qu'on écrit. Vous devez l'amener à inventer une histoire et à l'écrire par votre intermédiaire. Le deuxième moyen est de flatter sa vision égocentrique du monde en faisant de lui le héros du livre.

Pratiquement, faites une série de photos qui racontent une histoire dont votre enfant est le protagoniste (voir les exemples d'histoires, ci-dessous). Collez chaque photo sur un carton blanc (25 cm/25 cm). A gauche de la photo, percez deux trous le long du bord. Prenez un carton vierge et celui avec la première photo, reliez-les en un livre de deux pages avec des anneaux brisés. Vous avez donc à gauche une page vierge et à droite la première photo de l'histoire. Montrez cela à l'enfant et faites-lui inventer le texte. Bien sûr, comme vous connaissez la suite, guidez-le dans ses commentaires et amenez-le à décider d'un texte proche de ce que vous aviez prévu comme contenu et nombre de mots. Ensuite vous l'écrivez devant lui sur la page blanche, avec des feutres noir, rouge et vert (voir ci-dessus *Comment écrire les mots*). Bien sûr vous commentez votre écriture :

> « Donc, on va écrire *Camille boit du lait.* Camille, ça commence par 'c' et comme c'est 'a' qui suit, il se prononce 'kk'. Ça fait 'ca'. Comme il s'agit de ton nom, la première lettre est une majuscule, une grande lettre ; de plus c'est une consonne, donc on l'écrit en noir, 'a', c'est une voyelle on l'écrit en rouge. Maintenant voyons la suite : 'Cam' mm, c'est 'm' en noir ! Maintenant 'ill' une sorte de diphtongue, regarde sur le tableau... oui, ça s'écrit « i, l, l », et puis, il y a un petit 'e' qu'on n'entend pas très fort, c'est pour ça qu'on l'appelle 'e muet' ! Et maintenant le deuxième mot 'boit'. Ça commence par bb, donc 'b'. Et puis... ah, de nouveau une diphtongue ! Regarde sur le tableau, chante la chanson jusqu'à 'oi',... oui, ça s'écrit 'o, i'. Et maintenant, tu sais ce qu'il y a ? Une lettre qui ne sert à rien ! On ne l'entend pas et elle ne fait pas un son spécial avec une autre lettre ! Elle ne sert à rien, quand on lit ! C'est 't'. Alors, on le souligne en vert ! », etc.

• *Découper le discours en mots*. Quand la page est finie, relisez-la avec l'enfant et faites-lui montrer du doigt chaque mot. Il est très important de l'habituer à cette division du langage. Au début, il sera perdu, guidez sa main quand il se trompe, mais il faut qu'il y arrive seul. Il comprendra d'ailleurs assez vite. La fois suivante, vous écrivez à deux la deuxième page. Chaque jour, vous relisez tout ce qui a été écrit. S'il n'y arrive pas seul, aidez-le, mais il faut qu'il montre chaque mot du doigt.

• *Reconnaître les mots dans le texte*. Demandez à l'enfant où se trouve tel ou tel mot. Ou, à l'inverse, demandez-lui ce que sont les mots que vous lui montrez.

• *Les mots du livre sur des cartons séparés*. Quand vous avez écrit deux pages, recopiez-en chaque mot sur un carton (25 cm/10 cm ; si l'enfant a moins de 2 ans, prenez des cartons de 30 cm/15 cm). Voici quelques jeux :

— *Placez les mots d'une page dans l'ordre du livre*. Faites-les lire à l'enfant, montrez-lui le livre s'il n'y arrive pas.

— *Mettez les mots dans le désordre*. Dites la phrase et demandez-lui de vous donner les mots au fur et à mesure.

— *Le charabia*. Faites-lui lire les mots dans le désordre, en lui disant : « Ah, quel charabia ! » Encouragez-le à reconnaître la phrase du livre.

— *Faites des phrases absurdes*, quand vous avez assez de mots. Le surréalisme plaît beaucoup aux enfants !

— *Épeler et déchiffrer*. Faites-lui épeler les mots, rappelez-lui (à l'aide des tableaux affichés au mur) les sons formés par plusieurs lettres et aidez-le à les déchiffrer, syllabe par syllabe. (C'est excellent pour les enfants qui ne reconnaissent pas encore les mots hors du texte.)

— *Pour passer au texte unicolore noir*, recopiez le livre page par page, sur des cartons indépendants (en lettres noires et en allant à la ligne à d'autres endroits). Comparez-les d'abord avec les pages tricolores du livre. Puis dites à l'enfant de les lire sans l'aide du livre. Enfin présentez ces cartons écrits en noir et sans photo, dans le désordre.

Exemples d'histoires :

● *Le premier livre*. Si vous démarrez les leçons de lecture avec un enfant qui commence à parler, il faut d'abord faire un livre de deux mots par page : « Camille dort, Papa boit, Camille rit, Maman tombe, Camille marche, Grand-Mère saute, Grand-Père lit, etc. » Profitez-en pour introduire les noms de la famille proche. Ce livre doit contenir une dizaine de pages et durera longtemps. Il ne faut pas noyer l'enfant sous des flots de mots. Il s'agit surtout ici de lui donner le goût de la lecture et le plaisir de connaître et posséder un livre unique au monde !

N.B. : C'est à vous de sentir, avec chaque enfant, à quel rythme il faut progresser d'un niveau à l'autre.

● *Le deuxième livre* (qui sera peut-être le premier si vous commencez avec un enfant déluré de 3 ans) a des pages de 3 à 6 mots. Il devrait déjà raconter une sorte d'histoire. Par exemple :

TEXTE :	PHOTOS :
« Camille boit du lait. »	C. en train de boire.
« Camille a fini le lait. »	C. avec le verre vide.
« Camille veut encore du lait. »	C. prend la bouteille.
« Il n'y a plus de lait ! »	C. retourne la bouteille.

« Camille cherche le lait. »	C. au milieu de la pièce cherche.
« Pas de lait sous l'armoire. »	C. regarde sous l'armoire.
« Pas de lait sur la télévision. »	C. regarde sur la T.V.
« Pas de lait dans le lit ! »	C. regarde dans le lit.
« Camille est fâché. Il dit : 'Je veux du lait !' »	C. crie, fâché
« Maman arrive. Elle ouvre le réfrigérateur »	M. en train d'ouvrir le réfrigérateur.
« Le lait est dans le réfrigérateur »	Le réfrigérateur ouvert et plein de lait.
« Camille a du lait. Il est content ! »	C. montre son verre de lait, content.

Il faut veiller à ce que les mêmes mots reviennent souvent. Ne manquez pas de souligner le comique de chercher le lait sous l'armoire, sur la télévision ou dans le lit ; les enfants sont ravis de se voir faire des choses drôles.

• *Le troisième livre* peut être plus élaboré. Il peut être le reportage d'une fête : Noël, l'anniversaire de l'enfant, etc. Au cours de la fête, prenez des photos des moments les plus palpitants. Et faites-lui reconstituer l'événement, page par page.

N.B. : Le nombre de mots par page dépend de l'âge de l'enfant et de son désir. Il ne faut pas oublier que les quantités n'ont pas d'importance, c'est la fréquence et la qualité qui comptent. Un enfant qui aime les grandes doses et un autre qui n'apprécie que les petites arriveront au même résultat, à peu près en même temps, si on respecte leurs appétits.

• *Le quatrième livre*. L'enfant est déjà assez habitué aux histoires qu'il invente et dont il est le héros pour aborder le genre qu'ils adorent, en général, tous : la fiction fantastique ; c'est-à-dire une histoire qui fait vivre ses poupées préférées ! Voici un exemple :

TEXTE :	PHOTOS :
« Camille est seule à la maison. Maman fait des courses au magasin. »	Intérieur de la maison vide
« Camille est en bas. Elle lit le livre 'Martine au zoo'. »	C. assise dans le salon, lisant le livre.

« Tout à coup on entend du bruit en haut. Camille arrête de lire et monte l'escalier. »	C. a posé le livre et regarde en l'air.
« Le bruit vient de la chambre. Camille ouvre la porte un tout petit peu. »	C. devant la porte entrouverte.
« Voici ce qui se passe : Babar et Céleste sont debout et ils parlent ! Céleste dit : 'J'ai faim !' Babar dit : 'Moi aussi.' »	Les poupées, Babar et Céleste, debout face à face, photographiées au ras du sol.
« Le singe dit : 'Il faut descendre à la cuisine'. Babar dit : 'Mais nous allons tomber dans l'escalier !' »	Même photo, avec le singe en plus, de face.
« Le singe dit : 'Non ! Je sais comment il faut faire. Venez !' Céleste dit : 'Allons-y, Babar, j'ai faim.' »	Le singe suivi de Babar et de Céleste qui, s'appuyant sur Babar, semble le pousser.
« Le singe ouvre la porte. Camille se cache dans la salle de bains. Les trois poupées sortent. »	Le singe a la main sur la porte et semble l'ouvrir.
« Le singe saute sur la rampe. Il aide Babar et Céleste à grimper. Tous les trois glissent sur la rampe. »	Les trois poupées attachées à califourchon et à la queue leu leu sur la rampe.
« Tout à coup Céleste tombe par terre. Elle tombe sur la trompe. Céleste a un bobo à la trompe. Pauvre Céleste ! »	Céleste par terre sur la trompe.
« Babar demande : 'Céleste as-tu mal ?' 'Non, dit Céleste, mais ma trompe est cassée !' »	Céleste de profil avec la trompe cousue vers le bas. Babar face à elle.
« Céleste ne peut plus lever sa trompe. Babar essaie de la redresser en vain. Céleste dit : 'Tant pis. Allons manger, j'ai faim'. »	Babar et Céleste face à face, la trompe de Babar sur celle de Céleste. Le singe les regarde.
« Camille est en haut de l'escalier. Elle voit tout ! Elle descend sans bruit. »	Camille dans l'escalier.
« Les trois poupées sont dans la cuisine devant le frigo. Babar monte sur la tête du singe et Céleste sur la tête de Babar. »	Coincées dans la porte entrouverte du frigo, les trois poupées sont l'une sur l'autre.
« Le singe dépose le pain, le beurre et la confiture par terre. Les trois coquins mangent ! »	Le singe avec une tartine sur le bras, devant le beurre et la confiture.
« Tout à coup Céleste pleure : 'Au secours ! Je ne peux pas manger avec ma trompe cassée !' Pauvre Céleste ! »	Céleste de face, la trompe repliée et de l'eau sous les yeux.
« La porte d'entrée se ferme. Maman revient du magasin. Elle porte un gros sac. C'est lourd ! »	Maman devant la porte d'entrée portant un gros sac.

« Camille court vers elle : ‘Maman, maman, viens vite voir. Ils sont là tous les trois !’ »	Camille courant vers le photographe.
« Camille est très excitée. Elle se tire les cheveux et crie : ’Aaaaah !!!’ »	Camille, la bouche ouverte, se tirant les cheveux.
« Maman pose son sac et suit Camille. Elles vont à la cuisine. »	Camille tire Maman par la main.
« La cuisine est vide. Il n’y a personne. Ni le singe, ni Babar, ni Céleste ! »	La cuisine vide.
« Maman ne comprend rien. Elle dit : ‘Qu’est-ce qu’il y a, Camille ? Explique-moi !’ Camille ne dit rien et court en haut. »	Maman, l’air ahuri, en train de poser une question.
« Camille entre dans la chambre. Céleste, Babar et le singe sont par terre. Ils ne parlent pas. Qu’est-ce qui s’est passé ? »	La chambre de Camille : les trois poupées sont couchées sur le sol.

C’est un exemple de ce que les gosses adorent. Bien sûr le texte ne sera pas exactement celui-là, puisque c’est l’enfant qui va l’inventer avec votre aide. Mais il devra s’en rapprocher. Si vous avez plusieurs enfants, il faut évidemment les introduire dans l’histoire qui en sera d’autant plus vivante et qui créera une grande complicité entre les frères et sœurs. Il peut arriver plein de choses aux poupées bien-aimées : elles peuvent s’envoler à la manière de Peter Pan et entraîner l’enfant (ou les enfants) dans une aventure dehors. Un des enfants peut se perdre et les poupées aident l’autre à le retrouver, etc. (Pour faire voler les poupées, il suffit de les suspendre à un bâton par des fils de nylon et laisser le bâton hors du cadre, lorsqu’on prend la photo.)

N.B. : Si l’idée d’inventer tout ça vous écœure, prenez des livres comme ceux de la collection *Émilie* par exemple, et transposez les dessins en photos, avec votre enfant à la place du personnage principal.

● *Conseils pour le rythme des leçons*. Tout dépend du nombre de choses que vous voulez apprendre à votre enfant. Si la lecture est le seul domaine que vous désirez aborder en profondeur, vous pourrez en faire beaucoup plus que si vous souhaitez en même temps lui faire découvrir une activité physique, la musique, l’histoire de l’art, le calcul, etc. Dans ce cas, comme il ne faut pas surcharger l’enfant, la lecture doit être moins présente.

Il faut essayer de relire le livre chaque jour, ou le plus souvent que vous pouvez. Quand il n'y a que quelques mots par page, on peut en inventer jusqu'à deux par semaine. Quand le texte augmente, il vaut mieux adopter le rythme d'une page tous les 8 à 10 jours. Mais il faut surtout suivre le rythme de l'enfant et les possibilités de l'horaire familial. Les leçons de lecture peuvent être plus espacées encore, elles seront quand même profitables.

• *Quand l'enfant sait déchiffrer* et qu'il comprend ce qu'il lit, faites-lui un livre dont vous écrivez vous-même le texte. C'est le premier livre qu'il va vraiment lire, même si vous lui rappelez de temps en temps comment s'écrivent certains sons. Chaque jour, relisez vous-même ce qu'il a déjà lu et faites-lui lire une ou plusieurs nouvelles pages. Quand il a fini, si vous sentez qu'il en est capable et qu'il en a envie, faites-lui relire tout le livre d'un coup et puis organisez une belle fête pour lui : c'est un grand jour ! (S'il arrive à ce stade très jeune, il n'aura peut-être pas le courage de relire le livre en une fois. Passez-vous-en alors et faites la fête, dès qu'il a lu le livre une première fois, par morceaux.)

• *Le jeu de piste :* Dès que l'enfant commence à lire, ce jeu est le bienvenu. Avec beaucoup de complicité, donnez-lui un billet sur lequel se trouvent quelques mots. Par exemple : « sur ton lit » ou « regarde dans ma poche », etc. L'enfant fait ce que lui dit le billet et trouve un biscuit ! Au fur et à mesure de ses progrès en lecture, le message devient de plus en plus élaboré. Quand l'enfant sait vraiment lire, vous pouvez lui laisser des messages surprises qu'il doit déchiffrer en votre absence ; vous pouvez même l'emmener de message en message, comme dans un vrai jeu de piste, jusqu'au but final qui doit toujours être agréable !

• *TRÈS IMPORTANT : Lire en alternance* est la meilleure façon d'encourager un enfant qui commence à lire. Au lieu de lui laisser tout lire seul, vous lisez le premier mot, lui le deuxième, vous le troisième, etc. Quand la page est finie, vous la relisez, mais cette fois c'est l'enfant qui commence. De cette façon, l'enfant comprend mieux le processus de la lecture : la reconnaissance intuitive des mots, plutôt que leur déchiffrage analytique et laborieux.

- *Enregistrez les livres qu'il a lus sur une cassette*. Il faut que vous lisiez à la fois très lentement pour qu'il puisse suivre le texte et d'une voix très expressive pour que ça l'amuse d'écouter (criez « ding-dong » chaque fois que vous tournez la page). Expliquez-lui qu'il ne doit pas lire à voix haute, mais qu'il doit suivre le texte des yeux et du doigt. Cet exercice va l'inciter à lire en même temps qu'il écoute. Il le fera ensuite avec les livres/cassettes qu'on trouve dans le commerce. C'est une excellente façon d'amener l'enfant à la lecture mentale.

- *Le texte unicolore noir*. Quand l'enfant est capable de lire des mots unicolores qu'il ne connaît pas, dans le journal ou ailleurs, gardez l'écriture tricolore pour 1 ou 2 livres encore, puis passez au texte tout noir.

- *Les livres sans illustration*. Plus tard, si vous sentez que votre enfant à encore besoin d'être le héros de l'histoire pour avoir le désir de lire, vous pouvez passer aux livres sans illustration. Le fait de ne plus avoir à faire de photo vous permet d'inventer les situations les plus folles, de faire de votre enfant celui qui sauve les gens de la noyade, celui qui vit dans la jungle avec les singes, celui qui s'envole en ballon dans les nuages, etc. Là aussi, vous pouvez recopier une bonne histoire en donnant au personnage principal le nom de votre enfant. Si l'enfant renâcle à l'idée de lire un livre sans illustration, lisez-lui l'histoire une première fois, qu'il sache quel héros il est dans le livre !

- *Pour lui donner le goût de la lecture*, il est important de faire deux choses en parallèle. D'une part il faut qu'il lise avec votre aide un petit peu (une ou deux pages) tous les jours ou presque ; d'autre part il est très important que vous lui fassiez quotidiennement la lecture de livres d'un niveau beaucoup plus élevé et donc plus passionnant. C'est ça qui lui donnera un but vers lequel tendre, dans son désir de lire.

- *Conseils pour le matériel*. Il existe des fiches de carton souple « bristol » (21 cm/27 cm) finement lignées. C'est un support suffisant, dès que votre enfant ne déchire plus les livres. Pour ce qui est des feutres, il faut qu'ils ne tachent pas à l'eau (la salive fait bien des dégâts), et que l'encre ne transperce pas le carton.

Les seuls que j'ai trouvés, répondant à ces deux critères, sont les feutres « spécial tableau blanc nettoyage à sec ».

• *A ceux que la préparation de tout ce matériel décourage,* je rappelle que cela s'étale sur au moins deux ans. Et quand on en a assez, on fait une pause jusqu'à ce que l'envie revienne. Il ne faut pas oublier que l'enfant bénéficie de toute stimulation même si elle s'arrête. De plus, quand on reprend, fût-ce des mois plus tard, il se rappelle tout très vite.

L'ÉCRITURE

• *Pour amener l'enfant à l'écriture,* il faut d'abord qu'il ait à sa disposition papier et crayons en permanence et un petit coin personnel pour écrire. Encouragez-le à passer les moments où il est seul, à crayonner. Montrez-lui comment faire des bonshommes, etc. S'il a l'occasion de voir des enfants un peu plus âgés que lui dessiner et écrire, cela l'encouragera à en faire autant.

• *L'alphabet.* J'ai choisi, pour la lecture, les caractères d'imprimerie plutôt que les lettres manuscrites, parce que la lecture vient avant l'écriture, quand on l'aborde à un âge où la capacité de comprendre de l'enfant est bien supérieure à sa motricité. Il faut donc prendre l'alphabet le plus clair à lire. Quant à l'écriture, elle découle de la lecture, de l'exemple que vous avez donné en écrivant devant l'enfant. Ecrire, à ce stade, n'est pas un exercice calligraphique, mais la formulation d'un message. L'enfant d'ailleurs commencera par gribouiller et dire qu'il a écrit ceci ou cela. Même si vous ne pouvez rien lire, n'oubliez pas de le féliciter. Bientôt certaines lettres vont se dessiner, remarquez-les avec des compliments. Montrez-lui comment écrire ces lettres, mais s'il préfère sa manière, laissez-le faire au début.

• *Les premiers mots.* Il commencera par son nom. Suggérez-lui ensuite les noms des membres de la famille. Puis proposez-lui de choisir un objet, d'en écrire le nom et de le dessiner. Aidez-le à trouver les lettres du mot. S'il mélange majuscules et minuscules, laissez-le faire et faites-le-lui remarquer comme quelque chose d'amusant, comme s'il faisait une farce. Aidez-le à former les lettres plus facilement, sans pour autant brusquer son désir d'écrire. Encouragez-le à recopier les mots qu'il connaît. Dites-lui d'inventer une phrase, écrivez-la comme modèle à recopier.

• *La machine à écrire* a généralement beaucoup de succès. Quand l'enfant connaît bien l'alphabet (majuscule et minuscule), vous pouvez lui présenter une machine dont les touches ne sont pas trop dures pour lui. Montrez-lui l'emplacement des lettres. Quand il se débrouille, apprenez-lui à taper correctement : avec des feutres de couleurs différentes, colorez ses ongles, les deux pouces d'une couleur, les deux index d'une autre, etc. Placez sur les touches de la machine des pastilles de couleurs correspondantes : les lettres qui doivent être frappées par l'index auront des pastilles de la couleur de cet ongle. Indiquez aussi sur le clavier la ligne qui sépare les domaines de chaque main. Il prendra ainsi petit à petit l'habitude du clavier, ce qui le prépare à l'ordinateur.

• *La calligraphie* vient bien après, quand l'enfant a maîtrisé son désir d'écriture. Offrez-lui alors un cahier d'écriture et expliquez-lui qu'il y a une autre façon d'écrire beaucoup plus rapide dont il aura besoin plus tard, à l'école, pour écrire ce que la maîtresse lui dira. Montrez-lui comment on écrit les lettres manuscrites et apprenez-lui à suivre la ligne et à former des lettres de taille égale. Mais ne précipitez pas l'arrivée de cette étape-ci qu'il aura tout le temps de développer à l'école.

LANGUES ÉTRANGÈRES

Pour l'apprentissage des langues étrangères, il y a trois cas de figure :

UNE PERSONNE DE L'ENTOURAGE PROCHE DE L'ENFANT PARLE UNE AUTRE LANGUE.

Demandez à cette personne de ne parler que cette langue avec l'enfant. Malheureusement tout le monde n'en est pas capable. Très souvent les gens sont inconsciemment persuadés (même s'ils ont la preuve du contraire sous les yeux !) que l'enfant ne peut pas les comprendre. Rien n'est plus faux. Le tout-petit peut apprendre plusieurs langues, si on les lui présente d'une certaine façon.

- *L'enfant doit savoir quelle est sa langue principale*. Ça peut changer plus tard, lorsqu'il ira à l'école (si, par exemple, la famille est immigrée). Mais il a besoin de sentir quelle est sa référence de base, car, à cet âge, le fait de concevoir le langage vient avant celui d'apprendre différentes langues. Par conséquent, pour que l'enfant ne soit pas troublé par un effet de tour de Babel, il faut le stimuler au niveau du langage, dans sa langue maternelle (voir chapitre *Langage et Poésie*), d'autant plus qu'il apprendra en même temps d'autres langues.

- *Dire à l'enfant que cette personne ne parle pas la même langue que vous*. Dites-le-lui dès le début, même si c'est un nouveau-né (si la deuxième langue est enseignée par une autre personne, on peut commencer dès la naissance). Répétez-le à l'enfant régulièrement jusqu'à ce qu'il soit capable de vous le dire lui-même. Passez en revue l'entourage et dites-lui qui parle quelle langue.

• *Le jeu bilingue*. Si l'enfant est en contact fréquent avec la personne qui lui apprend l'autre langue, vous pouvez lui faire mieux sentir le bilinguisme, dès 6 mois. Quand vous lui avez bien présenté les parties du corps, prenez, par exemple, son pied en disant : « C'est le pied ! » et l'autre personne répète dans l'autre langue. Ne manquez pas de rire pour lui montrer combien il est rôle de pouvoir dire la même chose de deux façons différentes.

• *Comme avec la langue maternelle,* il faut parler beaucoup, pratiquer l'étiquetage oral (montrer les choses et dire clairement leur nom), raconter des histoires, chanter des comptines, réciter des poésies et lire des livres.

• *L'utilisation des cassettes* est excellente, quand la personne n'est pas souvent présente. Faites-lui enregistrer le répertoire favori de l'enfant et qu'elle n'oublie pas, entre les chansons, comptines et histoires, de s'adresser directement au petit (comme elle a l'habitude de le faire) pour qu'il retrouve en écoutant la cassette la chaleur et la gaieté qu'il reçoit en sa présence.

• *Le plus difficile est d'obtenir de l'enfant qu'il parle*. Si les parents sont de cultures différentes, le mieux est que chacun parle sa langue et c'est dans ce cas que l'enfant acceptera le plus souvent de s'exprimer en deux langues. Sauf s'il se sent gêné par le fait que l'un de ses parents parle mal la langue du pays où se trouve la famille. En général il s'agit alors d'un malaise que le parent lui-même transmet à son enfant. Mieux vaut, dans ce cas, lui expliquer qu'apprendre une deuxième langue tout petit est beaucoup plus facile, et qu'ainsi il ne sera jamais dans la situation de son père ou de sa mère qui a dû l'apprendre à l'âge adulte. Il est d'ailleurs très réconfortant pour l'enfant de se rendre compte qu'il apprend plus facilement que l'adulte, qu'il est donc plus fort en ce domaine !

Si la personne qui lui enseigne l'autre langue n'habite pas avec l'enfant, il sera plus difficile d'obtenir qu'il la parle. Essayez alors de trouver soit une famille qui parle cette langue et qui accueillerait l'enfant de temps en temps, soit une activité de groupe organisée par la communauté immigrée qui parle cette langue et qui accueillerait l'enfant de temps en temps, soit une activité de groupe organisée par la communauté immigrée qui parle cette langue. Ceci aide beaucoup l'enfant à réaliser qu'apprendre l'autre langue n'est pas un jeu artificiel et abstrait, mais que cela correspond à une réalité nécessaire.

Si l'on ne peut trouver cela, il reste encore la solution que la personne en question fasse la sourde oreille, quand l'enfant ne lui parle pas la langue de leur complicité.

Enfin, si rien ne marche, il faut bien se dire que pour l'enfant, c'est déjà un grand avantage d'avoir la connaissance passive d'une langue, plutôt que de l'ignorer complètement. Car ainsi, dès le plus jeune âge, il habitue son cerveau à passer mentalement d'une langue à l'autre. C'est une « gymnastique intellectuelle » qu'il est difficile d'acquérir plus tard.

● *Le désir qu'aura la personne de donner sa langue à l'enfant déterminera le succès*. Il faut pour cela qu'elle parle tout le temps cette langue à l'enfant. Bien sûr elle peut lui traduire les nouveaux mots difficiles pour gagner du temps, mais il vaut mieux que ce ne soit pas systématique. Dans ce cas de figure, la traduction est un exercice qui vient après coup, il faut d'abord que l'enfant apprenne intuitivement, comme sa langue maternelle.

● *La traduction*. En présence de gens qui ne comprennent pas la langue en question, il est préférable que la personne continue à parler sa langue à l'enfant et fasse immédiatement une traduction pour les autres. Cela peut paraître artificiel, mais cette rigueur dans l'application de la règle du jeu est très bénéfique pour l'enfant. De plus, comme il y a très souvent une tierce personne, cela évite de réduire à peu de chose les moments où l'enfant entend l'autre langue. Enfin cela introduit la traduction qui est un excellent exercice qu'il faut pratiquer régulièrement, lors des lectures.

● *Apprendre à lire la deuxième langue*. Quand c'est une autre personne qui enseigne la deuxième langue, l'apprentissage de la lecture peut commencer parallèlement à celui qui se fait dans la langue maternelle et selon la même technique (voir chapitre *Lecture et Ecriture*).

VOUS APPRENEZ VOUS-MÊME LA DEUXIÈME LANGUE À L'ENFANT.

Il vaut mieux alors attendre avant de commencer à lui parler la seconde langue :

- *Habituez son oreille aux sonorités différentes*. Avant de commencer à lui parler, passez-lui des cassettes de chansons et ritournelles dans la langue en question.

- *Rituel pour le passage d'une langue à l'autre*. Après avoir bien installé la langue maternelle, quand l'enfant a entre 8 et 12 mois, introduisez dans la journée une ou plusieurs périodes où vous parlez l'autre langue. N'oubliez pas le rituel. Prenez l'enfant face à vous et dites-lui, droit dans les yeux : « And now we're going to speak English. This is your nose, your mouth, hand, foot, stomach, hair,... » Ce faisant vous touchez les parties de son corps que vous désignez. A la fin de la leçon, vous faites le rituel inverse : « Et maintenant nous allons, de nouveau, parler français : Voici ton nez, ta bouche, ta main, ton pied, ton ventre, tes cheveux... »

Les premières leçons consistent d'une part à faire de l'étiquetage oral, de l'autre à montrer à l'enfant que vous savez parler cette deuxième langue. Les séances de chatouilles et de rigolades sont une excellente façon de la lui faire aimer !

- *Les livres d'images*. Entre 12 et 18 mois, l'enfant commence à s'intéresser vraiment aux livres et aime qu'on lui explique les images. Il en a souvent un favori. Quand il le connaît bien dans sa langue maternelle, vous pouvez le reprendre dans l'autre langue. Lors d'une « leçon » après le rituel et un peu de conversation monologuée, annoncez un grand événement, prenez le livre et montrez-lui que vous pouvez le lui raconter aussi dans l'autre langue.

- *Le dictionnaire*. Entre 18 et 24 mois, on peut commencer à intéresser l'enfant à un dictionnaire illustré. Les meilleurs sont ceux qui ne contiennent, par page, que quelques dessins précis et distincts (voir *Matériel Conseillé*). Montrez à l'enfant le dessin qui correspond au mot que vous dites ; puis incitez-le à le faire. Utilisez le mot dans des phrases, en le faisant ressortir vocalement. Faites répéter le mot par l'enfant. Plus tard, vous lui ferez répéter des phrases entières. Prenez l'habitude de revoir ce que vous avez appris la veille. Quand le livre est terminé, s'il est bien fait et que l'enfant l'aime, recommencez. Le dictionnaire est le meilleur moyen d'élargir et de préciser son vocabulaire.

- *Les livres d'histoires*. Dès qu'il comprend visiblement les histoires que vous lui lisez dans sa langue maternelle, racontez-les dans l'autre. Prenez si possible des livres qui ne contiennent que quelques mots par page. Faites-lui répéter le texte bribe par bribe. Puis aidez-le à le traduire.

- *Pour le parent parfaitement bilingue*. Vous pouvez décider que quand vous êtes seul avec l'enfant, vous parlez l'autre langue ensemble ; ou à un certain moment de la journée ; ou encore certains jours de la semaine. Si vous ne pouvez instaurer ce genre de régime dans votre famille, n'oubliez pas qu'une petite leçon par jour et des cassettes font déjà beaucoup de bien à l'enfant.

- *Les cassettes*. Prenez celles que vous lui faisiez écouter tout petit, aidez-le à comprendre ce qu'elles disent. Les chansons et petits poèmes sont une excellente façon de l'amener à prononcer la langue. N'oubliez pas que vous aurez beaucoup plus de succès auprès de votre enfant si vous montrez l'exemple : apprenez vous-même les chansons !

- *Repérez les sons qu'il n'arrive pas à produire*. Inventez des jeux pour lui apprendre à les prononcer. Par exemple, le « th » anglais. Souvent l'enfant contourne la difficulté en disant « f ». Faites-lui tirer sa lèvre inférieure vers le bas, avec les doigts, et passer la langue. Quand il parvient à produire le son, faites-lui dire un mot avec « th » en tenant toujours la lèvre, puis sans la tenir. Refaites l'exercice régulièrement, mais n'insistez pas car l'enfant n'aime pas se sentir en état d'échec.

- *Si votre enfant ne montre pas d'intérêt*, sans pour autant rejeter les leçons, n'en déduisez pas qu'il n'est pas « doué ». Il l'est certainement autant que pour sa langue maternelle. Ce ne sera peut-être pas un traducteur émérite, mais il pourrait se débrouiller très bien. Simplement, il ne voit pas l'intérêt d'apprendre cette autre langue. Il faut donc qu'il en ressente la nécessité. Le meilleur moyen est de lui faire suivre une activité collective dans la langue en question ou de trouver une famille qui le recevra une ou deux fois par semaine. Sinon faites-lui rencontrer des gens qui connaissent cette langue et avec eux ne parlez qu'elle, devant l'enfant. Si un film en version originale passe à la télévision, laissez-le le regarder, racontez-lui ce qui se passe et dites-lui que s'il connaissait la langue il comprendrait tout seul. (Si le film passe tard, faites-en un événement exceptionnel et autorisez l'enfant à veiller ou réveillez-le le moment venu ; si ce n'est pas pour enfant, contentez-vous d'une dizaine de minutes.) Le cinéma est encore mieux pour créer l'événement (voir le chapitre *Langage et Poésie,* § *Cinéma*), malheureusement il est rarissime que les films pour enfants soient donnés en version originale.

N.B. : De toute façon, si vous avez la chance de pouvoir donner une seconde langue à votre enfant, ne vous laissez pas intimider par son silence, prouvez-lui que cela en vaut la peine. N'oubliez pas que, quand on connaît bien deux langues, la troisième s'apprend beaucoup plus facilement. Donc peu importe si la deuxième est une langue peu utile !

• *Les contes et les grands mythes*. Quand l'enfant est plus grand et qu'il apprécie la lecture de gros livres, en feuilleton (voir le chapitre *Langage et Poésie*), relisez-lui ce qu'il connaît déjà (par exemple, la *Bible*) dans la seconde langue. Cela aura le double effet d'approfondir sa connaissance des mythes et celle de la langue en question. (Traduisez au fur et à mesure, quand vous le jugez nécessaire.)

VOUS NE CONNAISSEZ QUE LES RUDIMENTS D'UNE AUTRE LANGUE.

Vous ne pouvez bien sûr pas espérer atteindre seul les mêmes résultats que si vous la possédiez parfaitement, mais vous avez quand même quelque chose d'important à transmettre à votre enfant :

• *Utilisez beaucoup les cassettes* (voir ci-dessus). Quand il est en âge de comprendre, expliquez-lui que votre accent n'est pas bon et qu'il faut parler comme sur la cassette. Si vous n'en trouvez pas dans le commerce, demandez à quelqu'un dont c'est la langue maternelle de vous en enregistrer.

- *Donnez-lui du vocabulaire*. Jouez à appeler les choses dans l'autre langue, égrenez ce jeu au long de la journée. Faites de même avec des expressions courantes : « Je mange, tu bois, je vais dormir, passe-moi le beurre, etc. »

- *Apprenez avec lui*. C'est le meilleur stimulant pour l'enfant. Il existe des méthodes livre/cassette pour apprendre une langue à un enfant (voir *Matériel Conseillé*). Vous pouvez apprendre avec lui en suivant cette méthode pour enfant. (Ce sera excellent pour vous !) Ne manquez pas de lui faire sentir que c'est plus facile pour lui que pour vous.

LOGIQUE ET CALCUL

Logique et calcul se retrouvent dans le même chapitre, car, comme le dit Engelmann, *les mathématiques relèvent presque de la logique pure.*

Avant d'aborder le calcul proprement dit, il faut avoir compris combien le développement de l'esprit logique de l'enfant est indispensable pour qu'il puisse aborder ensuite les domaines qui en dépendent, que ce soient les mathématiques, les sciences ou l'informatique. Certes l'apprentissage du langage exerce déjà l'esprit logique, mais ce n'est pas suffisant, car les exceptions sont innombrables et souvent peu cohérentes et, de plus, le langage étant fait pour traduire les méandres de nos sentiments, il nous entraîne souvent bien loin de la logique implacable.

Donc avant d'aborder le calcul, il convient de développer, chez l'enfant, cet esprit cartésien qui lui permettra de comprendre l'essence des mathématiques, plutôt que d'en subir les apparences. A nouveau, comme tous les apprentissages essentiels, celui-ci commence à la naissance par le comportement des parents. C'est votre façon d'agir qui va semer la graine de la logique dans le cerveau de votre enfant. Voici quelques conseils qui vous permettront de comprendre comment. Bien sûr la plupart ne concerne pas directement le nouveau-né, cependant, comme vous ne savez pas à quel moment il va commencer à percevoir la logique de votre comportement, autant en prendre l'habitude dès la naissance. De plus il est essentiel que vous ayez cette attitude non seulement avec votre enfant, mais avec toutes les personnes de votre entourage.

LOGIQUE

Logique de comportement

- *Ne mentez pas*. Si vous êtes amené à faire un mensonge de circonstance en présence de votre enfant, expliquez-lui ensuite pourquoi vous vous y êtes senti obligé.

- *Faites ce que vous dites*. Mettez en accord vos paroles et vos actes. Si vous faites des choses que vous lui interdisez, expliquez-lui la différence entre ce que peuvent faire les enfants et ce que peuvent faire les adultes. Prenez la référence de l'alcool : l'enfant comprend très bien qu'il ne peut pas en boire, s'il veut bien grandir. Cet exemple l'aide à comprendre bien d'autres circonstances.

- *Tenez vos promesses*. Ne promettez rien que vous ne soyez en mesure de donner. Si vous oubliez une promesse, excusez-vous auprès de l'enfant, quand il vous la rappelle ou quand vous vous en souvenez plus tard.

- *Les exceptions*. Expliquez-lui la différence entre les règles sans exception (par exemple, donner la main pour traverser la rue) et celles qui peuvent en avoir (par exemple, l'heure du coucher peut être retardée par un événement intéressant : un invité, une émission de T.V., etc.). Montrez-lui bien que la caractéristique d'une exception est d'être rare : « Une fois n'est pas chaque fois, un jour n'est pas toujours ! »

- *Ne dites jamais : « Ce n'est pas pour les enfants, tu comprendras plus tard*. » C'est la meilleure façon de détruire sa curiosité et son désir d'apprendre. Il y a toujours un angle sous lequel on peut éclairer une question difficile. L'enfant est comme entouré de fenêtres sur lesquelles serait collé du papier noir. Il ne s'agit pas d'arracher tout et de l'aveugler avec une lumière aussi soudaine que violente, mais chaque fois qu'il remarque une fenêtre, aidez-le à trouver le coin décollé qui lui permettra de dégager petit à petit, à son rythme, l'ouverture. Si vous lui dites que les fenêtres n'existent pas pour lui, il risque de passer sa vie dans la pénombre ! Exemples de réponses à des questions difficiles :

— Qu'est-ce que c'est Dieu ?

— Tu as remarqué que les animaux et les humains sont différents. Il y a des différences faciles à voir. Les humains parlent, lisent, écrivent, etc. Qu'est-ce qu'ils font encore les humains, que ne font pas les animaux ? Cherche... Oui, bravo ! Et tu vois, on ne comprend pas pourquoi les humains sont différents. En fait, ils sont comme des animaux, ils font leurs bébés comme les animaux, comme les mammifères ; quand on les soigne, leur corps est fait comme celui des animaux. Mais pourquoi est-ce qu'ils peignent des tableaux, composent de la musique ; pourquoi veulent-ils savoir ce qu'il y a dans le ciel ? On ne sait pas pourquoi. Mais ce qui est sûr, c'est que les humains sont différents des animaux. Et cette différence, on l'a appelée Dieu. Mais comme on ne sait comment est Dieu, on l'imagine. Les Juifs l'imaginent comme une voix qui parle en nous ; les Chrétiens l'imaginent comme un homme qui dit qu'il faut s'aimer, ils disent que Jésus- Christ est en fait Dieu ; et on a encore imaginé Dieu de bien d'autres façons.

— Qu'est-ce que ça veut dire prostituée ?

— C'est une personne qui fait semblant d'aimer et qui reçoit de l'argent pour ça. Il y a des gens qui ne savent pas aimer et qui ne savent pas non plus comment se faire aimer. Quand il y en a un qui est trop malheureux d'être seul, il va voir une prostituée pour qu'elle fasse semblant de l'aimer et puis il lui donne de l'argent et s'en va tout seul.

De telles réponses incitent l'enfant à réfléchir et évitent de créer des zones taboues dont le mystère l'obsède.

• *Découper les problèmes en éléments simples* que l'enfant peut comprendre.

• *Encouragez-le à donner des réponses complètes*. Ne vous contentez pas de monosyllables. Faites-lui répéter les nouveaux mots que vous lui apprenez, ainsi que leur définition.

• *Faites des erreurs flagrantes*. Pour qu'il comprenne mieux les nouveaux concepts, utilisez-les à bon escient, puis à mauvais escient ; s'il ne le remarque pas, faites-le-lui observer. Par exemple : « Celui-là, il est bien avare : il a donné au mendiant tout l'argent qui était dans son portefeuille ! » L'enfant est ravi de bondir devant de telles énormités qui consolident son vocabulaire autant qu'elles développent sa logique.

• *Faites-lui comprendre ses erreurs*. Quand il se trompe, ne dites pas : « NON ». Ça risque de le bloquer. Voyez ce qui l'amène à cette erreur et expliquez-lui. Comprendre ses propres erreurs est le meilleur exercice de logique qui soit.

• *N'hésitez pas à montrer votre ignorance* et votre joie d'apprendre quelque chose de nouveau. S'il vous demande l'histoire d'un personnage historique ou mythique dont vous ignorez tout : « Ah, je ne la connais pas, cette histoire ! Viens, allons regarder dans le dictionnaire. » Cherchez la réponse, avec lui. Montrez-lui comment vous cherchez, lisez rapidement pour vous-même et racontez-lui ce que vous avez lu de plus intéressant. Si vous ne trouvez pas, expliquez-le à l'enfant et dites-lui qu'il faudra demander à Untel ou regarder à tel endroit.

• *Laissez à l'enfant du temps libre* pour mener ses réflexions et ordonner ses nouvelles connaissances.

• *Le plus grand nombre de réponses*. Quand vous discutez avec lui, demandez-lui toutes les réponses possibles à la question posée. Par exemple : « Quelle est la différence entre une vache et une poule ? » « La vache a des poils, fait du lait, a des cornes, quatre pattes, etc, la poule a des plumes, pond des œufs, a des ailes, deux pattes, etc. » Allongez cette liste jusqu'à ce que vous n'en trouviez plus.

Exercices de logique

Pour commencer il faut donner à l'enfant la connaissance d'éléments précis avec lesquels il pourra ensuite jouer selon les règles de la logique. Apprenez-lui donc :

• *Les couleurs* (voir *La Première Année de la Vie*)

• *Les formes géométriques* (idem)

• *Les cinq sens*. Faites-lui prendre conscience de la différence entre voir, entendre, toucher, humer et goûter. Choisissez différents objets et demandez à l'enfant de les analyser avec ses cinq sens.

• *Les positions :* gauche, droite, en haut, en bas, au-dessus, en dessous, sur, dans, etc. Pour la gauche et la droite, prenez l'habitude d'en parler au moment de l'habillage. Quand vous parlez de la droite, serrez sa main, son bras, son pied ou sa jambe ; quand vous parlez de la gauche, touchez seulement du doigt les parties gauches de son corps. Plus tard si l'enfant fait de la gymnastique ou de la danse pour bébé, attachez-lui un ruban à la cheville et au poignet droits. Quand il connaît bien sa gauche et sa droite, montrez-lui que les vôtres sont inversés lorsque vous êtes face à lui. Pour les autres positions, prenez une petite poupée qu'il aime et jouez à la mettre sur la table, sous la table, dans la boîte, etc.

N.B. : Les exercices qui suivent s'étalent entre 2 et 6 ans. A vous de choisir le moment où les présenter, selon l'évolution de votre enfant.

- *Associez deux ou plusieurs types d'éléments*. Disposez devant l'enfant 5 x 5 formes géométriques de 5 couleurs différentes et demandez-lui de vous donner le carré rouge, le cercle bleu, le triangle vert, etc. Vous lui demandez ainsi d'associer forme et couleur. Puis dites-lui de mettre le cercle vert à sa droite, le rectangle orange dans sa main gauche, le triangle brun dans la boîte, etc. Là, il associe forme, couleur et position.

- *Les opposés*. Jouez à lui demander « le contraire de » :

grand/petit
bon/méchant
bien/mal
difficile/facile
épais/mince
fort/faible
montagne/vallée
homme/femme
monter/descendre
rire/pleurer
proche/lointain
tôt/tard
sortie/entrée
pointu/émoussé
plein/vide
solide/liquide
courageux/lâche
aimable/détestable
etc.

rapide/lent
chaud/froid
nouveau/ancien
vrai/faux
gros/maigre
dessus/dessous
derrière/devant
ouvrir/fermer
lisse/rugueux
bruyant/silencieux
sauvage/apprivoisé
bon marché/cher
gai/triste
sot/sage
aller/venir
dormir/veiller
matin/soir
ombre/lumière

haut/bas
mou/dur
jeune/vieux
propre/sale
sain/malade
gauche/droite
jour/nuit
garçon/fille
étroit/large
mouillé/sec
vivant/mort
beau/laid
droit/courbé
long/court
pauvre/riche
géant/nain
louer/blâmer
brillant/mat

Variante de ce jeu : « Lent comme…, rapide comme… ; sec comme…, mouillé comme… ; etc. »

Il est une opposition sur laquelle il convient d'insister particulièrement : *naturel et artificiel*. Faites-lui observer ce qui, dans son environnement, fait partie de la nature et ce qui est œuvre humaine.

• *« Que fait-on avec... ? »* Par exemple « Que fait-on avec la bouche ? » Réponses possibles : manger, boire, parler, rire, sourire, mordre, etc. Ou « Que fait l'oiseau, l'auto, le robinet, etc. »

• *Les relations familiales*. Prenez votre famille en exemple et expliquez-lui tous les termes qui expriment la parenté. Au fur et à mesure qu'il les connaît, posez-lui des « questions farces » : « Qui est ton oncle ?... Et qui est le frère de ton père ?... Eh oui ! C'est la même personne ! » Ensuite faites-lui retrouver les mêmes relations dans d'autres familles qu'il connaît, dans la vie ou dans les livres.

• *Le calendrier*. Apprenez-lui les jours de la semaine.

CHANSON DE LA SEMAINE

N'importe quelle mélodie convient aussi bien. Accrochez au mur de la chambre de l'enfant un panneau avec les noms des sept jours de la semaine. Et prenez l'habitude, le matin en le levant, de lui montrer quel est le jour. Vous pouvez aussi confectionner une sorte d'horloge de la semaine (voir croquis) et lui faire mettre l'aiguille en face du bon jour.

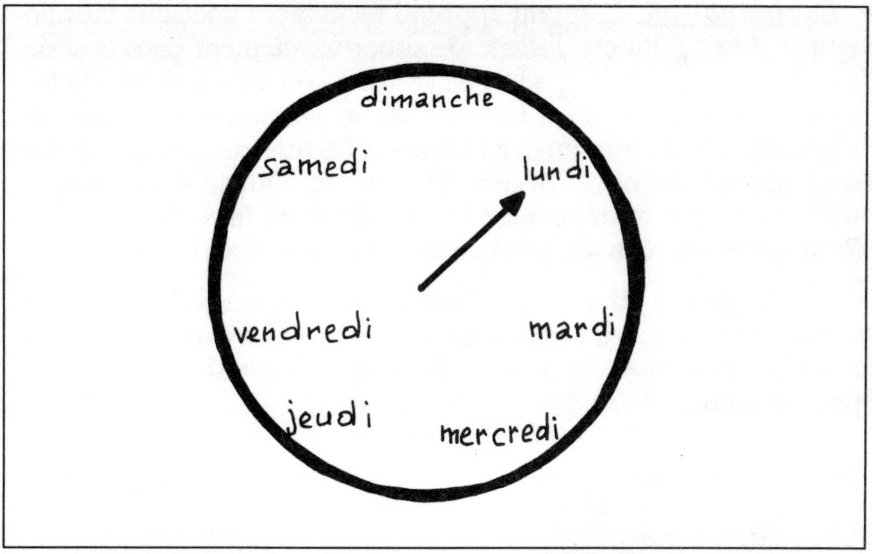

Faites-lui remarquer ce qui revient régulièrement dans son horaire hebdomadaire : le jour de la piscine, le jour des croissants, le jour de la danse, le jour de la grasse matinée, etc. Quand il connaît bien la semaine, apprenez-lui les douze mois :

Janvier, Février, Mars
Ont très froid,
Parce que c'est l'hiver !

Avril, Mai, Juin
Chantent comme des oiseaux,
Parce que c'est le printemps !

Juillet, Août, Septembre
Ont très chaud,
Parce que c'est l'été !

Octobre, Novembre, Décembre
Volent comme des feuilles mortes,
Parce que c'est l'automne !

Installez un calendrier dans sa chambre et chaque soir barrez avec lui le jour écoulé. Rappelez-lui le mois et le jour, et montrez-lui où ils sont indiqués. Faites-lui barrer la date, même s'il ne connaît pas encore les chiffres (c'est d'ailleurs une bonne introduction).

• *La chronologie*. L'enfant apprend facilement une suite chronologique. Mais il lui est difficile de situer un élément dans la série. Pour l'y aider, faites une série de cartons avec un élément à la fois (les chiffres de 0 à 10 ou les jours de la semaine ou les mois ou l'alphabet, etc.) : apprenez à l'enfant à les mettre en ordre, à dire entre quels éléments se trouve celui-là, etc. Quand il les visualise bien, cachez-les et demandez à l'enfant de le faire de mémoire. (Remontrez-lui bien sûr les cartons quand il ne sait pas.)

• *Les catégories*. Il y a deux exercices. Le premier sert à faire prendre conscience à l'enfant de l'existence des catégories. Vous lui dites trois mots et il doit vous dire à quelle catégorie ils appartiennent :

poupée, balle, Lego	JOUETS
jaune, orange, violet	COULEURS
Camille, Julie, Pierre	PRÉNOMS
chaise, armoire, table	MEUBLES
lait, eau, café	BOISSONS
orange, pomme, banane	FRUITS
chemise, culotte, pantalon	VÊTEMENTS
marteau, tournevis, scie	OUTILS
etc.	

Le deuxième exercice vient ensuite. Vous dites cinq mots dont quatre seulement font partie d'une même catégorie. Demandez à l'enfant qui est l'intrus et pourquoi :

chat, chien, pigeon, cheval, vache	PIGEON
poire, pomme, tulipe, fraise, cerise	TULIPE
limonade, tartine, thé, lait, eau	TARTINE
Henri, Pierre, Paul, Jean, Céline	CÉLINE
rose, vert, bleu, voiture, jaune	VOITURE
poupée, lit, armoire, table, fauteuil	POUPÉE
etc.	

Si l'enfant ne trouve pas, aidez-le bien sûr et expliquez-lui les réponses. Avec les tout-petits, il vaut mieux commencer avec des images. *L'imagier du Père Castor* (sur cartons séparés ; voir *Matériel Conseillé*) vous permet toutes les combinaisons possibles.

• *Formulation logique*. Pour aider l'enfant à poser toutes les questions possibles à partir d'une donnée et à y répondre, jouez avec lui à ce petit jeu :

« Les vaches mangent.
Que font les vaches ? Elles mangent.
Qui mangent ? Les vaches. »

• *Les relations : plus que, moins que, autant que* sont à la base de toute comparaison. Adaptez-les aux quantités, longueurs, grosseurs, tailles, poids, etc. des objets. « Qui est plus grand que qui ? Qui a moins de boules que qui ? Qui est aussi grand que qui ? etc. »

• *Trouver l'objet qui manque*. Disposez 3 objets différents (cuiller, crayon, verre), montrez-les à l'enfant, puis dites-lui de se cacher les yeux, enlevez-en un et demandez-lui de regarder à nouveau et de dire lequel a disparu. Augmentez petit à petit le nombre des objets.

• *Refaire la même forme*. Prenez des allumettes et utilisez-les pour faire une forme. Dites à l'enfant de la copier. Quand il y arrive aisément, couvrez-la après qu'il l'ait regardée et demandez-lui de la copier de mémoire. Utilisez de plus en plus d'allumettes pour compliquer la forme.

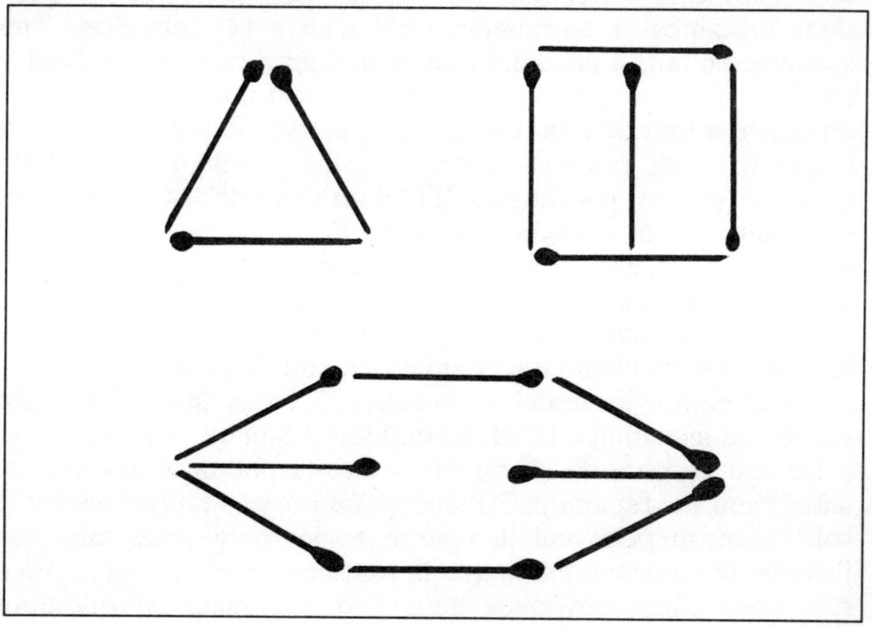

Autre variante : dessiner une maison rudimentaire, avec un nombre d'éléments précis. Par exemple, au rez-de-chaussée : une porte à droite et une fenêtre à gauche : au 1er étage : deux fenêtres. L'enfant doit dessiner la même maison sans oublier d'éléments. Même jeu avec n'importe quel dessin simple et précis. Pour qu'il arrive à le recréer de mémoire, laissez-lui d'abord le modèle à recopier, et puis enlevez-le.

• *L'imagination à partir d'une forme géométrique*. Tracez une série de ronds et cherchez avec l'enfant tout ce qu'on peut dessiner à partir d'une telle forme : différents visages, une pomme, une assiette, etc. Puis changez de forme de base.

• *Les cahiers de jeux logiques*. Quand l'enfant a appris à utiliser le crayon, qu'il sait colorier, achetez un cahier d'exercices logiques amusants. L'important est qu'ils soient aussi clairs de présentation que de conception.
Logique C.P. (Ed. : Nathan) en est un excellent, pour un enfant de 3 ans 1/2, 4 ans qui est bien stimulé. Respectez-en la progression.

• *« Pourquoi ? Parce que... »* L'enfant pose moins de ces questions brillantes et essentielles qu'il n'en a la réputation. Très souvent, en fait, il pose des questions dont il connaît fort bien la réponse, ce qui a le don de nous énerver, car nous voudrions qu'il en pose d'autres dont la réponse lui apprendrait quelque chose de nouveau. Dans ces cas-là, renvoyez-lui gaiement son « Pourquoi ? » (ce n'est pas fatigant !) et il sera ravi de vous montrer ce qu'il sait. En lui donnant l'occasion de répondre à la question qu'il vous a suggérée, vous renforcez sa confiance en lui. Félicitez-le pour sa réponse. Vos nerfs seront épargnés. Quant à lui, il sera satisfait et abandonnera beaucoup plus vite ce jeu, que si vous lui répétiez pour la nième fois ce qu'il sait, en fait, déjà.

Par contre le modèle « Pourquoi ? Parce que... » est une excellente incitation à la réflexion. Mais il faut que vous montriez à l'enfant la route de l'inconnu : « Sais-tu pourquoi le rayon de soleil vient de disparaître ? Parce qu'un nuage s'est mis devant le soleil. Sais-tu pourquoi la voiture roule toute seule sans que j'allume le moteur ? Parce que la route est en pente. » etc. Bien sûr, vous allez provoquer ainsi une avalanche de questions intéressantes auxquelles vous n'aurez pas toujours le temps, ni l'énergie de répondre. Dites-le à l'enfant et promettez de ne pas oublier de lui répondre plus tard. TENEZ VOTRE PROMESSE ! Excusez-vous en cas d'oubli. Et cette attente que vous lui imposez (pas systématiquement !) va donner, aux yeux de votre enfant, un prix particulier à vos réponses. Dans vos explications, adaptez-vous à son niveau de compréhension le plus élevé.

- *« Si... alors... »* Ce jeu cristallise l'esprit de déduction aussi important en logique qu'en mathématiques (c'est la base de l'algèbre). Prenez l'habitude de comparer les choses ainsi : « Si ce mur est vert, alors ce crayon est vert aussi ! Si ceci est un livre, alors cela est aussi un livre ! Et si cette poupée est grande, alors celle-ci ne l'est pas ! » etc.

CALCUL

Compter

Savoir compter est à la base du calcul. C'est cette faculté qu'il faut d'abord développer chez l'enfant. Mais compter signifie deux choses : d'une part connaître les noms des nombres, d'autre part comprendre l'action de dénombrer. Comme toujours si la connaissance précède la compréhension, l'enfant progressera plus vite. A partir de 18 mois, l'enfant commence à tirer profit de ces premiers exercices, à condition de ne pas brûler les étapes.

- *Les chiffres de 1 à 10*. Comptez à voix haute (clairement et en articulant) avant de faire quelque chose : éteindre la lumière, allumer la télévision, ouvrir la porte, etc. Tâchez de le faire au moins une fois par jour, c'est une habitude à prendre. Bientôt l'enfant saura dire les chiffres jusqu'à 10. Ce qui ne veut pas dire qu'il saura compter. Seulement, quand il comprendra effectivement ce que dénombrer veut dire, il pourra se concentrer sur l'analyse de ce qu'il fait, sans effort de mémoire supplémentaire, puisqu'il connaîtra déjà les chiffres.

- *Dénombrer* doit faire partie du quotidien, comme parler. Le rituel de la table offre le plus d'occasions. Comptez les assiettes, les couteaux, les gouttes de vitamines, les comprimés de fluor, les morceaux de viande, les cuillerées de légumes, etc. A force de vous voir dénombrer, l'enfant voudra faire de même. Dès qu'il en manifeste le désir, encouragez-le à le faire avec vous. Et pour qu'il comprenne mieux que compter est autre chose qu'un amusant abracadabra, mettez devant lui trois objets identiques et une assiette. Dites-lui de mettre les trois objets un à un dans l'assiette en comptant. Aidez-le s'il en a besoin. « Tu vois, il y en a trois, il y a trois cubes dans l'assiette ! Maintenant voyons combien il y en a... » Mettez en deux devant lui et recommencez le jeu. Quand il connaît bien les quantités un, deux et trois, ajoutez-en un quatrième et ainsi de suite.

• *Les chiffres au-delà de 10*. Quand l'enfant commence à comprendre ce que dénombrer veut dire (vers 3 ans), il va aller de plus en plus vite. Il faut donc que vous ayez de l'avance. Dès qu'il est capable de compter jusqu'à 10, apprenez-lui la dizaine suivante de la même manière. Vous pouvez aussi lui chanter les nombres sur un air qu'il connaît (il y a moyen d'en mettre 40 sur *Ah vous dirais-je maman...* que l'enfant a l'habitude de mettre à toutes les sauces !). Quand il sait bien dénombrer quelques objets, achetez, par exemple, des haricots blancs et qu'il les compte en les faisant passer d'un récipient à l'autre. Donnez-lui son bocal dans lequel vous rajoutez quelques haricots (ou capsules) chaque jour. Quand il arrive à 50, prenez un deuxième bocal, en disant : Ça, c'est 50. Dans ce bocal-ci, tu vas compter la suite ! » Ce qui vous permet un jour de « vérifier » s'il y en a toujours bien 50 dans le premier et la fois suivante de vous concentrer sur la suite (avec ces difficultés que sont les 70 et 90) sans avoir à partir de 0.

• *Zéro*. Expliquez bien ce qu'est zéro. C'est très important, car quand vous passerez aux symboles, le zéro sera très utile pour écrire les chiffres après 9. Pour faire un sort particulier à ce nombre qui n'est rien, posez à l'enfant des questions comiques : « Combien y a-t-il de vaches dans ta poche ? Combien y a-t-il de crocodiles dans la salle de bains ? » Vous pouvez être sûr qu'il n'oubliera jamais zéro !

• *Compter en touchant*. Quand l'enfant sait bien compter les objets d'un récipient à l'autre, montrez-lui votre main et faites-lui compter vos doigts écartés, rien qu'en les touchant. Vous pouvez l'aider en remuant le doigt qu'il doit toucher. Puis faites-lui compter des objets disposés devant lui, en les touchant. Il faut qu'il comprenne qu'il doit les toucher tous, une fois. Ce n'est pas facile, c'est pour cela qu'il est préférable de commencer à dénombrer en déplaçant les objets d'un endroit à l'autre (voir ci-dessus). Enfin apprenez-lui à compter les objets dans un livre.

• *Compter à rebours* est très important, car l'enfant ne sera pas capable de soustraire, s'il ne peut pas « compter à l'envers ». Cependant attendez qu'il sache bien compter jusqu'à 30 (au minimum !) pour entreprendre ce nouveau jeu. Sinon vous allez l'embrouiller. Faites comme pour les chiffres de 1 à 10 (voir ci-dessus). Quand l'enfant sait compter à rebours à partir de 10, faites-le à partir de 11 et, quand il y arrive, partez du nombre supérieur, etc. De 20 à 10 est souvent le plus difficile pour l'enfant. Après il retrouve les mêmes noms que dans de 10 à 1 et c'est plus facile.

• *S'arrêter à un certain nombre*. Une étape importante est d'apprendre à l'enfant à s'arrêter à un certain nombre, même s'il y a encore d'autres objets à compter. Mettez devant lui un tas de haricots et demandez-lui d'en compter 3. Quand il a compris, faites-lui faire des petits tas séparés (de 3, 5, 9, etc.). Quand il y arrive, mettez devant lui des objets en rang. Demandez-lui d'en dénombrer (rien qu'en les touchant) un nombre plus petit que ce qu'il a devant lui. Enfin faites la même chose dans un livre. Parallèlement, faites-le régulièrement compter sans objets jusqu'à un chiffre que vous lui donnez.

N.B. : Il est très important que l'enfant compte souvent pour que cela devienne une seconde nature pour lui. Les nombreuses variantes exposées ci-dessus servent d'une part à éviter la monotonie, ensuite à lui apprendre à compter de différentes manières. Ça l'incitera à compter tout ce qui l'entoure ; encouragez-le. Ce sont ces exercices de comptage quotidien qui forment son esprit au calcul.

• *Compter en alternance*. Quand il connaît bien les nombres, jouez avec lui à compter en alternance : vous dites 1, il dit 2, vous dites 3, il dit 4, etc. Au début, il voudra dire vos chiffres, expliquez-lui que la règle du jeu l'interdit. Puis faites-le commencer : il dit 1, vous dites 2, etc. Quand c'est devenu un jeu d'enfant pour lui, invitez un comparse (un autre enfant sera ravi !) et alternez à trois, puis à quatre, etc. A ce stade, il aura vite compris, continuez simplement si ça l'amuse.

• *Les nombres pairs et impairs*. Pour lui expliquer cette notion, prenez deux assiettes et des haricots :

> « Cette assiette-là est à toi et celle-ci est à moi. Voici 2 haricots. Est-ce que tu peux en mettre autant dans mon assiette que dans la tienne ? Eh oui ! Tu peux en mettre un dans la tienne et un dans la mienne. Maintenant essaie avec 3, est-ce que tu y arrives ?... Non ! Il y en a 2 d'un côté et 1 de l'autre. Tu vois 2, on peut le diviser en deux parties égales, alors on l'appelle nombre pair, tandis que 3, on ne peut pas le diviser en deux parties égales, alors on l'appelle nombre impair ! Voyons maintenant ce qui se passe avec 4... »

Quand l'enfant a compris la différence, comptez avec lui en alternance et montrez-lui que l'un de vous dit tous les nombres impairs et l'autre tous les nombres pairs.

• *Les chiffres symboliques*. Il faut que l'enfant soit devenu un vrai « compteur-dénombreur », avant que vous lui montriez les signes abstraits qui représentent les nombres. Sinon il serait comme la plupart d'entre nous (ce qui n'est pas à souhaiter !) : pour lui, calculer serait jouer avec des symboles abstraits et non jongler avec des quantités. Imaginez quelqu'un pour qui les sons « banane, chaise, chaussure, etc. » représentent uniquement des mots écrits et non pas des objets. Cette personne ignorerait en fait tout du monde et sa connaissance du langage serait aussi maigre qu'inutile ! N'est-ce pas le cas de tous ceux qui se rétractent au simple mot « mathématiques » ? Ils connaissent les symboles, mais n'ont jamais vraiment bien compris à quoi ils servent, ni ce qu'ils représentent !

Comme pour l'alphabet, il y a des enfants qui trouvent très amusant de mettre un nom sur un signe abstrait, ceux-là apprennent les chiffres en deux temps trois mouvements. Il suffit de les leur présenter quelquefois. Il en est cependant d'autres qui, tout en sachant très bien compter, ne parviennent pas à retenir quel chiffre représente quel nombre. Parce que ça les ennuie ! Voici pour eux un petit jeu qui les amusera :

Qui n'a rien à cacher ? **0**

Qui brille comme une bougie ? **1**

Qui porte les jumelles ? **2**

Qui darde ses pointes ? **3**

Qui a une croix ? **4**

Qui montre ses doigts ? **5**

Qui siffle des notes ? **6**

Qui sait aimer avec des fleurs ? **7**

Qui a mangé des huîtres ? **8**

Qui fait rouler un œuf ? **9**

(Les chiffres sont en gros traits noirs, les dessins en fins traits rouges.)

Au-delà de 5, l'enfant a parfois besoin de trucs mnémotechniques pour se rappeler le nom du petit personnage. Jouez avec les sons : qui *si(x)*ffle les notes ? qui *sept* aimer avec des fleurs ? Qui a mangé des *huît*-res ? qui fait rouler un *neuf* ? Comme pour l'alphabet, montrez-lui les 3 premiers. Quand il les connaît, récompensez-le par l'arrivée du quatrième petit personnage. Utilisez toujours la forme interrogative (voir ci-dessus) pour que ce soit lui qui dise le nombre et pas vous. Quand il connaît bien les chiffres avec le petit dessin, montrez-les-lui sans dessin. Rappelez-lui la ritournelle, s'il a oublié. Le plus récalcitrant des enfants apprendra très vite les chiffres ainsi. MAIS NE LE FAITES QUE QUAND IL SAIT DEJÀ DÉNOMBRER !

Addition

- *Quel nombre vient après ?* Quand l'enfant sait bien compter en alternance, posez-lui la question : « Quel nombre vient après 3 ? » Au début, il aura besoin de compter tout haut. Laissez-le faire tant qu'il en a besoin. Ensuite, dites-lui de compter dans sa tête.

- *« Saute-mouton avec les nombres »*. Quand il a bien maîtrisé le jeu précédent, proposez-lui celui-ci : « Maintenant nous allons jouer à saute-mouton avec les nombres. Je te dis 3 et toi, tu sautes par-dessus celui vient après pour me dire le suivant. Donc tu sautes par-dessus 4 et tu me dis 5 (3 : voix normale, 4 : voix aiguë, 5 : voix normale). C'est amusant ! »

- *Un symbole intermédiaire entre les objets et le chiffre*. Comme le dit Engelmann, cette étape permet à l'enfant de bien comprendre le symbole.

Chaque point représente un des chats. Montrez à l'enfant que les points peuvent représenter n'importe quel objet : des arbres, des bonshommes, des maisons, etc. Puis mettez quelques haricots devant lui et dites-lui de faire autant de points sur une feuille de papier qu'il y a de haricots sur la table (un gros feutre lui permettra de faire un point en appuyant une fois sur le papier ; s'il n'arrive pas encore à les aligner assez clairement, faites-le vous-même sous ses ordres). Ensuite placez le même nombre de fourchettes, par exemple, devant lui et dites-lui de tracer autant de points qu'il y a de fourchettes. Ensuite comparez les points qui correspondent aux haricots à ceux qui représentent les fourchettes. Faites-lui constater qu'il y en a autant. Ainsi il comprendra que les points peuvent représenter n'importe quelle série d'objets ; ce qui compte, c'est leur nombre.

● *L'addition*. Apprenez-lui le principe de l'addition avec ses haricots : « Fais un tas de 3 et un tas de 2... Voilà ! Maintenant tu vas les additionner, c'est-à-dire que tu vas les compter tous ensemble. Ça fait... ? 5 ! Bravo ! Eh bien, on dit 3 + 2 = 5 et ça s'appelle une addition ! »

● *L'addition dans la vie courante*. Faites-lui remarquer qu'on fait souvent des additions dans la vie de tous les jours : les couverts des invités qui s'ajoutent à ceux de la famille ; le pull qu'on enfile en plus quand il fait froid ; etc. Dites-lui tous les termes qui évoquent l'addition, qui font qu'on a quelque chose en plus : ajouter, acheter, recevoir, etc.

● *Les signes + et =*. Quand il a compris les additions avec les haricots, prenez une feuille de papier. Faites-y 3 points :

> « Compte-les. Il y en a 3 ! Attention je vais en ajouter 2, cela fait... 5 ! Bravo ! Maintenant nous allons écrire une addition, comme on faisait avec les haricots ! Il y a 3 haricots, tu fais 3 points... et maintenant il faut écrire plus, c'est une petite croix ! Donc trois plus deux (tu traces deux points) égale... (égale : ce sont deux petites lignes l'une sur l'autre) et maintenant on va voir combien ça fait ?
>
> ●●● + ●● =
> ●●● ●● Oui ! Ça fait cinq ! »

Quand l'enfant a bien compris cela, faites-lui remplacer les points par les chiffres qu'il aura appris entre-temps. Dès qu'il s'embrouille, revenez au système des points.

Quand l'enfant en est à ce stade, il est mûr pour les cahiers de calcul qu'on trouve dans le commerce. Ils ne sont pas tous clairs et amusants (ce qui est indispensable !), vous trouverez des suggestions dans le chapitre *Matériel conseillé*.

- *L'addition de deux mêmes nombres*. Montrez-lui combien font 1 + 1, 2 + 2, 3 + 3, etc., avec vos doigts ou des haricots. Quand il a bien compris, revoyez-les régulièrement et laissez-le vérifier autant qu'il en a besoin.

- *Dans l'addition, le plus grand nombre est la réponse*. Faites-le remarquer à l'enfant, ça lui permettra de comprendre ensuite que les soustractions ne sont que des additions à l'envers.

- *L'algèbre*. Apprenez-lui à résoudre des « additions étranges » ! C'est-à-dire : 4 +... = 8, ... + 3 = 5, etc.
Quand il y arrive, remplacez-les... par une lettre :
4 + A = 8   A = ?
(De plus, le fait de demander à l'enfant de regarder l'addition autrement que dans la formule habituelle 3 + 2 = ?, le prépare à la soustraction qui n'est en fait qu'une addition à l'envers.)

- *« Si... alors... »* Vous retrouvez le jeu que vous avez développé en *Logique* (voir ci-dessus).
En algèbre : « Voici 4 + A = 8
Si 4 + 4 = 8, alors A = 4.
Et si A = 4, alors A + A = 8 ! »
Utilisez le « Si..., alors... » pour tous les types d'opération : « Si 3 + 2 = 5, alors 3 + 2 ≠ 4, etc. »

N.B. : Restez dans les petits nombres, ce qui compte c'est que l'enfant COMPRENNE ces opérations. Incitez-le à vous expliquer le pourquoi.

Soustraction

- *Compter à rebours* est la base de la soustraction. Reprenez avec l'enfant tous les jeux que vous aviez faits en comptant à l'endroit et inversez-les :

1) Compter dans le quotidien : avant d'allumer la télévision, avant d'éteindre la lumière, en versant les gouttes de vitamines, etc.
2) Placez des objets devant l'enfant et demandez-lui de les compter. Quand il sait combien il y en a, dites-lui de les enlever un à un en comptant à rebours jusqu'à zéro.
3) Même situation, mais vous lui dites de compter à rebours jusqu'à ce qu'il en reste un nombre que vous déterminez.
4) Comptez à rebours en alternant : vous dites 10, il dit 9, vous dites 8, il dit 7, etc. Idem avec trois personnes.

● *Dans la soustraction on commence par le plus grand nombre*. C'est ce principe, comparé à celui qui dit que dans l'addition le plus grand nombre est la réponse, qui fait comprendre à l'enfant que la soustraction est une addition à l'envers :

$$3 + 2 = 5$$
$$5 - 2 = 3$$

Les mêmes nombres disposés autrement !
Donnez à l'enfant trois nombres (possibles !) et dites-lui d'en faire une addition que vous lui dites de vérifier avec ses haricots ; et puis, avec les mêmes nombres vous lui demandez une soustraction qu'il vérifie de même.
Donnez-lui des exercices comme ceci :

$6 + 4 = 10$
$10 - 6 = ?$

Montrez-lui que quand une soustraction a deux nombres communs avec une addition, le troisième est le même aussi. ATTENTION ! Ne lui apprenez cela qu'après moult vérifications avec les haricots. Il ne doit pas apprendre ça comme une formule magique, mais comme le résultat de son expérience.
Si l'enfant s'embrouille dans les soustractions, utilisez les points :

$5 - 2 = 3$
●●●⌀⌀

Multiplication

● *Expliquer la multiplication*. Cela se fait à l'aide de tableaux de carrés. Prenez du papier quadrillé large et transposez les multipli-

cations en séries de colonnes. Par exemple :
2 x 3 = 3 x 3 =

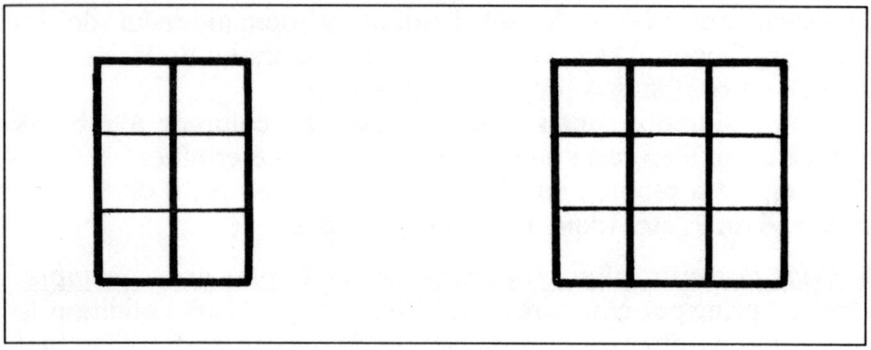

Expliquez-lui que 2 x 3 veut dire 2 colonnes de 3 carrés, faites-lui compter les carrés et inscrire la réponse.

• *Les tables de multiplication*. Quand l'enfant a compris le principe de la multiplication, vous pouvez passer aux tables. C'est-à-dire que vous les prenez une à une, vous les expliquez à l'enfant à l'aide des tableaux de carrés et, quand il a compris, vous la lui serinez comme une ritournelle. Il est préférable de commencer par la table de 1, puis celle de 10, ensuite celle de 2, après suivez l'ordre chronologique et terminez par 0 qui amusera beaucoup l'enfant. Prenez votre temps et surtout n'hésitez pas à tracer des colonnes de petits carrés, il faut que l'enfant comprenne ce qu'il fait.

N.B. : Si j'ai l'air de contredire tout à coup mon principe « Il faut connaître pour pouvoir comprendre », ce n'est qu'en apparence. A en croire Stella Baruk* (*L'âge du capitaine*), il existe dans le domaine des mathématiques une attitude qui afflige non seulement la majorité des élèves, mais aussi une grande partie des enseignants (peut-être le futur professeur de votre enfant). Cette attitude consiste à considérer le bon sens et la compréhension réelle comme deux qualités qui ne concernent pas le domaine des mathématiques. Nous-mêmes avons été formés ainsi et serions

* Voir aussi *Victoire sur les maths* de L. Weyl-Kailley (Éd. Laffont).

tentés de faire ingurgiter à nos enfants des « trucs », sans leur expliquer l'essence de ce qu'ils font. C'est pourquoi, pour une fois, je dis qu'il faut se concentrer sur la compréhension et laisser venir la mémoire ensuite. D'ailleurs, si la mémoire de votre enfant est bien entraînée, il retiendra facilement ses tables.

• *Le millier et le million*. Vous pouvez fabriquer des étalons fort utiles pour votre enfant : le millier et le million ! Nombres difficiles à imaginer et pourtant tellement utilisés. Prenez 1 m^2 de papier millimétré, tracez-en le périmètre, affichez-le au mur et dites à l'enfant que voici un million de petits carrés ! A l'intérieur, encadrez d'un fin trait rouge mille carrés (10/100) et expliquez-lui qu'il y a 1 000 x 1 000 carrés dans 1 000 000.

Division

• *La division est une multiplication à l'envers*. Comme pour la soustraction vous avez retourné l'addition, ici vous inversez la multiplication. Vous présentez à l'enfant des divisions, comme celle-ci : 8 : 2 =

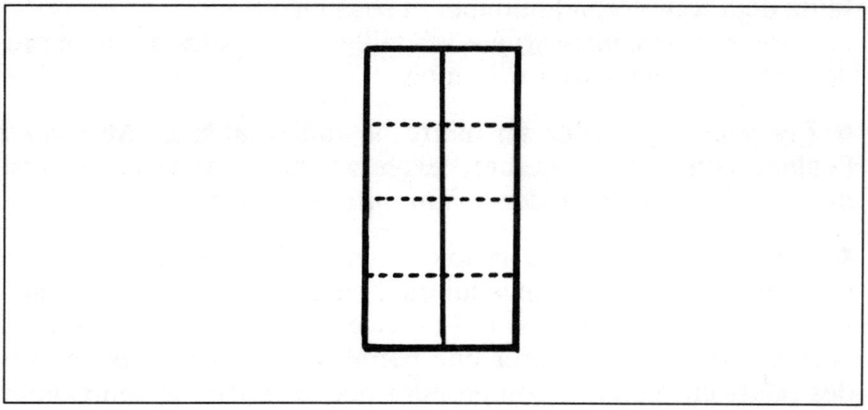

« Compte les carrés… il y en a 8, bravo ! Tu vois, ils sont divisés en 2 colonnes. Maintenant compte combien il y a de carrés par colonne : 4, très bien ! Donc 8 : 2 = 4 ! » (Pour plus de clarté, utilisez du papier quadrillé).

Montrez-lui que les principes sont les mêmes que pour les additions et les soustractions : dans la multiplication, le plus grand nombre est la réponse, tandis que la division commence par le plus grand nombre.

N.B. : Voici un programme déjà très fouillé pour équilibrer l'éducation de votre enfant entre les lettres et les mathématiques. Bien sûr si vous êtes un crack dans ce domaine et que vous voulez emmener votre rejeton plus loin, ne vous refrénez pas. A ceux qui désirent encore des directives pour continuer, je conseille *Comment donner à votre enfant une intelligence supérieure,* d'Engelmann qui semble considérer les maths comme la façon la plus importante d'éveiller son enfant et qui, par conséquent, consacre un tiers de son livre à l'élaboration d'un programme de mathématiques très poussé. Les conseils de ce livre en sont d'ailleurs fortement inspirés.

Le système métrique et l'heure

Ce sont deux domaines auxquels il est important que vous introduisiez l'enfant. Cela vous sera d'autant plus facile qu'il saura déjà compter, additionner et soustraire.

Pour le système métrique, les tailles et les poids des membres de la famille vous seront très utiles.

- Les tailles. Attachez un mètre de ruban au mur. Montrez à l'enfant combien il mesure, expliquez-lui la différence entre mètre et centimètre. Aidez-le à mesurer ses poupées.

- Les poids. Donnez-lui un kilo en main. Puis pesez l'enfant sur la balance familiale et dites-lui qu'il pèse autant de fois ce kilo ! Faites la même chose avec 100 g. Aidez-le à peser ses poupées. Si vous pouvez vous procurer une petite balance à l'ancienne avec des poids en métal, il comprendra encore mieux le fonctionnement des poids.

- Les liquides. Utilisez deux pots mesureurs. Apprenez à l'enfant à additionner 2 × 10 cl. Aidez-le à mettre de l'eau dans le premier pot jusqu'à la bonne graduation, puis à verser cette quantité dans le deuxième pot. Répétez l'opération. A la fin, le deuxième pot. Répétez l'opération. A la fin, le deuxième pot montrera le résultat de l'addition. Quand il connaît bien les graduations, faites des soustractions.

Pour ce qui est de l'heure, le mieux est d'installer dans la chambre de l'enfant une horloge avec des chiffres arabes et une aiguille des secondes. Placez derrière un grand carton qui indique les minutes.

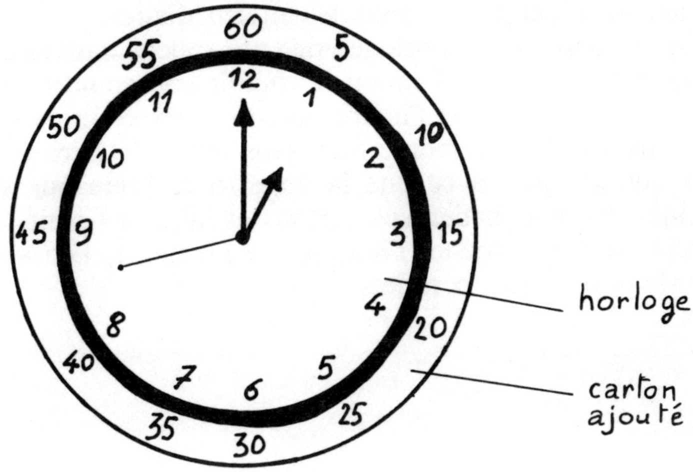

Commencez par lui expliquer que la petite aiguille indique les heures et va extrêmement lentement : pour qu'elle aille d'une graduation à l'autre, il faut que la grande aiguille des minutes fasse un tour complet ; et pour que la grande aiguille aille d'une graduation à l'autre, il faut que l'aiguille des secondes qui avance vite fasse elle aussi un tour complet. En regardant le mécanisme des secondes et des minutes, l'enfant peut comprendre celui des minutes et des heures qui est trop lent pour être observé. Expliquez-lui que chaque heure est divisée en 60 minutes, ce qui représente un tour de la grande aiguille. Ici vient l'utilité du grand carton. Ne comptez que par 5 minutes (évitez les précisions, telles que 8 h 12 ou 10 h 34). Montrez à l'enfant que la petite aiguille indique l'heure (les chiffres à l'intérieur de l'horloge) et la grande indique les minutes (les chiffres à l'extérieur de l'horloge). Quand l'enfant est capable de lire l'heure de 1 h à 12 h 55, tracez une croix à travers l'horloge et montrez-lui qu'on peut dire aussi une heure et quart pour 1 h 15, une heure et demie pour 1 h 30 et une heure trois quarts pour 1 h 45. Enfin, à ce stade, il est mûr pour compter à l'envers la demi-heure qui précède l'heure juste. Ecrivez, sur le carton, au-delà du cercle des minutes et en rouge : – 20, – le 1/4, – 10 et – 5. Dites à l'enfant qu'on peut aussi compter à l'envers et expliquez-lui comment. Dernière étape, apprenez-lui à compter les minutes intermédiaires.

Le fait d'avoir une horloge vraie et explicite dans sa chambre incitera beaucoup plus l'enfant à vouloir comprendre le mystérieux fonctionnement de l'heure, que des cartons immobiles. De plus, vous aurez vous-même bien plus envie de faire de petites leçons quotidiennes avec une horloge toute prête que s'il vous faut chaque fois déballer vos cartons et faire des petits dessins. N'oubliez pas d'accrocher l'horloge au niveau de l'enfant, assez bas sur le mur (gare aux reflets !).

HISTOIRE

L'histoire est le domaine qui m'a permis de comprendre comment construire et donner à l'enfant un « outil de culture », une référence toujours disponible qui l'aide à planter ses racines. J'ai expliqué la démarche qui m'a amenée à mettre cette technique au point, dans le chapitre *Une méthode sur mesure* (voir p. 89). Vous trouverez ici les explications pratiques et les étapes à suivre.

Le premier but est de donner à l'enfant la notion du temps. Il lui faudra plusieurs années pour l'acquérir en finesse (pour faire la différence entre hier et la semaine dernière), mais il sera cependant vite capable d'établir des tranches de temps aux limites incertaines qu'il apprendra à mettre dans l'ordre chronologique. Diviser le temps en tranches rudimentaires est la première étape. Il est un ordre qu'il est bon de suivre sans précipitation :

- *Première étape : le passé de l'enfant*. Quand l'enfant commence à aimer que vous lui racontiez des histoires en suivant les images d'un livre, prenez l'album de photos de sa première année. (Veillez à ce que les photos se présentent dans l'ordre chronologique.) Annoncez-lui, en grande pompe, que vous allez maintenant raconter son histoire à lui ! Expliquez-lui qu'il n'a pas toujours été grand comme aujourd'hui, qu'il a d'abord été un tout petit bébé qui ne pouvait pas bouger tout seul, qui dormait tout le temps, etc. En suivant les photos, faites-lui observer comme il a grandi petit à petit, montrez les étapes significatives : quand il a commencé à s'asseoir, à manger seul, à se déplacer à quatre pattes, à se mettre debout, à marcher, etc. Dites, en montrant la photo correspondante, à quel moment il a commencé à parler, quels étaient ses premiers mots, quels sons comiques il aimait produire, etc. Il adorera cette histoire ; racontez-la souvent et montrez-lui que, puisqu'il continue à grandir, vous devez compléter l'album. Quand vous sentez qu'il comprend bien sa propre histoire, passez à l'étape suivante, sans abandonner celle-ci.

• *Deuxième étape : l'histoire des parents*. Prenez l'album (ou des photos) de votre propre enfance. Expliquez-lui que vous avez été aussi un enfant et qu'à ce moment-là ses grands-parents étaient de jeunes parents. Faites la même chose avec l'enfance de votre conjoint. Montrez à l'enfant que la vie était différente sur certains points : surtout les voitures et les vêtements. Faites-lui des confidences sur des moments importants de votre enfance, rendez-la vivante et incontestable. Il est très difficile pour un enfant de croire que ses parents ont été, eux aussi, des enfants. Montrez-lui comment étaient vos parents (ses grands-parents), quand vous étiez petit.

• *Troisième étape : l'histoire des grands-parents*. Expliquez-lui que vous n'avez jamais vu vos parents enfants (puisque vous n'étiez pas né), mais que, eux aussi, ont été des bébés. Même scénario que pour votre enfance. Si vous avez des photos de vos grands-parents, montrez-lui les parents de vos parents. Expliquez-lui que tout le monde a été un enfant qui avait des parents qui ont eux-mêmes été enfants, etc.

• *Quatrième étape : les dinosaures*. Quand l'enfant a bien compris le principe des générations, vous pouvez aborder ce qui va être une grande surprise : « Il y a très, très, très longtemps, bien avant que grand-mère soit une petite fille, IL N'Y AVAIT PAS D'HUMAINS !!! Pourtant le monde existait, mais pas les humains ! Il y avait d'ailleurs des animaux très bizarres : les dinosaures ! » Montrez alors à l'enfant un livre bien illustré sur le sujet (voir *Bibliographie*). Appelez les dinosaures par leur nom (diplodocus n'est pas plus difficile à retenir qu'hippopotame). Il existe aussi des petites figurines en plastique bon marché représentant différents dinosaures. Cela aidera l'enfant à retenir les noms de ces animaux étranges qui n'existent plus et qui vivaient, QUAND IL N'Y AVAIT PAS ENCORE D'HUMAINS !

Quand l'enfant a compris cela, il est mûr pour l'histoire proprement dite. Bien sûr, s'il est passionné par les dinosaures et que vous avez de la bonne documentation, vous pouvez approfondir sa connaissance des origines. Montrez-lui dans quel ordre les animaux sont apparus sur terre et lesquels ont disparu. Sinon, vous pouvez passer directement à l'histoire de France.

HISTOIRE DE FRANCE

J'ai choisi de commencer l'histoire de France avec Hugues Capet pour deux raisons. D'abord dans notre culture la perception du temps se fait par rapport à un point précis : la naissance du Christ. Il y a ce qui s'est passé depuis, qui constitue notre civilisation et ce qui existait avant, qui remonte à la nuit des temps. Il n'est pas dans notre nature de choisir comme axe de réflexion un point aussi flou et inconnu que nos origines. C'est pourquoi faire commencer l'histoire de France aux temps des cavernes est un point de départ hasardeux ; pourquoi alors ne pas commencer aux dinosaures ou aux amibes ? La deuxième raison est que la France n'existait pas vraiment avant Hugues Capet et que ce n'est qu'à partir de son règne qu'elle a commencé à tendre vers ce qu'elle représente aujourd'hui. Rien n'embrouille plus un enfant que d'essayer de comprendre l'histoire du premier millénaire de notre ère avec l'image de la France d'aujourd'hui en tête ! Il est donc préférable de commencer à apprendre à l'enfant ce dernier millénaire, en détail. Quand il le connaît bien, on peut alors passer au précédent qui est en quelque sorte la gestation de la France. L'avantage aussi de ce choix est qu'il donne à l'enfant un étalon de temps très utile en histoire : mille ans.

Ici encore, c'est une chanson qui va faire entrer en douceur dans la tête de l'enfant la chronologie des chefs d'État et des faits historiques. Elle se divise en six couplets.

- La chanson (voir *Les Partitions*) :

LES CAPÉTIENS
(fin du xe siècle !)

— *Hugues Capet* fonda la dynastie des Capétiens.

— *Robert II le Pieux* allait souvent à l'église.
(ding dong : XIe siècle !)
— *Henri Ier* fut vaincu par Guillaume le Conquérant.
— *Philippe Ier* ne put participer à la première croisade
(ding dong : XIIe siècle !)
— *Louis VI le Gros,* le moine Suger fut son ministre.
— *Louis VII le Jeune* épousa Aliénor d'Aquitaine.
— *Philippe II Auguste* se battit contre les Anglais.
(ding dong : XIIIe siècle !)
— *Louis VIII le Lion* poursuivit Jean sans Terre jusqu'en Angleterre.
— *Louis IX dit Saint Louis* a fait construire la Sainte-Chapelle.
— *Philippe III le Hardi* était très courageux.
— *Philippe IV le Bel* a fait brûler les Templiers.
(ding dong : XIVe siècle !)
— *Louis X le Hutin* était toujours en colère.
— *Jean Ier le Posthume* est né après la mort de son papa.
— *Philipe V le Long* a écarté les femmes du trône.
— *Charles IV le Bel* fut le dernier des Capétiens.

ET C'EST AINSI QU'ON ARRIVE AUX VALOIS !

— *Philippe VI de Valois* commença la guerre de Cent Ans.
— *Jean II le Bon,* son règne connut la jacquerie.
— *Charles V le Sage* nomma Du Guesclin, connétable.
— *Charles VI le Bien-Aimé* est devenu fou par intermittence.
(ding dong : XVe siècle !)
— *Charles VII le Victorieux* monta sur le trône grâce à Jeanne d'Arc.
— *Louis XI* et son petit chapeau termina la guerre de Cent Ans.
— *Charles VIII l'Affable* est mort d'avoir cogné une porte.
(Paf : « Ouille !!! »)
— *Louis XII le Père du Peuple* épousa Anne de Bretagne.
(ding dong : XVIe siècle !)
— *François Ier* fut le grand roi de la Renaissance.
— *Henri II* épousa Catherine de Médicis, aima Diane de Poitiers.
— *François II* fut le premier mari de Marie Stuart.
— *Charles IX* ordonna le massacre de la Saint-Barthélemy.
— *Henri III,* avec ses mignons, fut le dernier des Valois.

ET C'EST AINSI QU'ON ARRIVE AUX BOURBONS !

— *Henri IV dit le Vert Galant* décida : « Paris vaut bien une messe » et fut tué par Ravaillac.
(ding dong : XVIIe siècle !)
— *Louis XIII le Juste* gouverna avec le cardinal de Richelieu.
— *Louis XIV le Roi Soleil* fit construire le château de Versailles.
(ding dong : XVIIIe siècle !)
— *Le Régent* remplaça le roi jusqu'à ce que le petit Dauphin devienne roi.
— *Louis XV le Bien-Aimé* aima Madame de Pompadour et Madame Du Barry.
— *Louis XVI (le serrurier)* épousa Marie-Antoinette d'Autriche.

HISTOIRE

HAAAAAH ! 1789 !LA RÉVOLUTION FRANÇAISE ! LE PEUPLE DETRUIT LA BASTILLE, C'EST LA RÉ-PU-BLIQUE !

(LE CHAOS POLITIQUE DU XIXe SIÈCLE)

— *La Constituante :* on arrête le roi.
— *La Législative :* Robespierre instaure la Terreur.
— *La Convention :* Louis XVI et Marie-Antoinette sont guillotinés ; puis c'est le tour de Robespierre.
— *Le Directoire :* le général Bonaparte s'en va-t-en guerre en Égypte.
— *Le Consulat :* Napoléon Bonaparte devient Premier Consul.
(ding dong : XIXe siècle !)
— *Le Premier Empire :* Napoléon Ier est sacré empereur, Joséphine impératrice.
— *La Restauration :* Napoléon est prisonnier dans l'île d'Elbe. Louis XVIII devient roi.
— *Napoléon* s'échappe, Louis XVIII s'enfuit avec son gros ventre.
— Ce sont les *Cent-Jours,* Napoléon perd la bataille de Waterloo et est exilé à Saint Hélène.
— *Louis XVIII* revient, toujours avec son gros ventre.
— *Charles X,* son frère, lui succède.
— Puis c'est *Louis-Philippe,* le roi bourgeois, qui est le dernier des rois.
— *1848.* Encore une révolution ! C'est la *Deuxième République.*
— *Napoléon III* prend le pouvoir. C'est le *Second Empire* avec ses crinolines.
— Les Allemands envahissent la France. C'est la fin de l'Empire et c'est la *Commune de Paris.*

ET C'EST AINSI QU'ON ARRIVE À LA TROISIÈME RÉPUBLIQUE !

— *Thiers* écrasa la Commune de Paris.
— *Mac-Mahon* fut partisan de la restauration qui échoua.
— *Jules Grévy* fut le premier vrai président de la Troisième République.
— *Sadi Carnot* tint tête aux Boulangistes et fut assassiné par Casério.
— *Casimir-Perier* démissionna très vite !
— *Félix Faure,* son mandat traversa l'affaire Dreyfus.
— *Émile Loubet* fut le premier président du XXe siècle.
(Ding dong !!!)
— *Armand Fallières* connut les troubles qui suivirent la séparation de l'Etat et de l'Eglise.
— *La Première Guerre mondiale* éclate, celle de *14-18.*
— *Raymond Poincaré* demande à Clemenceau de l'aider. Et la France gagne la guerre avec ses alliés.
— *Paul Deschanel* est devenu fou et se promenait en pyjama sur la voie ferrée.
— *Alexandre Millerand* veilla, avec Poincaré, à l'application du traité de Versailles.
— *Gaston Doumergue,* l'affable, vit éclater la crise économique de 1929.

— *Paul Doumer* fut assassiné par Gorgoulov.
— *Albert Lebrun* dut gouverner avec le Front Populaire, en 1936.

ET C'EST AINSI QU'ON ARRIVE À LA SECONDE GUERRE MONDIALE.

— *1939 :* Hitler, l'Allemand, déclare la guerre et attaque la Pologne.
— C'est la *« Drôle de Guerre »,* Hitler renforce son armée avant d'attaquer la France.
— *1940 :* la France est battue en six semaines, fin de la Troisième République.
— *Le maréchal Pétain* instaure l'Etat français pour gouverner la France occupée.
— *Le général de Gaulle,* réfugié à Londres, lance à la radio l'« Appel du 18 juin ».
— *1944 :* le Débarquement, les Américains et les Anglais libèrent la France ; voici la Quatrième République.
— *1945 :* fin de la Seconde Guerre mondiale sur toute la terre.
— *Vincent Auriol :* la guerre revient ! Celle d'Indochine !
— *René Coty :* second président de la Quatrième République qui est une telle pagaille qu'on n'en veut plus !
— *Le général de Gaulle* revient, invente la Cinquième République et mène la guerre d'Algérie. Encore une !
— *Mai-68 :* les étudiants se fâchent, l'émeute est dans la rue.
— *Georges Pompidou* fait construire Beaubourg.
— *Valéry Giscard d'Estaing* s'occupe des sous de la France.
— *François Mitterrand* joue une drôle de farce aux communistes.
— *Quant à la suite,* c'est à nous de l'inventer !

C'EST AINSI QU'ON ARRIVERA À L'AN 2000 !

Cette chanson est une sorte de marche qui se chante sur la gamme (voir *Les Partitions*). Après chaque chef d'État dont le règne a connu un changement de siècle, claironnez « ding dong : tel siècle ! ». Que l'enfant connaisse aussi ce découpage du temps.

• *Quand et comment ?* Au cours de sa troisième année, l'enfant devient très réceptif aux chansons plus longues. Il a d'ailleurs son hit-parade que vous devez encourager en lui demandant quelle chanson il veut que vous chantiez d'abord, et puis c'est à vous de choisir, etc. Vous introduisez ainsi (sans systématisme !) les chansons pédagogiques.

Quand il apprécie des chansons comme *Le Bon Roi Dagobert* ou *Cadet Roussel,* vous pouvez introduire *Les Capétiens.* Dans un premier temps, chantez-la tous les jours si possible jusqu'à ce que vous la connaissiez, tous les deux, parfaitement. Pendant 3 à 5 mois, vous vous contenterez de ce couplet. Après quelques jours, expliquez ce que chaque phrase veut dire. Exprès j'ai choisi, pour chaque roi, des caractéristiques très différentes : soit un événement historique important, soit le nom d'une femme qui a compté dans l'histoire, soit l'explication du surnom du roi. Il faut les expliquer toutes :

« *Hugues Capet* a fondé une dynastie, c'est-à-dire une famille de rois. Avant, quand un roi mourait, c'était la guerre pour savoir qui allait devenir roi. Mais Hugues Capet a décidé qu'après lui ce serait son fils aîné, puis son petit-fils, etc. D'ailleurs pour être sûr que son fils règne, il l'a sacré roi quand il était encore vivant ! Plusieurs Capétiens ont fait cela aussi pour être sûrs que la dynastie continue. A l'époque de Hugues Capet, la France était minuscule, mais comme c'est toujours la même famille qui s'en est occupée et qu'il n'y a plus eu de guerre de succession (puisque le fils aîné devenait roi sans discussion), la France est devenue de plus en plus grande et puissante.

Robert II le Pieux, son fils (qui est devenu roi, quand son papa était encore vivant) était très pieux ; c'est-à-dire qu'il allait souvent à l'église pour parler dans sa tête avec Dieu, pour prier et lui demander de l'aider.

Henri Ier s'est battu contre Guillaume le Conquérant et il a perdu. Il est resté avec sa toute petite France, alors que Guillaume le Conquérant qui était un grand seigneur français a conquis l'Angleterre et y est devenu roi d'Angleterre, un très grand roi !

Philippe Ier n'a pas pu participer à la première croisade. Les croisades étaient des guerres spéciales : des chrétiens d'Europe allaient jusqu'en Israël, à Jérusalem, pour délivrer le tombeau de Jésus-Christ. C'était les Sarrasins (qu'on appelle aujourd'hui les musulmans) qui avaient le tombeau de Jésus. Et comme les Sarrasins ne croyaient pas que Jésus est Dieu, ils ne respectaient pas son tombeau, ce qui rendait les chrétiens furieux. Et c'est pourquoi ils ont organisé les croisades. Les chrétiens de France étaient des catholiques qui obéissaient au pape. Mais le roi Philippe n'a pas obéi au pape. Il a changé de femme ! Et le pape était tellement fâché qu'il a excommunié Philippe Ier ! Excommunier, ça veut dire que le pape a décidé qu'il n'était plus catholique ! Mais si le roi était excommunié, il ne pouvait plus aller délivrer le tombeau de Jésus. C'est ainsi que Philippe Ier n'a pas pu participer à la première croisade !

Louis VI le Gros était grand, gros et énergique. Il aimait bien manger. Mais il voulait que la France devienne un grand pays. Alors il a cherché autour de lui quelqu'un qui pourrait l'aider et il a choisi le moine Suger qui était très intelligent. Comme ça, même quand il était trop occupé à manger, le moine Suger s'occupait de tout le reste : les routes, les églises, les écoles, chasser les brigands, faire obéir les soldats, etc.

Louis VII le Jeune, lui, a épousé une femme extraordinaire qui s'appelait Aliénor d'Aquitaine. Elle connaissait et aimait la musique, la peinture, la poésie ! Mais Louis VII n'a plus voulu d'elle, il l'a répudiée. Elle a épousé alors le roi d'Angleterre et Louis VII s'est rendu compte qu'il avait fait une grosse bêtise, parce que le domaine d'Aquitaine qui appartenait à Aliénor est devenu une partie de l'Angleterre. Quel sot ce Louis VII avec ses humeurs !

Philippe II Auguste était un tellement grand roi qu'on disait qu'il était comme un empereur, c'est ça que ça veut dire « auguste ». Il s'est fort battu contre les Anglais pour leur apprendre que la France n'était pas un petit pays. Et il a même battu les Allemands qui avaient essayé d'envahir la France, pendant qu'il se battait contre les Anglais. Mais Philippe Auguste les a tous battus à Bouvines. Quel grand roi ! Et c'est pendant son règne qu'on a construit Notre-Dame de Paris.

Louis VIII le Lion, son fils, continua à se battre contre les Anglais, comme son père et même il poursuivit le roi d'Angleterre, Jean sans Terre, jusque dans son pays, jusqu'en Angleterre ! Mais il est mort après 3 ans de règne.

Louis IX dit Saint Louis était, paraît-il, un si bon roi qu'il est devenu un saint, c'est-à-dire le bien-aimé de Dieu ! Et comme il aimait tellement Dieu, il a fait construire la Sainte-Chapelle qui est un des bijoux de Paris. Le peuple l'aimait, parce qu'il était juste. Et les gens qui avaient des problèmes pouvaient venir le voir, sous son chêne près du château, pour lui demander son avis !

Philippe III le Hardi était un roi bizarre. On l'appelait le Hardi, parce qu'il était courageux, mais en même temps il était faible de caractère. Il ne savait jamais quoi faire et faisait tout ce que les autres lui disaient !

Philippe IV le Bel fut aussi un grand roi pour la France. Mais comme il avait besoin de beaucoup d'argent pour organiser tout ce qu'il voulait faire, il a fait mettre en prison les Templiers. Les Templiers étaient des moines chevaliers qui, autrefois, protégeaient le tombeau du Christ à Jérusalem. Du temps de Philippe IV, ils étaient très riches et pour prendre leur argent, le roi les a fait emprisonner, torturer et puis brûler sur un bûcher. Quand le chef des Templiers, Jacques de Molay, est monté sur le bûcher, il a maudit le roi, il a dit : « Sois maudit jusqu'à la treizième génération ! » Ça veut dire : que le malheur s'abatte sur ta famille !

Et effectivement le malheur s'est battu sur la famille de Philippe IV le Bel. Il avait trois fils. Le premier *Louis X le Hutin* était toujours en colère, c'est pour ça qu'on l'appelait le « hutin ». Un hutin, c'est quelqu'un comme Donald Duck qui crie tout le temps ! Mais il est mort au bout de deux ans, alors que la reine attendait un enfant.

Le bébé est né et est devenu roi tout de suite. C'était *Jean Ier le Posthume ;* posthume, ça veut dire qui est né après la mort de son papa. Et c'est ce qui est arrivé. Malheureusement le bébé roi est mort au bout de quelques jours !

Alors, c'est son oncle, le frère de Louis X le Hutin qui est devenu roi. Il s'appelait *Philippe V le Long,* parce qu'il était grand. Il voulait absolument devenir roi, pour cela il a empêché la sœur de Jean Ier le

Posthume de devenir reine. C'est pour cela que depuis en France, les filles du roi ne peuvent pas devenir reines ; il les a écartées du trône !

Comme il est mort sans laisser de fils vivant pour lui succéder, c'est son frère, le troisième fils de Philippe IV le Bel, qui est devenu roi. Il s'appelait *Charles IV le Bel,* il était beau. Mais lui aussi est mort sans fils pour lui succéder. Voilà comment il n'y a plus eu de rois capétiens ! On a dû faire appel à un cousin : Philippe VI de Valois ! Et c'est ainsi qu'a commencé la dynastie des Valois. On dirait que la malédiction du Templier, Jacques de Molay, s'est réalisée ! »

C'est ainsi que vous expliquez la chanson à l'enfant. Bien sûr vous ajoutez les commentaires, les exclamations de surprise, les explications des termes inconnus. Si l'enfant a moins de 3 ans, ne prenez qu'un détail pour commencer et ajoutez les autres petit à petit. Donnez toujours à l'enfant le sentiment que vous lui racontez quelque chose d'extraordinaire, à la limite du croyable ! N'ayez pas peur d'employer des termes que l'enfant ne comprend pas (comme gouverner ou prendre le pouvoir), il mettra des années à les comprendre, mais c'est à force de les entendre qu'il y parviendra.

• *Le jeu de cartes*. Pour vous aider à personnaliser ces rois, vous trouverez dans le livre *Les Rois de France* (Ed. Hatier) les portraits imaginés des Capétiens et des premiers Valois, ainsi que tous les autres dont les visages sont connus. (Comme ils se ressemblent, vous pouvez les photocopier, les rehausser de couleurs différentes pour atténuer cette ressemblance et les coller sur des cartons séparés.) En plus des cartons représentants les rois, faites une série de cartons pour les caractéristiques de chaque roi : vous trouverez des illustrations dans la collection *Documentation Scolaire* (Ed. Arnaud) ; pour les autres, allez dans une bibliothèque publique et photocopiez ce qui vous manque. Voici une liste de données pour établir vos cartons.

Exemple :

Hugues Capet (987-996)
— l'arbre généalogique des Capétiens.

Cela veut dire : faites un carton avec la tête de Hugues Capet et un autre avec l'arbre généalogique. Les dates vous permettront d'établir l'*aide-mémoire* (voir ci-dessous). Quand il y a une date entre guillemets, cela veut dire que c'est elle que vous devez écrire sur le carton au lieu d'un dession.

Par exemple : « 1789 » ou « XXe siècle ».

CAPÉTIENS	Hugues Capet (987-996) — l'arbre généalogique des Capétiens Robert II le Pieux (996-1031) — une église romane Henri Ier (1031-1060) — Guillaume le Conquérant Philippe Ier (1060-1108) — des croisés Louis VI le Gros (1108-1137) — le moine Suger Louis VII le Jeune (1137-1180) — Aliénor d'Aquitaine Philippe II Auguste (1180-1223) — la bataille de Bouvines Louis VIII le Lion (1223-1226) — la miniature de Jean sans Terre à cheval Louis IX dit Saint-Louis (1226-1270) — la Sainte-Chapelle (Paris) Philippe III le Hardi (1270-1285) — une armure Philippe IV le Bel (1285-1314) — des Templiers Louis X le Hutin (1314-1316) — une caricature de roi en colère Jean Ier le Posthume (1316) — un dessin de bébé couronné Philippe V le Long (1316-1322) — dessin d'un roi repoussant des femmes Charles IV le Bel (1322-1328) — l'arbre généalogique des Capétiens barré

VALOIS	Philippe VI de Valois (1328-1350) — 2 armées prêtes à engager le combat Jean II le Bon (1350-1364) — scène de jacquerie Charles V le Sage (1364-1380) — le chevalier Du Guesclin Charles VI le Bien-Aimé (1380-1422) — la scène à cheval dans les bois où il est devenu fou Charles VII le Victorieux (1422-1461) — Jeanne d'Arc Louis XI (1461-1483) — dessin de 2 rois signant un traité de paix Charles VIII l'Affable (1483-1498) — dessin d'un roi se cognant la tête à une porte Louis XII le Père du Peuple (1498-1515) — Anne de Bretagne François Ier (1515-1547) — le château de Chambord et Léonard de Vinci

HISTOIRE

VALOIS

Henri II (1547-1559)
— Catherine de Médicis et Diane de Poitiers
François II (1559-1560)
— Marie Stuart
Charles IX (1560-1574)
— le massacre de la Saint-Barthélemy
Henri III (1574-1589)
— un groupe de mignons

BOURBONS

Henri IV (1589-1610)
— son assassinat par Ravaillac
Louis XIII (1610-1643)
— le cardinal de Richelieu
Louis XIV (1643-1715)
— le château de Versailles
Le Régent (1715-1723)
— le tableau le représentant avec le Dauphin
Louis XV (1715-1774)
— Mme de Pompadour et Mme Du Barry
Louis XVI (1774-1793)
— Marie-Antoinette d'Autriche
« 1789 »
— la prise de la Bastille

CHAOS POLITIQUE DU XIXe SIÈCLE

L'Assemblée (La Constituante : 1789-1791)
— l'arrestation du roi
Robespierre (La Législative : 1791-1792)
— une guillotine
Un sans-culotte et une tricoteuse (La Convention : 1792-1795)
— la mort de Louis XVI
Un incroyable et une merveilleuse (Le Directoire : 1795-1799)
— Bonaparte au pied des pyramides
Bonaparte à la Malmaison (Le Consulat : 1799-1804)
— son bureau à la Malmaison
Napoléon sacré (Le Premier Empire : 1804-1814)
— Joséphine couronnée
Napoléon prisonnier (La Restauration : 1814-1815)
— Louis XVIII à son bureau
Retour de Napoléon (1815)
— Louis XVIII, avec un énorme ventre, monte dans une voiture.
« Les Cent-Jours » (1815)
— Napoléon à Waterloo
Louis XVIII (1815-1824) le ventre posé sur une table roulante
— un trône
Charles X (1824-1830)
— les 3 petits singes qui ne veulent ni entendre, ni voir, ni parler

CHAOS POLITIQUE	Louis-Philippe (1830-1848) — une couronne barrée « 1848 » (La IIe République : 1848-1852) — une barricade Napoléon III (1852-1870) — une dame en crinoline Les Prussiens (La Guerre de 1870 et la Commune de Paris en 1871) — une mère donnant un rat à ses enfants

TROISIÈME RÉPUBLIQUE	Thiers (1871-1873) — exécution de communards Mac-Mahon (1873-1879) — le comte de Chambord Jules Grévy (1879-1887) —« IIIe République » Sadi Carnot (1887-1894) — le général Boulanger Casimir-Perier (1894-1895) — caricature d'un président qui dit non Félix Faure (1895-1899) — Dreyfus et son procès Émile Loubet (1899-1906) — « XXe siècle ! » Armand Fallières (1906-1913) — manifestations début de siècle « 14-18 » — une tranchée Raymond Poincaré (1813-1920) — Clemenceau Paul Deschanel (1920) — silhouette d'un homme en pyjama sur une voie ferrée Alexandre Millerand (1920-1924) — signature du traité de Versailles Gaston Doumergue (1924-1931) — des chômeurs dans la rue Paul Doumer (1931-1932) — Gorgoulov Albert Lebrun (1932-1940) — manifestation du Front Populaire

	Hitler (1933-1945) — une carte de l'Allemagne et de la Pologne : un char allemand passe la frontière Des Français en train de rire (la « Drôle de Guerre » : 1939) — un char allemand

DE LA SECONDE GUERRE MONDIALE À NOS JOURS

« 1940 »
— « Troisième République » barré d'une croix
Le maréchal Pétain (1940-1944)
— des soldats allemands dans Paris
Le général de Gaulle (1944-1946)
— des Français écoutant la radio
Le Débarquement (1944)
— la libération de Paris
« 1945 »
— une colombe de paix sur un globe terrestre
Vincent Auriol (1947-1954)
— scène de guerre visiblement indochinoise
René Coty (1954-1958)
— caricature de quelqu'un qui déchire, dégoûté, la « Quatrième République »
Le général de Gaulle en civil (1958-1969)
— Fellaghas en armes
« Mai-68 »
— manifestation violente d'étudiants
Georges Pompidou (1969-1974)
— Beaubourg
Valéry Giscard d'Estaing (1974-1981)
— un amas de billets et d'or
François Mitterrand (1981-   )
— le drapeau rouge
Des enfants
— « An 2000 »

• *<u>Les jeux avec les cartons</u>*. Ces illustrations aident l'enfant à fixer dans sa mémoire tous ces noms et événements. Voici quelques façons de les utiliser :

— Montrez à l'enfant les cartons qui illustrent les chefs d'État, en chantant un couplet. Puis jouez à reconnaître qui est qui.

— Ensuite donnez-les-lui dans le désordre et demandez-lui de les mettre dans l'ordre.

— Quand l'enfant se débrouille bien, prenez la seconde série de cartes. Chantez le couplet et apprenez à l'enfant à les mettre en face du chef d'État correspondant.

— Quand il est passé maître à ce jeu, passez aux petits cartons des siècles (12 petits cartons ; sur chacun d'eux se trouve écrit un siècle : du XXe au XXIe siècle). Donnez à l'enfant ceux qui correspondent au couplet que vous chantez et apprenez-lui à mettre le carton adéquat a côté du chef d'État qui a connu ce changement de siècle pendant son règne.

Ne passez pas trop vite d'un couplet à l'autre, laissez l'enfant s'imprégner de toutes ces données avant de lui offrir les suivantes. Quand il connaît le premier couplet et ses cartons, revoyez la dynastie une fois par semaine. Au bout de quelques mois, passez aux Valois. Dans un bon dictionnaire, vous trouverez les détails nécessaires pour raconter l'histoire de cette nouvelle dynastie. Quand l'enfant connaît les Valois, vous revoyez le tout de Hugues Capet à Henri III. Chantez la chanson une fois par semaine, les trajets en voiture ou la promenade sont d'excellents moments. Quant aux cartons vous jouez avec eux de temps à autre, quand le moment est propice.

● *Le livre d'histoire de France*. Au bout de 18 à 24 mois, l'enfant connaîtra ce millénaire d'histoire. Il aura environ 4 ans, vous l'aurez déjà habitué à des lectures plus importantes (voir chapitre *Langage et Poésie*). Le moment est venu de lui lire l'histoire de France. Choisissez un bon livre amusant à lire (voir *Matériel Conseillé*), commencez la lecture à Hugues Capet. Glissez les cartons des chefs d'État (voir ci-dessus) aux bons endroits. Bien des rois sont ignorés dans les livres pour enfant, glissez les cartes de ceux qui manquent à l'endroit où ils devraient être. Quand vous y arrivez, faites remarquer à l'enfant qu'il connaît des choses qui ne sont même pas dans le livre, sa fierté ne connaîtra pas de borne !

● *Avant Hugues Capet*. Quand vous avez lu les Capétiens jusqu'à nos jours, lisez la première partie du livre. C'est une introduction au premier millénaire. Libre à vous de décider de garder seulement les points de repères donnés par le livre ou d'approfondir la connaissance de l'enfant, avec la méthode décrite ci-dessus.

● *Les excursions historiques*. Pendant la lecture du livre d'histoire, organisez des excursions illustratives. Prenez un guide touristique de votre région et relevez les chefs d'état qui ont été liés aux sites historiques. Illustrez ainsi la lecture du livre, de visites. Rapportez-en des cartes postales ou des photos et aidez l'enfant à se constituer son « Album d'Histoire » personnel : dans un porte-photo, mettez face à face le portrait du chef d'État et la carte postale (ou la photo) souvenir.

• Histoire des autres pays. Quand l'enfant a une idée relativement précise de notre millénaire et de ce qui l'a précédé, vous pouvez aborder l'histoire d'Angleterre qui est étroitement liée à celle de la France. L'enfant en connaît déjà quelques éléments importants : Guillaume le Conquérant qu'on peut considérer comme l'équivalent, pour l'Angleterre, de Hugues Capet ; Aliénor d'Aquitaine qui après avoir été mariée au roi de France Louis VII le Jeune, a épousé Henri II Plantagenêt dont elle a eu Richard Cœur de Lion et Jean sans Terre, voici l'occasion de raconter ou d'aller voir au cinéma *Robin des Bois* et *Ivanhoé* ; avec Marie Stuart, la première femme du roi français François II, on retrouve Elisabeth Ire d'Angleterre qui l'a fait décapiter, ainsi que son père, le sanguinaire Henri VIII, à propos duquel on peut raconter l'histoire de *Barbe-Bleue*, etc.

Vous pouvez aussi évoquer la littérature de cape et d'épée, Walter Scott, Alexandre Dumas, Paul Féval, la baronne Orczy pour ne citer que ceux-là, et donner ainsi à votre enfant une passion future pour la lecture. Il aura de plus la chance d'être en terrain connu, quand il lira ces livres.

Ensuite vous pouvez aborder l'Espagne dont l'histoire est bien charpentée aussi et liée à la France. Puis la Russie. Et enfin viennent les pays aux destins plus éclatés ou récents : l'Italie, l'Allemagne, les Etats-Unis.

Si vous êtes toujours d'attaque, il vous reste l'Antiquité et l'Asie ! Mais sans doute à cet âge, l'école aura-t-elle pris le relais et votre rôle sera plus d'aider l'enfant à intégrer ses nouvelles connaissances et l'encourager à les améliorer.

• Histoire de France : squelette de la connaissance. Le fait de posséder ce fil sans rupture qui va du Xe au XXe siècle est pour l'enfant un outil qui lui permet d'organiser ses connaissances, sa culture. Prenez l'habitude chaque fois que vous parlez d'un compositeur, d'un artiste, d'un savant, d'un personnage célèbre ou d'un événement important, de le situer dans l'histoire de France. Dites à l'enfant quels rois ou chefs d'État, ce personnage a connu ou aurait pu connaître. Par exemple, en histoire de l'art :

> « Maintenant nous allons voir des tableaux de Renoir. Il a vécu longtemps Renoir, tu sais ! Il est né au XIXe siècle, quand Louis-Philippe, le roi bourgeois, était au pouvoir. Renoir a connu le dernier des rois ! Et comme il était français, il savait bien ce qui se passait en France. Quand il était petit garçon, quand il avait sept ans, il y a eu la révolution de 1848 ! Il a donc connu la Deuxième République. Mais Napoléon III a pris le pouvoir et ce fut le Second Empire ! Et c'est vers la fin du Second Empire que Renoir est devenu peintre, il a même peint des dames en crinoline ! Puis il a connu la guerre de 1870, quand les Allemands ont envahi la France. Et la Commune de Paris, quand les Parisiens n'avaient plus rien à manger ! Il en a connu des époques, Renoir ! Et puis toute la Troisième République jusqu'à la Première Guerre mondiale ! Thiers qui a écrasé la Commune de Paris ; Mac-Mahon qui voulait que les rois reviennent ; Jules Grévy, enfin un vrai président ; Sadi Carnot qui a empêché le général Boulanger de prendre le pouvoir de force, mais qui a été assassiné par Casério ; Casimir-Perier qui ne voulait plus être président et qui a démissionné tout de suite ; Félix Faure qui était président pendant l'affaire Dreyfus que je t'ai racontée ; Emile Loubet le premier président du XXe siècle ! Eh bien oui, il a vécu jusqu'au XXe siècle, Renoir ! Et il a encore vécu longtemps ! Il a connu aussi Armand Fallières et les troubles, les problèmes qui ont eu lieu quand on a dit à l'Eglise, aux cardinaux, aux évêques, etc., qu'ils ne pouvaient plus s'occuper de gouverner le pays ! Et puis la Première Guerre mondiale a éclaté ! Renoir était très vieux. Il a vécu toute la guerre, il a vu Poincaré demander à Clemenceau de l'aider. Même si Poincaré n'aimait pas Clemenceau, la situation était trop grave, il fallait que la France gagne la guerre. Et elle l'a fait ! Avec ses alliés ! Et le vieux, vieux Renoir est mort un an après la fin de la Première Guerre mondiale ! Il en a connu des choses ! »

C'est une excellente façon de revoir régulièrement son « cours d'histoire ». Si le personnage que vous évoquez est étranger à la France, vous dites à l'enfant qu'il ne savait peut-être pas tout ça, mais pourtant c'est bien ce qui se passait en France à ce moment-là ! Ce n'estpas toujours aussi long. Par exemple, si vous parlez de l'Amérique du Sud et que vous évoquez sa découverte : « Et tu sais, quand Christophe Colomb a découvert l'Amérique, c'est la dynastie des Valois qui régnait en France. Et c'est Charles VIII l'Affable qui était roi (celui qui est mort d'avoir cogné une porte !) à la fin du XVe siècle. »

• *L'aide-mémoire*. Ayez sous la main, dans votre portefeuille ou ailleurs, un aide-mémoire : une fiche sur laquelle vous écrivez, dans l'ordre, tous les chefs d'État avec les dates de début et de fin de règne. En rouge, les changements de siècle. C'est très utile. Dès que vous voulez faire une référence historique, point n'est nécessaire de compulser longuement le dictionnaire, il suffit d'une date et vous la situez aisément dans l'histoire de France.

- *Pour ceux qu'apprendre tout cela effraie*, il y a plusieurs trucs. D'abord enregistrez la chanson sur une cassette (chantez ou récitez, peu importe, du moment que vous vous y tenez). Passez-la très souvent et essayez de la retenir avec votre enfant. N'oubliez pas que connaître l'histoire de France peut vous apporter beaucoup de satisfaction, c'est un domaine palpitant. Et si à l'école vos professeurs vous en ont dégoûté, c'est qu'ils n'y connaissaient rien ! N'acceptez plus qu'ils vous aient ainsi estropié !

GÉOGRAPHIE

La géographie est, comme l'histoire, une branche de base, car elle repose sur une notion qu'il est très important que l'enfant acquiert : celle de l'espace. De plus, c'est grâce à elle que l'enfant comprendra que le monde ne se limite pas à son environnement, ni même à son pays ou à sa culture.

Malheureusement, la géographie est un domaine plus abstrait que l'histoire, elle ne regorge pas d'anecdotes et de personnages hauts en couleur ! La première chose est de faire sentir l'espace à l'enfant :

• *Situer les choses dans l'espace*. Prenez l'habitude de faire remarquer à l'enfant où se trouvent les objets. Quand l'enfant commence à visualiser de mémoire ce qu'il n'a pas sous les yeux (vers environ 2 ans), faites-lui faire la différence entre les pièces de la maison. Prenez pour chacune un objet symbolique : la baignoire pour la salle de bains, le frigo pour la cuisine, le lit pour la chambre, la table pour la salle à manger, etc. Demandez-lui où se trouvent ces objets. Si l'enfant ne parle pas encore volontiers, demandez-lui de vous les montrer et courez à deux dans la maison : « Où est le frigo ? Mais où est le frigo ? Oh ! dans la cuisine ! Il est dans la cuisine, pas dans la chambre, ni dans la salle de bains, il est dans la cuisine ! » Puis amenez-le petit à petit à faire ce jeu mentalement.

• *Dessinez le plan de la maison* : le contour des pièces (coloriez chacune d'une couleur différente) et leur agencement. Faites le tour de la maison avec le plan et montrez à l'enfant que les taches de couleur correspondent aux pièces. Quand il est capable de reconnaître les pièces sur le plan, prenez une série de petits objets différents : pastille, bouchon, capsule, haricot, pois chiche, etc. Donnez-lui l'un d'entre eux en disant :

> « Ça, c'est toi ! Mets-toi où tu te trouves ! Où es-tu maintenant... dans le salon, très bien. Où est le salon sur le plan ? Oui !!! Eh bien la tache rouge, c'est le salon et toi, tu es le haricot, donc tu mets le haricot sur la tache rouge... Ça c'est comique ! »

Et ainsi de suite avec les personnes et les objets.

● *Le plan de la pièce où se trouve l'enfant*. Dessinez le contour de la pièce où vous vous trouvez avec l'enfant, n'oubliez pas les portes et les fenêtres. Mettez ce dessin devant l'enfant dans l'axe de son regard. Dites-lui que c'est le salon où vous êtes en ce moment et montrez-lui que les fenêtres et les portes correspondent. Désignez un à un les meubles (et les personnes) qui se trouvent dans le salon et demandez à l'enfant où il faut les dessiner sur le plan. Suivez ses indications. S'il se trompe : « Tu crois vraiment ? Regarde, si le canapé est là, es-tu sûr que le fauteuil est là ? » C'est pour cela qu'il est important que le dessin soit dans l'axe du regard de l'enfant.

● *Le rapetissement des objets vus de loin*. Emmenez l'enfant en haut d'un immeuble élevé. Avant de monter, faites-lui remarquer tout ce qu'il verra d'en haut et qui se trouve au pied du bâtiment : les gens, les voitures, les arbres, etc. Remarquez comme ils sont grands, quand on se trouve près d'eux. Puis grimpez tout en haut et montrez-lui comme tout est devenu petit ! Expliquez-lui que plus on s'éloigne d'un objet, plus il a l'air de devenir petit. Et si on s'éloigne encore, on ne le verra même plus : trop petit ! Et pourtant là-bas, il a toujours la même taille.

● *Les étoiles*. Le moment est venu alors de lui montrer les étoiles. Annoncez-lui qu'une nuit vous allez le réveiller pour lui montrer les étoiles ! Attendez l'arrivée d'une belle nuit étoilée et réveillez-le. Donnez-lui le temps d'émerger du sommeil, rappelez-lui votre promesse et dites-lui que le grand moment est arrivé ! Emmenez-le dehors et montrez-lui le ciel. Expliquez-lui qu'en fait chaque étoile est grande comme le soleil, mais qu'elle se trouve si loin qu'elle est petite comme une ampoule, comme les gens et les voitures qu'il a vus d'en haut de l'immeuble.

• *L'astronomie*. Comme les dinosaures ont servi à reculer le temps au-delà de l'humanité (voir chapitre *Histoire*), les planètes vont agrandir l'espace au-delà de la terre. Prenez une bonne illustration du système solaire. Expliquez à l'enfant que, tout comme on peut faire un plan de la maison, on peut aussi en faire un de ce qui se trouve autour du soleil, dans le ciel.

> « Ça, c'est le soleil que tu vois dans le ciel pendant la journée. C'est une boule de feu, c'est pour ça qu'il est si chaud. Autour du soleil tournent des boules de terre qu'on appelle les planètes. Et celle-ci, elle est très spéciale ! Il y a dessus des plantes ! Des animaux ! Et des humains ! C'est chez nous ! D'ailleurs cette planète-là, on l'appelle 'la Terre' ! C'est la nôtre, c'est nous qui habitons dessus et c'est la plus extraordinaire de toutes. Sur les autres il n'y a ni plante, ni animal, ni humain ! Mais elles sont spéciales aussi : regarde, celle-ci a des anneaux, comme des bijoux, c'est Saturne ! Et celle-ci tu la connais bien, c'est la Lune ! Et tu sais ce qu'elle a de bizarre ? Elle ne tourne pas autour du soleil comme les autres planètes, elle tourne autour de la terre, autour de nous ! C'est pour ça qu'on dit qu'elle est un satellite, le satellite de la terre ! (etc.) Et tu vois, chaque étoile est comme le soleil avec ses planètes. Mais elles sont si loin qu'on ne sait rien d'elles ! On ne sait pas s'il existe une autre planète, comme la terre ! »

Excellent moment pour faire une première visite au planétarium !

• *Faire la différence entre les villes*. Si les grands-parents (ou des gens que l'enfant connaît bien) habitent une autre ville, allez leur rendre visite. Faites remarquer à l'enfant que vous roulez dans la ville, puis que vous la quittez, qu'il n'y a plus de maison, que voici d'autres villes et qu'enfin vous arrivez dans « la ville de Grand-Père, qui s'appelle Bourges ! » Quand l'enfant a compris qu'il habite à Paris et que ses grands-parents habitent à Bourges, passez en revue tous les gens qu'il connaît et dites dans quelles villes ils habitent !

• *La géographie : un jeu d'emboîtement !* « La famille (Papa Maman et Camille) habite dans une maison, et les maisons 'habitent' dans la ville, et les villes 'habitent' dans un pays ! Le pays, c'est là où tous les gens parlent la même langue. (Vous aborderez les pays polyglottes plus tard, l'enfant a besoin ici d'une définition lapidaire.) Et les pays, ils habitent dans un continent entouré d'eau… et les continents ?! Ils habitent sur la Terre ! Sur la planète Terre qui tourne autour du soleil et que je t'ai montrée ! »

• _Le pays de l'enfant_. « Tu te souviens, on a dessiné la maison et puis on a mis les personnes et les objets dedans. Maintenant je vais te montrer le dessin de notre pays qui s'appelle la France et nous allons y mettre les villes que nous connaissons ! » Prenez une carte de France dont vous avez bien épaissi le contour. Montrez-la à l'enfant et faites un gros point où se trouve sa ville, puis marquez ainsi les villes où habitent les gens qu'il connaît bien (même s'il ne les a pas visitées toutes). Affichez la carte au mur de sa chambre pour qu'elle devienne une référence toujours disponible. Vous pouvez fabriquer des petits fanions pour représenter les personnes, avec des épingles garnies de papiers colorés, et jouer à « qui habite où ».

• _Le continent de l'enfant_. Quand l'enfant est à l'aise avec son pays, rappelez-lui que les pays « habitent » dans un continent. Montrez-lui une carte de son continent (vous pouvez photocopier un atlas sur une double feuille, épaissir les contours des pays et les colorier de couleurs différentes). S'il connaît des personnes habitants d'autres pays sur ce continent, montrez-les-lui ; s'il connaît l'existence d'autres langues, montrez-lui les pays où elles sont parlées ; etc.

• _Les continents_. Rappelez-lui que les continents « habitent » sur la Terre. Montrez-lui les cartes des 5 (ou 6) continents. Puis prenez un globe terrestre sur lequel vous aurez marqué sommairement le contour de chaque continent au feutre épais (il existe maintenant des globes bon marché qui sont des ballons en plastique), comparez-le à un planisphère et expliquez-lui qu'en fait les cartes ne représentent pas la réalité, car les continents sont sur une boule et les deux extrémités du planisphère se touchent. Enfin reprenez tout votre matériel et repassez du pays, au continent, aux continents, au globe et finalement au système solaire que vous lui aviez montré au début.

• *TRÈS IMPORTANT !* _La géographie au quotidien_. Maintenant que l'enfant a, à peu près, compris que les lieux peuvent être représentés, abstraitement, il faut introduire ce langage dans le quotidien. Affichez au mur de la chambre de l'enfant une carte de son pays (ou même du continent, si la carte est assez grande pour que le pays soit bien détaillé ; n'oubliez pas d'épaissir les contours) et un planisphère. Prenez l'habitude chaque fois qu'on parle d'un endroit, d'un monument, d'une personne qui est en voyage, etc. de montrer à l'enfant, sur la carte, où se trouve l'endroit en question. Marquez-le et rappelez de temps en temps le nom de l'endroit et pourquoi vous l'avez marqué. Demandez aux personnes de votre entourage d'envoyer une carte postale à l'enfant, chaque fois qu'elles sont en déplacement. Et marquez en grande pompe sur la carte géographique l'endroit d'où elle vient. Puis mettez-la dans un petit porte-photo (vous en trouverez de la taille carte postale, dans les magasins d'albums de photos). L'enfant constituera ainsi un livre d'images qu'il sera capable de situer sur la carte. Le petit porte-photo vous permettra de les reclasser au fur et à mesure, par pays.

● *Les points cardinaux*. Il y a trois étapes :
1) Expliquez les différences entre les quatre points cardinaux. Dans le ciel, le soleil se lève à l'est, au milieu de la journée il est au sud, il se couche à l'ouest et ne va jamais au nord.
2) Prenez le globe terrestre, mettez l'Europe face à lui. Montrez-lui que le pôle nord est, comme son nom l'indique, au nord ; que le pôle sud est au sud ; quand on va à gauche vers l'Amérique, on va à l'ouest ; et quand on va à droite vers l'Asie, on va à l'est. Idem avec un planisphère. Puis expliquez-lui que toutes les cartes ont le nord au-dessus, le sud en-dessous, l'est à droite et l'ouest à gauche. Jouez avec des cartes, demandez à l'enfant où se trouvent les points cardinaux. Quand il a bien compris, posez-lui des questions telles que : « Quel pays est à l'est de la France ? Est-ce que la France est au nord ou au sud de la Belgique ? », etc.
3) Tracez une croix noire (en suivant les médianes) sur un carton (40 cm/40 cm), indiquez aux extrémités les quatre points cardinaux. Prenez une boussole :

> « Regarde, c'est un instrument extraordinaire, c'est une boussole. Tu vois la petite aiguille bleue ? Elle cherche toujours le pôle nord. Regarde, elle l'a trouvé ! Maintenant pose ton carton dans la même direction et mets-toi au milieu. Voilà ! Si tu marchais longtemps dans cette direction, vers le nord, tu arriverais en Belgique ! Dans cette

direction, vers le sud, tu irais prendre un bain dans la Méditerranée. Vers l'ouest, ce serait dans l'océan Atlantique que tu prendrais un bain ! Et vers l'est, tu irais manger de la choucroute chez les Allemands ! (En parlant montrez-lui ce que vous dites sur la carte que vous tenez en main.) Mais regarde ! sans aller si loin, ta chambre, elle est à l'ouest ! Et la cuisine, elle est au nord ! C'est amusant, hein ! Allez, continue d'orienter la maison... »

Vous pouvez emmener le carton et la boussole en promenade, ça lui plaira beaucoup. Faites-lui remarquer que, quand il change d'endroit, les mêmes points de repères ne sont plus dans la même direction ! Quand il se débrouille bien, tracez sur le carton une croix rouge (en suivant les diagonales) et indiquez aux extrémités les points cardinaux intermédiaires (NE, SE, SO, NO) et poursuivez les jeux.

● *Les plans des villes*. Tracez, en grand, le plan des rues de votre quartier sur une feuille de papier fort. Ecrivez-en les noms, en grandes lettres, pour que l'enfant puisse reconnaître les rues dès qu'il commence à lire. En allant à l'école ou au magasin, faites-lui prendre son plan et suivre le chemin dessus. Une autre fois, dites-lui d'« inventer une promenade ». Il trace une boucle (au crayon pour pouvoir l'effacer ensuite) sur son plan, puis vous partez ensemble et vous lui dites d'indiquer le chemin. Faites des commentaires pour que chaque rue lui reste en mémoire. De retour à la maison, regardez ensemble le plan et aidez l'enfant à retrouver les caractéristiques de chaque rue. Pour faire une plus longue promenade, prenez la voiture et roulez lentement.

A ce stade-là, on peut entreprendre, si on le désire, une étude plus systématique de la géographie. Le point de départ peut être le pays ou le continent.

1) les pays d'un continent ou les régions d'un pays
2) les capitales ou les chefs-lieux
3) les montagnes
4) les fleuves
5) les mers
6) le relief

Voici quelques suggestions pour apprendre tout cela à l'enfant.

● *Les illustrations*. Accumulez des photos de différents pays. La plupart des magazines publient chaque semaine un dossier « vacances » sur un pays ou un lieu, collectionnez-les. L'enfant a besoin de mettre des images sur tous ces noms, tous ces points sur la carte. Les catalogues des agences de voyages sont (parfois !) bien illustrés. Les ambassades ont des brochures souvent bien faites, on peut leur écrire.

● *Les puzzles des pays et des régions*. Découpez dans un carton les formes sommaires de chaque pays ou région ; colorez-les différemment. Montrez à l'enfant le modèle et aidez-le à reconstituer le puzzle. Faites-lui dire le nom de chaque pièce. Quand il sait bien faire le puzzle, enlevez le modèle et montrez-le-lui uniquement quand il ne sait plus. Bien sûr vous JOUEZ AVEC LUI, cela doit être amusant et gai !

Il existe des puzzles géographiques dans le commerce. Malheureusement la plupart sont sans intérêt, car les pièces ont la forme habituelle des puzzles. Pour que ce jeu soit efficace (et il l'est !), il faut que chaque pièce ait la forme d'un pays ou d'une région. Vous pouvez néanmoins vous en procurer certains (voir *Matériel Conseillé*).

● *Recopier la forme des pays*. Encouragez l'enfant à recopier la forme d'un pays d'après le modèle. Contentez-vous d'un contour sommaire. Après l'avoir félicité, faites-lui remarquer les erreurs flagrantes (comme couper la pointe de la Bretagne), mais ce qui compte, c'est que vous puissiez reconnaître le pays et que, quand il en dessine plusieurs, les proportions entre eux soient plus ou moins respectées. Encouragez-le à le faire de mémoire. Vous pouvez lui apprendre à décalquer la forme des pays, mais n'oubliez pas que ce n'est qu'un exercice d'habileté manuelle. Ce n'est pas cela qui entraîne sa mémoire géographique.

● *Les ritournelles des capitales et chefs-lieux*. Pour faire retenir le pays et sa capitale à un enfant, le mieux, quand il connaît tous les pays d'un continent (ou les régions d'un pays), est de lui apprendre une chanson amusante. Voici un exemple pour les pays d'Europe :
(sur un air inspiré de *Y a qu'un cheveu sur la tête à Mathieu !* ou sur n'importe quelle mélodie ou rythme)

« En Europe, il y a trent' pays, ceux du nord, de l'est, du sud et de l'ouest. Commençons par les pays de l'Ouest :

C'est en France, qu'la Tour Eiffel gratt' le ciel de Paris.
Et en Suisse, il y a des ours très célèbr' à Berne.
Au Liechtenstein, y a plus d'argent que de gens à Vaduz.
Et l'Allemagne est divisée par un mur à Berlin.
L'Allemagn' de l'Ouest se console avec Beethoven à Bonn.
Au Luxembourg, Patton est enterré non loin de Luxembourg.
En Belgique, le p'tit Manneken Pis fait pipi à Bruxelles.
Au Pays-Bas, les moulins sèch'nt le pays d'Amsterdam.
Au Royaume-Uni, la plus vieille royauté vit à Londres.
En Irlande, les chevaux sauvag' courent en liberté loin de Dublin.

Et nous voici aux pays du Nord :
En Islande, les palmiers dans la neige entourent Reykjavik.
Au Danemark, la petit' sirène est à Copenhague.
En Norvège, le lointain Svalbard dépend de Oslo.
En Suède, l'étrange rein' Christine vécut à Stockholm.
En Finlande, « Ville Blanche du Nord », est le nom d'Helsinki.

Voici les pays d'Europ' de l'Est :
L'Union Soviétique, le plus grand pays est commandé par Moscou.
En Pologne, les catholiques donnent l'espoir à Varsovie.
En Tchécoslovaquie, Dvorak a beaucoup composé à Prague.
En Autriche, la grande ville des musiciens fut Vienne.
En Hongrie, le beau Danube passe à Budapest.
En Roumanie, latin est le peuple de Bucarest.
En Bulgarie, il y a bien longtemps, Attila a fait brûler tout Sofia.

Maint'nant ce sont les pays du Sud :
En Yougoslavie, on parle serbo-croat' à Belgrade.
Et en Grèce, notre civilisation naquit à Athènes.
En Albanie, on ne peut entrer, ni voir Tirana.
En Italie, l'empereur Jul's César vécut à Rome.
A l'Ile de Malte, les chevaliers ont construit La Valette.
Au Portugal, un tremblement d'terre détruisit Lisbonne.
En Espagne, Christophe Colomb est parti de Madrid.
Et Andorre, c'est un petit pays, un peu plus grand qu'Andorre la [Vieille.
Et voici fait le tour de l'Europe ! »

Vous chantonnez cela en aidant l'enfant à faire le puzzle (voir ci-dessus). Vous pouvez aussi fabriquer un petit livre : sur une page la forme du pays avec le point qui désigne la capitale, (illustré par un dessin ou une photo) et sur l'autre le continent où le pays en question est coloré en rouge... Vous pouvez faire la même chose avec les régions de France :

1) ILE DE FRANCE/Paris : la tour Eiffel
2) BOURGOGNE/Dijon : capitale de Charles le Téméraire
3) CENTRE/Orléans : capitale de France pour les Capétiens

GÉOGRAPHIE

1) ILE DE FRANCE/Paris : la tour Eiffel
2) BOURGOGNE/Dijon : capitale de Charles le Téméraire
3) CENTRE/Orléans : capitale de France pour les Capétiens
4) POITOU-CHARENTES/Poitiers : la bataille où Jean II le Bon [fut fait prisonnier
5) PAYS DE LA LOIRE/Nantes : on y fait de bons biscuits
6) BRETAGNE/Rennes : fut détruite par un grand incendie au [XVIIIe siècle
7) BASSE-NORMANDIE/Caen : capitale du « calvados »
8) HAUTE-NORMANDIE/Rouen : Jeanne d'Arc y fut brûlée
9) NORD - PAS-DE-CALAIS/Lille : immense ville industrielle
10) PICARDIE/Amiens : la plus grande cathédrale gothique de [France
11) CHAMPAGNE-ARDENNES/Châlons-sur-Marne : c'est là qu'At-[tila fut vaincu
12) LORRAINE/Metz : a été allemande pendant un demi-siècle
13) ALSACE/Strasbourg : Rouget de L'Isle y composa *La Marseillaise*
14) FRANCHE-COMTÉ/Besançon : Louis XIV l'a conquise pour [la France
15) RHÔNE-ALPES/Lyon : la capitale de la soie
16) PROVENCE-CÔTE D'AZUR/Marseille : le plus grand port [de France
17) CORSE/Ajaccio : ville natale de Napoléon
18) LANGUEDOC-ROUSSILON/Montpellier : Rabelais y fré-[quenta l'université
19) MIDI-PYRÉNÉES/Toulouse : elle abrita l'Inquisition
20) AQUITAINE/Bordeaux : la capitale du foie gras
21) LIMOUSIN/Limoges : célèbre pour ses émaux
22) AUVERGNE/Clermont-Ferrand : ville natale de Blaise Pascal

• *Les montagnes*. Si l'enfant en revient, il aura sans doute envie de connaître les chaînes de montagnes du monde. Prenez un planisphère et fabriquez 11 cartons (2 cm/5 cm) sur lesquels vous tracez un zigzag. Jouez avec votre enfant à placer les chaînes de montagnes aux bons endroits. Voici quelques données pour vous aider :

CHAÎNES	SOMMETS
Himalaya (Népal, Chine)	Mont Everest (8 848 m)
Pamir (URSS)	Pic Communisme (7 495 m)
Cordillière des Andes (Argentine)	Aconcagua (6 959 m)
Montagnes Rocheuses (Canada)	Mont Logan (6 050 m)
Plateaux d'Afrique Orientale (Tanzanie)	Pic Uhuru (5 895 m)
Sierra Madre (Mexique)	Popocatepetl (5 452 m)
Plateau d'Arménie (Turquie)	Mont Ararat (5 165 m)
Alpes (France, Suisse, Italie)	Mont Blanc (4 807 m)
Sierra Nevada (USA)	Mont Whitney (4 418 m)
Haut Atlas (Maroc)	Djebel Toubkal (4 165 m)
Pyrénées (France, Espagne)	Pic d'Aneto (3 404 m)

Quand l'enfant sait placer ses petits cartons sur le planisphère, passez aux noms des sommets.

• *Les fleuves*. Quand l'enfant a vu un fleuve et que ça l'a intéressé, prenez une carte politique d'Europe et photocopiez-la plusieurs fois. Sur l'une, tracez soigneusement les fleuves les plus importants (il y a les plus longs, mais aussi les « petits célèbres » comme la Tamise ; à vous de choisir). Puis dites à l'enfant de les recopier sur sa carte en disant le nom du fleuve et par quel pays ils passent (le tracé peut être sommaire). Encouragez-le à le faire de mémoire.

Voici deux listes de données pour vous aider :

LES FLEUVES D'EUROPE

Volga (3 700 km)	: URSS
Danube (2 850 km)	: Allemagne, Autriche, Hongrie, Yougoslavie, Roumanie
Don (1 970 km)	: URSS
Dniepr (1 950 km)	: URSS
Dniestr (1 362 km)	: URSS
Rhin (1 320 km)	: Suisse, Allemagne, Pays-Bas
Elbe (1 165 km)	: Tchécoslovaquie, Allemagne
Vistule (1 092 km)	: Pologne
Loire (1 020 km)	: France
Tage (1 006 km)	: Espagne, Portugal
Ebre (950 km)	: Espagne
Douro (850 km)	: Espagne, Portugal
Oder (848 km)	: Tchécoslovaquie, Pologne
Rhône (812 km)	: Suisse, France
Seine (776 km)	: France
Pô (652 km)	: Italie
Garonne (575 km)	: France
Main (524 km)	: Allemagne
Neckar (370 km)	: Allemagne
Tamise (338 km)	: Grande-Bretagne
Severn (338 km)	: Grande-Bretagne

LES GRANDS FLEUVES DU MONDE

1) Amazone (7 025 km)	: Amérique du Sud
2) Nil (6 700 km)	: Afrique
3) Yang-Tseu-Kiang (5 980 km)	: Asie
4) Houang-Ho (4 845 km)	: Asie
5) Zaïre (anc. Congo) (4 640 km)	: Afrique
6) Lena (4 270 km)	: Asie
7) Niger (4 200 km)	: Afrique
8) Mékong (4 180 km)	: Asie
9) Mackenzie (4 100 km)	: Amérique du Nord
10) Ob (4 012 km)	: Asie
11) Ienissei (3 800 km)	: Asie

12) Saint-Laurent (3 800 km)	:	Amérique du Nord
13) Mississippi (3 780 km)	:	Amérique du Nord (avec le Missouri : 6 260 km)
14) Volga (3 700 km)	:	Europe
15) Yukon (3 290 km)	:	Amérique du Nord
16) Parana (3 350 km)	:	Amérique du Sud
17) Indus (3 180 km)	:	Asie
18) Sao Francisco (3 161 km)	:	Amérique du Sud
19) Gange (3 090 km)	:	Asie
20) Rio Grande (2 900 km)	:	Amérique du Nord
21) Danube (2 850 km)	:	Europe
22) Amour (2 845 km)	:	Asie
23) Euphrate (2 780 km)	:	Asie
24) Zambèze (2 660 km)	:	Afrique
25) Amou-Daria (2 620 km)	:	Asie
26) Murray (2 575 km)	:	Océanie
27) Oural (2 534 km)	:	Asie/Europe
28) Colorado (2 250 km)	:	Amérique du Nord
29) Orénoque (2 160 km)	:	Amérique du Sud
30) Dniepr (1 950 km)	:	Europe
31) Sénégal (1 700 km)	:	Afrique
32) Limpopo (1 600 km)	:	Afrique
33) Dniestr (1 360 km)	:	Europe
34) Rhin (1 320 km)	:	Europe
35) Loire (1 020 km)	:	Europe
36) Tage (1 006 km)	:	Europe

Faites comme pour les fleuves d'Europe (voir ci-dessus), par continent.

● *Les mers*. Prenez un planisphère et tracez approximativement (des continents au bord de la carte) les lignes noires de séparation :

1) Océan Atlantique : celui qui borde la France entre l'Europe et l'Amérique
2) Océan Pacifique : le plus grand, qui est entre l'Asie et l'Amérique
3) Océan Arctique : le « glacial » qui est près du pôle nord
4) Océan Indien : celui qui est en dessous de l'Asie.

Puis ajoutez les mers en bordure de continents : faites des boucles rouges accrochées à la terre pour délimiter approximativement leurs superficies.

1) Autour de l'Europe :	Mers intérieures :
— Mer de Barents	— Mer Blanche
— Mer de Norvège	— Mer Baltique
— Mer du Nord	— Golfe de Botnie

- Méditerranée
- Mer d'Azov
- Mer Noire
- Mer Caspienne
- Mer d'Aral

2) Autour de l'Asie :
- Mer de Kara
- Mer de Laptev
- Mer de Sibérie Orientale
- Mer de Béring
- Mer d'Okhotsk
- Mer du Japon
- Mer de Chine
- Mer des Philippines
- Golfe du Bengale
- Mer d'Oman

Mers intérieures :
- Golfe Persique
- Mer Rouge

3) Autour de l'Afrique :
- Canal du Mozambique
- Golfe de Guinée

4) Autour de l'Amérique :
- Mer de Groenland
- Mer de Baffin
- Mer de Beaufort
- Golfe de l'Alaska
- Mer des Caraïbes
- Mer des Sargasses

Mers intérieures :
- Baie d'Hudson
- Golfe d'Amundsen
- Golfe du Mexique

Divisez un planisphère en deux : d'un côté l'Europe, l'Asie, l'Océanie et l'Afrique ; de l'autre les deux Amériques et le Groenland. Photocopiez ces deux parties plusieurs fois. Donnez-en une à l'enfant et apprenez-lui à tracer les boucles en disant les noms des mers.

• *Le relief*. Si vous trouvez de bonnes illustrations, vous pouvez aussi lui apprendre la signification des termes du relief :

affluent	dunes	névé
aiguille	estuaire	plaine
baie	falaise	plateau
cap	fleuve	presqu'île
cascade	glacier	promontoire
col	gorges	puy
confluent	île	rade
cordon littoral	isthme	récifs
crevasses	lac glaciaire	séracs
delta	lagune	vallée suspendue
détroit	moraine	verrou glaciaire

• *TRÈS IMPORTANT !!!* Pour que tous ces jeux intéressent l'enfant, il faut que vous ayez beaucoup d'illustrations claires et bien choisies qui vous permettent de raconter une histoire par élément. Pour chaque pays, ayez une photo parlante ; pour chaque terme, une définition amusante, par exemple : « La lagune, c'est un morceau que la mer a oublié en se retirant ! » etc. ; pour chaque fleuve, trouvez une particularité : un animal qui y vit, le type de bateau utilisé sur ce fleuve, la végétation qui le borde, etc. Une image suffira à fixer le nom.

Bien sûr l'enfant ne retiendra pas tout, mais ce sera quand même enregistré quelque part dans sa tête. Et s'il continue à s'intéresser à ce sujet, quand il reverra toutes ces notions, il les retiendra plus facilement. Surtout il aura, en lui, une image de la Terre (dans son ensemble et en détail) qui sera liée à un souvenir ludique. Ce qui est rarement le cas pour les notions géographiques acquises à l'école.

L'HISTOIRE DE L'ART ET LE DESSIN

L'HISTOIRE DE L'ART

Nous sommes ici dans le domaine le plus facile, encourageant et amusant, à enseigner à un enfant ! Dès 18 mois (et peut-être avant, pourquoi pas ?), les bébés sont fascinés par la peinture, si on la leur présente bien. C'est la branche des apprentissages précoces qui remporte le succès le plus généralisé auprès des tout-petits, pour une raison simple : ce sont les plus belles images au monde et les bébés qui n'ont pas encore de préjugés le comprennent d'instinct ! Vous pouvez bien sûr les dégoûter assez facilement : ayez peu de livres d'art, ne les regardez jamais, mais laissez-les en évidence comme des potiches, dites à l'enfant que c'est « pour les grands » ; emmenez-le une fois par an au musée, ne lui expliquez rien, ne le prenez pas dans vos bras et grondez-le sans cesse parce qu'il fait du bruit... Il ne lui faudra que peu d'années de ce régime pour comprendre que la peinture et tout ce qui se trouve dans les musées est profondément ennuyeux et par conséquent sans intérêt. Par contre, il lui faudra de nombreuses années pour réaliser son erreur et rattraper le temps perdu.

Si telle n'est pas votre intention, voici quelques conseils pour emmener votre enfant au pays des merveilles de l'art.

● *Le premier musée*. S'il y a, non loin de chez vous, un musée où vous pouvez envisager d'emmener l'enfant (ou si une exposition s'annonce) procurez-vous des reproductions des tableaux qui s'y trouvent. Si c'est un livre, veillez à ce qu'il n'y ait qu'une reproduction par page (cachez la page dont vous ne parlez pas). Si ce sont des cartes postales, prenez un carton blanc (30 cm/30 cm) que vous mettez devant l'enfant et sur lequel vous les poserez une à une, afin que les reproductions soient isolées du décor de la chambre. Choisissez 5 reproductions, mettez l'enfant près de vous et commencez :

> « Je vais te montrer des images extraordinaires. C'est un monsieur qui s'appelait Watteau qui les a peintes. Elles ont toutes un nom différent : voici 'Gilles', voici 'Le pélerinage à l'île de Cithère', 'L'enseigne de Gersaint', 'La leçon de chant' et 'Les deux cousines'. »

Au début, allez très vite. Montrez le premier tableau, enlevez-le aussitôt et passez au suivant. Ça ne vous prendra que quelques secondes. Dès que c'est fini, prenez l'enfant dans vos bras et faites-lui la fête, dites-lui combien « c'est amusant, les tableaux ! ». Il faut qu'il se sente un peu abasourdi et qu'il se demande ce que sont ces images qui avaient l'air si intéressantes. Le lendemain, vous recommencez ; après trois jours, vous ajoutez une reproduction. Bientôt l'enfant vous empêchera de les retirer si vite, le moment sera venu de les regarder plus longuement : expliquez-lui alors ce que représente le tableau et faites-lui remarquer les détails amusants et intéressants. Quand vous avez vu ainsi une dizaine de tableaux, allez au musée ou à l'exposition les voir en réalité. Annoncez l'expédition, rendez-la très importante et allez-y en grande pompe. Prenez l'enfant dans vos bras et allez directement vers les tableaux qu'il connaît, mais laissez-le les découvrir le premier.

Bien sûr, je décris ici une situation idéale dans laquelle vous auriez, à proximité de chez vous, un musée qui recèle dix chefs-d'œuvre d'un grand peintre. C'est malheureusement rarement le cas. Au début, il est toutefois moins important de ne voir qu'un seul peintre à la fois. Ce qui compte pour commencer, c'est de présenter la peinture à l'enfant. Choisissez donc les meilleurs tableaux du musée et faites comme je l'ai décrit ci-dessus.

• *La récompense suprême !* Vous verrez rapidement que l'enfant attend avec patience (pas toujours !), mais détermination, la « leçon de peinture ». Il est très tentant alors d'en faire la récompense-chantage. Moi-même, j'accélérais les repas interminables de ma fille, lorsqu'elle avait 20 mois, en lui promettant une « leçon de peinture » comme dessert. C'est un tel succès qu'on a envie d'en faire une panacée. Je ne vous le conseille pas, vous gâcheriez l'essentiel. A partir de 2 ans, l'enfant se rend compte non seulement que les « leçons » vous font plaisir, mais aussi que sa façon à lui de réagir accroît ou diminue votre plaisir ; il a donc un pouvoir sur vous. Ne lui donnez pas envie de l'exercer ! Pour cela, il y a deux choses à ne pas faire : marchander les leçons (elles peuvent être une récompense qui souligne combien l'enfant a été agréable, mais elles ne peuvent pas être liées à ce qui est pour lui une corvée) ; ensuite ne faites pas de trop longues séances, laissez-le sur sa faim. S'il vous voit prendre plus de plaisir que lui, car vous avez plus d'endurance, il voudra exercer son pouvoir et vous aurez alors perverti son intérêt : à son désir d'apprendre se sera substitué celui de vous manipuler. Il faut que les « leçons » quelles qu'elles soient, soient la preuve éclatante que la vie est belle ! C'est l'enfant qui doit être demandeur, pas vous.

● *Les enfants récalcitrants*. Comme toujours, il y en a qui ont besoin d'approches différentes. Certains tout-petits préfèrent de loin « manger » les cartes postales et les livres d'art, plutôt que de les regarder comme les parents le souhaitent. Si c'est le cas, c'est que l'enfant a besoin de découvrir avec ses cinq sens le monde du livre et du papier. Il a besoin de savoir ce que ça sent et quel goût ça a. On l'en empêche sans doute pour des raisons d'hygiène et ça l'obsède. Même si cela vous énerve, donnez-lui des livres en carton dur, des cartes postales à mâchouiller et suçoter, il n'en mourra pas et l'envie lui en passera plus vite. S'il continue malgré tout, expliquez-lui :

> « Ce livre-là, tu peux le mettre dans labouche pour savoir quel goût il a, mais celui-ci, tu ne peux pas, parce qu'il est très précieux. Il a de très belles images, on ne peut pas les abîmer. Regarde comme ton livre à mettre dans la bouche est abîmé ! Avec celui-ci on ne peut pas faire ça, regarde comme il est beau ! »

L'enfant comprend très vite et apprécie ces règles qui

n'interdisent pas complètement : tout besoin peut être satisfait, mais en certaines circonstances et encertains endroits. Si l'enfant refuse encore de comprendre, c'est que vous avez par ailleurs une attitude qui contredit celle-ci.

Quant aux enfants qui ne semblent simplement pas intéressés, il est probable que vous allez trop lentement. S'il est très jeune (en dessous de 2 ans) ou s'il n'est pas du genre à regarder longtemps un livre, il est essentiel d'aller très vite. Il faut qu'il se dise après coup : « Mais qu'est-ce qu'elle m'a montré là ? J'ai à peine eu le temps de voir... et elle était toute contente ! Ça a l'air amusant ! »

Il y a aussi l'approche par thème (voir ci-dessous) qui intéressera peut-être plus votre enfant. Surtout s'il n'y a pas de musée à proximité et qu'il faut se contenter de reproductions.

● *Les thèmes*. Plutôt que le regroupement par peintre, vous pouvez choisir celui par thème. De préférence un sujet que l'enfant aime. Voici une liste de thèmes relativement fréquents, pour vous donner de l'inspiration :

— les animaux : domestiques et/ou sauvages
— les fêtes : mariage, carnaval, foire, etc.
— les enfants : riches, pauvres, jouant, dormant, étudiant, mangeant, etc.
— les batailles : les gros plans et les scènes générales
— les fleurs : montrez en comparant avec les fleurs réelles comment le peintre transpose la réalité
— scènes d'intérieur : comparez la vie d'autres époques à la nôtre
— danses et danseurs (euses)
— Les scènes de la Bible :
    Adam et Eve, et les scènes du paradis terrestre
    L'Arche de Noé
    Judith et Holopherne/Salomé (comparez ces deux thèmes)
    L'Annonciation
    La naissance de Jésus et l'Adoration des Rois Mages
    La fuite en Égypte
    Saint Jean Baptiste dans le Désert et le Baptême du Christ
    La Crucifixion
    La Descente de Croix et l'Enterrement
    L'Ascension
    Le Jugement Dernier et la Chute aux Enfers
    etc.
— Les thèmes mythologiques :
    La chute d'Icare

Jupiter et ses métamorphoses amoureuses
La Boîte de Pandore (comparez avec le Péché originel)
Philémon et Baucis
L'Enlèvement de Proserpine (pour raconter la naissance des quatre saisons)
La naissance de Vénus et la Naissance de Minerve (comparez)
Bacchus
Psyché
etc.

Vous pouvez aussi créer les livres d'art de votre enfant par thème. Les cartes postales des musées, les livres d'art d'occasion, les collections bon marché ou les magazines fournissent les reproductions que vous collez sur des feuilles blanches dans une farde à anneaux.

Les thèmes bibliques et mythologiques sont une excellente introduction à la lecture de ces ouvrages de base.

● *Les dieux gréco-romains*. La peinture peut vous permettre d'introduire ces personnages célèbres, à deux noms, et d'aider l'enfant à bien s'y retrouver. Voici quelques données :

Divinité : nom grec, nom romain
Maîtres des dieux : Zeus, Jupiter
Déesse du Mariage : Héra, Junon
Dieu de l'Intelligence et des Arts : Apollon, Phébus
Déesse de la Beauté et de l'Amour : Aphrodite, Vénus
Déesse de la Pureté et de la Chasse : Artémis, Diane
Dieu de la Guerre : Arès, Mars
Déesse de la Sagesse et de l'Artisanat : Athéna, Minerve
Messager des dieux et Dieu du Commerce : Hermès, Mercure
Dieu des Forgerons : Héphaïstos, Vulcain
Déesse de la Fécondité et de l'Agriculture : Déméter, Cérès
Dieu de la Mer : Poséidon, Neptune
Déesse du Feu et du Foyer : Hestia, Vesta
Dieu des Morts : Hadès, Pluton (surnom grec, utilisé par les Romains), etc.

Vous trouverez dans un dictionnaire des anecdotes qui permettront à l'enfant de retenir ces noms, la peinture vous y aidera aussi.

● *Les autoportraits* sont un thème qui vous permet de passer à la présentation « par peintre », si ce n'est pas celle que vous avez choisie au départ. Pour que l'enfant prenne conscience instinctivement des différences entre les styles, il faut en venir à ce type de classification. Prenez cinq autoportraits de peintres aux styles très différents : Léonard de Vinci, Dürer, Rubens, Renoir, Van Gogh, par exemple. Expliquez à l'enfant ce qu'est un autoportrait, mimez le peintre qui se peint à l'aide d'un miroir. Ensuite prenez un livre sur Léonard de Vinci (ou une série de reproductions) et expliquez-lui que c'est le « monsieur de cet autoportrait-là » qui a peint tous ces tableaux. A chaque séance, restez en deçà du désir de l'enfant, en ce qui concerne les quantités. Voyez-en une dizaine (ou moins) chaque jour. Au bout de trois jours, supprimez le premier et ajoutez-en un nouveau. Ensuite passez au peintre suivant. Ne croyez pas que l'enfant va tout retenir : tel livre dont il connaissait tous les tableaux, il en a oublié presque tous les titres quelques mois plus tard. Ce n'est pas ça qui est important. Pour qu'il les retienne autrement que comme un perroquet, il faudra qu'il les voie encore de nombreuses fois. Ce qui compte, c'est qu'il prenne l'habitude de regarder les tableaux, de les aimer et de s'en inspirer dans ses rêveries. Votre rôle est de lui donner cette habitude. A cette condition, il acquerra petit à petit tout au long de sa vie une connaissance de la peinture et un goût personnel et variable.

• <u>La chronologie</u>. Ne vous en souciez pas au début. Contentez-vous de donner à votre enfant l'amour de l'art, en flattant ses préférences et en laissant à sa disposition les livres des peintres qu'il connaît déjà. Il verra ainsi augmenter sa bibliothèque d'art (ou du moins celle à laquelle il a accès). La chronologie ne vient en fait que quand l'enfant est devenu un passionné de peinture, qu'il comprend la notion du temps et qu'il connaît déjà la structure chronologique de l'histoire de son pays (voir chapitre *Histoire*). A ce stade, vous pouvez commencer l'« histoire de la peinture ». C'est un domaine très vaste. Vous trouverez ci-dessous un tableau chronologique de la peinture européenne. J'ai hésité à l'inclure dans ce livre, mais comme cela représente des journées de travail, je me suis dit que nombre d'entre vous seriez heureux d'avoir cet outil de base que vous pouvez modifier selon vos goûts. Vous trouverez la suite des exercices après cette insertion.

XIIIe & XIVe S.*

PRE-RENAISSANCE (XIIIe et XIVe siècle italien)

CIMABUE (1240?-1302) Premier grand peintre connu ; transition entre les fresques byzantines et la peinture européenne.
GIOTTO (1266?-1337) : peintre de la vie de saint François d'Assise ; premier peintre à individualiser les visages et à rendre la psychologie humaine.
(sculpteurs : NICOLA ET GIOVANNI PISANO)

* En France : les Capétiens, de Philippe II Auguste à Charles IV le Bel ; les Valois, de Philippe VI de Valois à Charles VI le Bien-Aimé.

XVe SIÈCLE*

QUATTROCENTO (début de la Renaissance italienne)

MASACCIO (1401-1428) : son nom signifie « Thomas le laid » ; avec lui il est devenu impossible de retourner à la peinture byzantine.
FRA ANGELICO (1400?-1455) : moine ; célèbre pour ses paysages et sa lumière.
UCELLO (1397-1475) : « peintre scientifique », très impressionné par les règles de la géométrie.
BOTTICELLI (1445-1510) : peintre typique de la Renaissance ; inspiré par les thèmes antiques ; maître incontesté de la ligne.
(sculpteurs : DONATELLO, ROSSELLINO)
(architectes : BRUNELLESCHI, MICHELOZZO, ALBERTI)

XVe SIÈCLE FLAMAND

VAN EYCK : (Hubert ?-1426, JAN 1385?-1441) deux frères ; Jan (le plus apprécié des deux), sans avoir inventé la peinture à l'huile, fut le premier à en tirer de telles transparences.
VAN DER GOES (1440?-1482) : est devenu fou, sa folie se lit sur les visages de ses personnages.
MEMLING (1440?-1494) : compositions statiques, visages idéalisés ; ses recherches formelles annoncent la Renaissance.
JÉRÔME BOSCH (1450?-1516) : grand peintre fantastique ; inspiré par la folie, le péché et la mort.
(sculpteur : CLAUS SLUTER)

XVe SIÈCLE ALLEMAND

MICHAEL PACHER (1435?-1498) : peintre et sculpteur sur bois ; très influencé par l'art italien.

XVe SIÈCLE FRANÇAIS

JEAN FOUQUET (1420?-1481?) : grand miniaturiste ; portraits d'une grande finesse psychologique.
LE MAÎTRE DE MOULINS : peintre anonyme qui a peint *Le Couronnement de la Vierge* de la cathédrale de Moulins et à qui on attribue d'autres tableaux.

* En France : les Valois, de Charles VI le Bien-Aimé à Charles VIII l'Affable.

XVIe SIÈCLE*

LA HAUTE RENAISSANCE ITALIENNE (fin XVe, début XVIe siècle)

LÉONARD DE VINCI (1452-1519) : homme universel ; incarnation de l'esprit de la Renaissance ; grand peintre mais aussi architecte, sculpteur, ingénieur et théoricien ; très aimé de François Ier.
MICHEL-ANGE (1475-1564) : peintre et sculpteur prolifique dont la très longue vie traversa presque toute la Renaissance italienne ; il voyait dans la beauté humaine la manifestation tangible de Dieu ; sa peinture la plus célèbre est le plafond de la Chapelle Sixtine.
RAPHAËL (1483-1520) : par sa façon d'assimiler tous les courants et d'en faire la synthèse, par son bon goût et sa fusion harmonieuse du dessin et de la couleur, il est devenu la référence suprême de l'académisme, de la « peinture convenable ».
(sculpteur : MICHEL-ANGE)
(architecte : BRAMANTE)

LE MANIÉRISME ITALIEN (seconde moitié du XVIe siècle)

LE TITIEN (1490?-1576) : maître de la peinture vénitienne pendant 60 ans ; son classicisme fut légèrement influencé par le maniérisme montant vers la fin de sa vie.
LE TINTORET (1518-1594) : son surnom veut dire « teinturier » qui était la profession de son père ; il peignait extrêmement vite ; il introduisit le maniérisme, le « pathos ».
VÉRONÈSE (1528-1588) : son surnom veut dire qu'il venait de Vérone (la ville de « Roméo et Juliette ») ; peintre froid, intéressé par la pompe et la splendeur ; célèbre pour ses scènes de festin.
ARCIMBOLDO (1527?-1593) ; il s'expatria à Vienne ; il est connu pour ses fameuses « têtes composées », assemblages étudiés de végétaux, animaux et objets (*Les Quatre Saisons, Le Jardinier,* etc.).
(sculpteurs : CELLINI, GIAMBOLOGNA)
(architectes : SANSOVINO, PALLADIO)

XVIe SIÈCLE FLAMAND

BRUEGEL l'Ancien (1525?-1569) : très influencé par Bosch ; mais aussi par son long voyage en Italie (*La Chute d'Icare*) ; très inspiré par la fatalité qui lie l'homme à la nature.

LA RENAISSANCE FRANÇAISE : LE MANIÉRISME

CLOUET (1485?-1541) : peintre de la cour de François Ier ; portraitiste formel et très raffiné.
L'ÉCOLE DE FONTAINEBLEAU (1526 - fin du XVIe) : courant artistique dont le centre d'activité fut le château de Fontainebleau ; comprenait plusieurs peintres anonymes ; une des formes les plus réussies du maniérisme.

LA RENAISSANCE ALLEMANDE

GRÜNEWALD (1460?-1528) : indifférent à l'idéal de la Renaissance ; peintre mystique ; sa peinture est la dernière et éclatante manifestation

* En France : les Valois, de Louis XII le Père du Peuple à Henri III ; les Bourbons, Henri IV.

XVIe SIÈCLE

du gothique germanique du siècle précédent (son chef-d'œuvre : *Le Retable d'Issenheim*).

DÜRER (1471-1528) : fondateur de la Renaissance allemande ; graveur célèbre ; il s'attacha à résoudre les problèmes d'anatomie et de perspective.

BALDUNG GRIEN (1484?-1545) : « Grien » veut dire vert, sa couleur de prédilection ; il était très inspiré par les sujets démoniaques ou macabres, notamment le thème de la femme et de la mort.

CRANACH « l'Ancien » (1472-1553) : ami de Luther ; très inspiré par le corps féminin, il rend la couleur de la chair d'une façon incomparable.

HOLBEIN « le Jeune » (1497-1543) : l'un des plus grands portraitistes de tous les temps ; il était le peintre favori d'Henri VIII d'Angleterre (Barbe-Bleue).

(sculpteurs : VEIT STOSS, RIEMENSCHNEIDER)

XVIe SIÈCLE ESPAGNOL

LE GRECO (1541-1614) : son surnom veut dire « Le Grec » car il était né en Crète ; après un séjour en Italie il s'installa dans l'Espagne de la Contre-Réforme ; sa peinture est la synthèse de la tradition byzantine qu'il avait amenée de Grèce, avec les couleurs vénitiennes et le mysticisme espagnol ; il est tout à fait étranger au maniérisme.

XVIIe SIÈCLE*

XVIIe SIÈCLE ITALIEN

LE CARAVAGE (1573-1610) : né à Caravaggio ; de tempérament aventureux, c'est un peintre violent ; son style appelé « caravagisme » ou « ténébrisme » qui a eu une grande influence sur la peinture européenne, consiste en une approche naturaliste des personnages et une lumière faite de clair-obscur très constrasté.

(sculpteur : LE BERNIN)

(architectes : MADERNO, BORROMINI)

XVIIe SIÈCLE FLAMAND ET HOLLANDAIS

RUBENS (1577-1640) : son influence fut aussi grande que celle de Michel-Ange au siècle précédent ; son style est caractérisé par un grand sens de la mise en scène ; il avait une étonnante puissance de travail.

VAN DYCK (1599-1641) : disciple fidèle de Rubens ; célèbre pour ses somptueux portraits en pied ; il vécut longtemps en Angleterre.

FRANS HALS (1581?-1666) : fameux par ses portraits de groupe ; la vivacité de son style fit, plus tard, l'admiration entre autres de Hogarth et de Manet.

REMBRANDT (1606-1669) : à l'écart de toute influence, il suivit une route personnelle d'une grande spiritualité ; sa palette s'étendait dans les tonalités brunes et dorées ; bien que célèbre il mourut pauvre, car on lui reprochait son mépris des règles et des conventions artistiques.

* En France : les Bourbons, de Henri IV à Louis XIV

XVIIe SIÈCLE

VERMEER (1632-1675) : peintre lent et peu prolifique ; il peignit surtout des scènes d'intérieur de la vie quotidienne ; son sens de la composition et des couleurs lui faisait donner au moindre geste, à l'objet le plus banal, une intensité poétique et mystérieuse qui font de lui un des plus grands peintres.

XVIIe SIÈCLE FRANÇAIS

GEORGES DE LA TOUR (1593-1652) : sa vie est très mal connue ; influencé par le caravagisme, son style est pourtant unique, caractérisé par l'éclairage nocturne d'une bougie, des gestes retenus et une construction psychologique des échanges de regards entre les personnages.
POUSSIN (1594-1665) : c'est le représentant en peinture du classicisme français du XVIIe siècle qui voulait reconstituer l'Antiquité, plutôt que de s'en inspirer comme à la Renaissance.
CLAUDE LORRAIN (1600-1682) : paysan de Lorraine à peine éduqué ; il se spécialisa dans les paysages et les reconstitutions antiques ; son œuvre influença fortement Turner.
(sculpteur : GIRARDON, PUGET)
(architectes : FRANÇOIS MANSART, HARDOUIN-MANSART, LOUIS LE VAU)

XVIIe SIÈCLE ESPAGNOL

RIBERA (1591-1652) : très influencé par la peinture italienne ; il dépeint cependant la réalité avec une crudité qui annonce Goya (*Le Martyre de Saint Bartholomé*).
ZURBARAN (1598-1664) : peintre religieux ; il introduit le merveilleux dans le quotidien ; il mourut oublié mais fut très apprécié des romantiques pour son inspiration et des cubistes pour son traitement de la lumière et des volumes.
VELASQUEZ (1599-1660) : peintre majeur du XVIIe siècle espagnol ; il peignit la vie populaire et le monde de la cour ; la liberté de sa technique et sa palette aux tons clairs influença les impressionnistes.
(architectes anglais : INIGO JONES, CHRISTOPHER WREN)

XVIIIe SIÈCLE*

XVIIIe SIÈCLE ITALIEN

TIEPOLO (1696-1770) : célèbre pour ses gigantesques fresques en trompe-l'œil ; il fut aussi un brillant portraitiste.
GUARDI (1712-1793) : connu pour ses paysages citadins, en particulier les édifices de Venise.
PIRANÈSE (1720-1778) : dessinateur et graveur ; célèbre pour ses prisons qui révèlent un tempérament romantique.
(architecte : JUVARRA)

* En France : les Bourbons, de Louis XIV à Louis XVI ; de la Révolution au Consulat.

XVIIIe SIÈCLE

XVIIIe SIÈCLE FRANÇAIS

WATTEAU (1684-1721) : il mourut jeune, de la tuberculose, mais son influence fut grande ; peintre des subtilités du sentiment amoureux ; son univers a un aspect irréel.
BOUCHER (1703-1770) : d'abord graveur il reproduisit les œuvres de Watteau ; peintre rococo ; favori de Mme de Pompadour, attaqué par Diderot, il flattait le goût du public.
CHARDIN(1699-1779) : peintre de la vie domestique ; admiré par Diderot ; certains le considèrent comme le précurseur de la peinture moderne.
(sculpteurs : CLODION, COUSTOU)
(architectes : GERMAIN SOUFFLOT, ANGE-JACQUES GABRIEL)

XVIIIe SIÈCLE ANGLAIS

HOGARTH (1697-1764) : premier grand peintre anglais ; son inspiration était souvent caustique, voire satirique.
REYNOLDS (1723-1792) : peintre et théoricien ; chef de file de l'école anglaise ; célèbre pour ses portraits plus majestueux qu'émouvants.
GAINSBOROUGH (1727-1788) : grand portraitiste influencé par Van Dyck ; il préférait personnellement ses paysages.
(architectes : ROBERT ADAM, JAMES GIBBS)
(architectes germaniques : BALTHASAR NEUMANN, PRANDTAUER)

XIXe SIÈCLE*

TOURNANT DU SIÈCLE EN ESPAGNE

GOYA (1746-1828) : brillant peintre officiel ; mais frappé de surdité vers 45 ans, il traversa une crise profonde qui l'amena à poser sur l'humanité un regard implacable jusque dans ses portraits de la famille royale.

TOURNANT DU SIÈCLE EN ANGLETERRE

WILLIAM BLAKE (1757-1827) : poète et peintre visionnaire ; graveur et aquarelliste ; son style est caractérisé par les distorsions anatomiques et les mouvements abstraits des formes et des couleurs.
CONSTABLE (1776-1837) : célèbre pour ses paysages d'un grand réalisme ; il inspira les romantiques.
TURNER (1775-1851) : peintre unique ; influencé par Claude Lorrain ; intéressé par les paysages il en vint à ne plus traiter que la lumière ; il est considéré comme le précurseur à la fois de l'impressionnisme et de l'abstraction lyrique.

TOURNANT DU SIÈCLE EN ALLEMAGNE

CASPAR DAVID FRIEDRICH (1774-1840) : l'un des meilleurs représentants du romantisme allemand.

* En France : de la Révolution Française à la Première Guerre mondiale

XIXe SIÈCLE

XIXe SIÈCLE FRANÇAIS

a) Néoclassicisme

JACQUES-LOUIS DAVID (1748-1825) : peintre de la Révolution, puis de l'Empire ; il introduit le néoclassicisme, peinture rigide et doctrinaire inspirée de l'Antiquité.
INGRES (1780-1867) : talent précoce ; bon violoniste (d'où l'expression « violon d'Ingres ») ; il sut personnaliser le néoclassicisme notamment dans ses nus féminins.
(sculpteur : HOUDON)
(sculpteur italien : CANOVA)

b) Romantisme

GÉRICAULT (1791-1824) : son *Radeau de la Méduse* fut considéré comme le manifeste de l'école romantique ; il avait le culte de l'énergie, le goût du mouvement, le sens du tragique ; il mourut jeune des suites d'une chute de cheval.
DELACROIX (1798-1863) : admirateur de Géricault ; opposé à Ingres ; il fut inspiré par les sujets historiques et littéraires ; il chercha à exprimer la passion par la maîtrise technique.
GUSTAVE DORÉ (1832-1883) : graveur célèbre pour ses illustrations de livres (Rabelais, Dante, la Bible, etc.).
(sculpteur : RUDE)

c) Réalisme

COROT (1796-1876) : célèbre paysagiste ; il réintroduisit plus de naturel dans la peinture et lança ainsi le courant réaliste.
COURBET (1819-1877) : avocat ardent du réalisme ; il lutta contre le sentimentalisme et la pudibonderie.
MILLET (1814-1875) : il vivait avec ses 14 enfants parmi les paysans qui étaient son sujet favori.

d) Impressionnisme

MANET (1832-1883) : il rejeta l'académisme, ainsi que la vision trop littéraire des Romantiques ; son style annonce l'impressionnisme.
MONET (1840-1926) : ses toiles appelées « Impression » ont donné naissance au terme impressionnisme péjoratif à l'origine ; influencé par Manet et Turner, il était fasciné par les jeux de la lumière et avait installé son atelier sur un bateau à Argenteuil.
RENOIR (1841-1919) : influencé par Raphaël ; ami de Monet avec qui il a peint les mêmes sujets ; son but était de peindre « La terre, paradis des dieux », ce qui donne cette peinture chatoyante et pleine de joie de vivre ; à la fin de sa vie il devait attacher le pinceau à sa main percluse de rhumatismes.
DEGAS (1834-1917) : peu intéressé par la peinture des paysages en plein air, il appliqua le traitement impressionniste de la lumière à l'éclairage artificiel et aux personnages, surtout les danseuses.
WHISTLER (1834-1903) : peintre américain qui vécut à Paris ; il fut très influencé par les estampes japonaises.
(sculpteur : RODIN)

e) Symbolisme

GUSTAVE MOREAU (1826-1898) : représentant le plus important en

XIXe SIÈCLE

France du courant symboliste ; il fut influencé par les miniatures persanes et indiennes, et les émaux du Moyen Age.
ODILON REDON (1840-1916) : ami de Mallarmé ; célèbre pour ses bouquets et ses portraits idéalisés.

f) Post-Impressionnisme
CÉZANNE (1839-1906) : il voulait « donner à l'impressionnisme la solidité de l'art des musées » ; par sa recherche sur les formes géométriques et les angles de vue, il est le précurseur du cubisme.
SEURAT (1859-1891) : c'est l'inventeur du pointillisme, c'est-à-dire l'emploi de petites touches séparées de couleurs pures.
TOULOUSE-LAUTREC (1864-1901) : nain et estropié ; influencé par l'impressionnisme et la composition des estampes japonaises ; peintre du petit monde de Montmartre ; son style est caractérisé par une grande concision du trait et une observation aiguë et caustique.
GAUGUIN (1848-1903) : précurseur du fauvisme ; influencé par les estampes japonaises ; il voulut retrouver les sources primitives de l'art pour donner une dimension spirituelle à sa peinture ; après un premier séjour en Martinique, il va à Tahiti où il peint son testament artistique : *D'où venons-nous ? Que sommes-nous ? Où allons-nous ?* ; après une tentative de suicide, il se réfugie aux îles Marquises.
VAN GOGH (1853-1890) : peintre d'origine hollandaise profondément mystique ; installé dans le Midi et soutenu par son frère ; il peint des paysages en s'écartant des règles de la perspective et en utilisant la couleur pour exprimer la passion et non décrire la réalité ; un jour il attaque Gauguin au couteau et se coupe l'oreille ensuite pour la donner à une prostituée ; après cela il continue de peindre entre les crises de folie ; mort presque inconnu il est devenu l'un des peintres les plus appréciés au XXe siècle.
LE DOUANIER ROUSSEAU (1844-1910) : totalement autodidacte, les peintres ne l'acceptaient souvent parmi eux que pour se moquer de sa naïveté ; son dessin était maladroit, mais il avait un grand sens de la composition et une palette de couleurs très subtile ; il dit un jour à Picasso qu'ils étaient les deux peintres de leur époque, lui dans le genre moderne et Picasso dans le genre « égyptien » !
(sculpteurs : CARPEAUX, MAILLOL)

FIN DE SIÈCLE EN ANGLETERRE

ROSSETTI (1828-1882) : peintre symboliste ; fondateur du préraphaélisme (admirateurs de la peinture italienne qui a précédé Raphaël, surtout Botticelli) ; très inspiré par les contes médiévaux.
BURNE-JONES (1833-1898) : influencé par Rossetti ; ses formes sinueuses annoncent l'Art Nouveau.

FIN DE SIÈCLE EN AUTRICHE

GUSTAV KLIMT (1862-1918) : il introduisit l'Art Nouveau en Autriche ; son style se caractérise par des mises en page sans perspective et l'agencement décoratif d'éléments symboliques aux tons éclatants.

XIXe S.	(architectes : — aux USA : JEFFERSON, LATROBE — en France : BOULLEE, VIGNON, GARNIER, LABROUSTE — en Allemagne : LANGHANS — en Angleterre : NASH, BARRY, PUGIN)

XXe SIÈCLE*	Fin des frontières artistiques : *EXPRESSIONNISME* *Réaction contre l'impressionnisme, qui vise non plus à reproduire l'impression faite par le monde extérieur, mais à imposer fortement la sensibilité propre de l'artiste à la représentation du monde extérieur.* MÜNCH (1863-1944) : Norvégien ; précurseur des expressionnistes, il ne cessa d'exprimer son obsession de la mort ; il cernait les contours de lignes sinueuses et étalait les couleurs par aplats (*Le Cri*). JAMES ENSOR (1860-1949) : Belge ; sa peinture est fantastique et grotesque ; ses thèmes favoris sont l'autoportrait, le masque, le carnaval et le Christ ; la liberté avec laquelle il transcrivait ses visions influença les surréalistes. ROUAULT (1871-1958) : Français ; il refusait de se considérer comme expressionniste, c'est pourtant de ce mouvement que sa peinture se rapproche le plus ; d'inspiration très religieuse, elle se caractérise par d'épais cernes noirs qui rappellent les vitraux. MAX BECKMANN (1884-1950) : Allemand ; bouleversé par la guerre, sa peinture devient expressionniste ; fameux portraits prétextes à un jeu d'expression allant de l'ennui à la peur. KOKOSCHKA (1886-1980) : Autrichien ; représentant le plus caractéristique de l'expressionnisme ; célèbre pour ses portraits où il recourait à des déformations volontaires pour exprimer la psychologie du modèle. SOUTINE (1894-1943) : Français d'origine lituanienne ; sans faire partie du mouvement expressionniste on peut cependant l'y classer ; dépressif, il détruisit nombre de ses toiles ; il peignait ses sujets en série dans un souci de perfection. *FAUVISME* *Le fauvisme doit son nom à un critique qui rendit compte des œuvres de différents peintres regroupées dans une même salle du Salon d'Automne de 1905, sous le nom « la cage aux fauves ». Le fauvisme, ainsi né, inspiré de Van Gogh et de Gauguin, tendait à tout exprimer par l'« orchestration » de couleurs pures.* MATISSE (1869-1954) : Français ; son style se caractérise par l'emploi de couleurs violentes posées par larges taches plates, un dessin d'apparence sommaire et un certain mépris de la perspective. VLAMINCK (1876-1958) : Français ; aussi coureur cycliste et violoniste d'orchestre tzigane ; sans formation académique, il veut imposer la force de l'instinct.

* En France : de la Première Guerre mondiale à nos jours.

XXe SIÈCLE

DERAIN (1880-1954) : Français ; d'abord le plus audacieux des Fauves, il chercha ensuite son inspiration dans le passé (la peinture pompéienne, le quattrocento, les portraits du Fayoum et le classicisme français).
MODIGLIANI (1884-1920) : Italien ; assez inclassable ; influencé par Gauguin et Picasso, il s'est créé un style très personnel et maniériste où prévalent un trait fin et continu, ainsi que des formes étirées.

CUBISME

Né au Salon d'Automne 1908, le terme cubisme traduit la pensée de son précurseur, Cézanne, qui disait que tout dans la nature peut être traduit en formes géométriques.

PICASSO (1881-1973) : Espagnol ; nul peintre au XXe siècle n'a exercé plus grande fascination ; si sa période cubiste est la plus célèbre, ce n'est peut-être pas la meilleure et certainement pas la seule ; il a traversé notre siècle comme l'incarnation de l'Art Moderne ; Apollinaire dit de lui : « Picasso étudie un objet comme un chirurgien dissèque un cadavre. »
BRAQUE (1882-1963) : Français ; il travailla en étroite collaboration avec Picasso ; pour réélaborer les objets en trois dimensions sur la toile qui n'en a que deux, il multipliait les points de vue.

FUTURISME, CONSTRUCTIVISME, SUPREMATISME, etc.

Divers mouvements nés dans différents pays avec des doctrines fort proches : faire table rase du passé et construire l'avenir.

MALÉVITCH (1878-1935) : Russe ; fondateur du Suprématisme qui, dans une quête du « point suprême », exprime « le rien devenu question » ; la quintessence de cette recherche étant son *Carré Blanc sur Fond Blanc*.
KANDINSKI (1866-1944) : Russe ; il a participé au grand mouvement de table rase de la révolution russe ; influencé par le constructivisme, il devint un des maîtres de l'art abstrait avec son style, fait de hiéroglyphes et formes diverses, disposés avec légèreté dans l'espace.

SURRÉALISME

Le surréalisme proclame la toute-puissance du rêve, de l'instinct, du désir et de la révolte ; il se dresse contre toutes les formes d'ordre logique, moral, social.

CHAGALL (1887-1985) : Russe ; précurseur du surréalisme ; il a emprunté au cubisme la décomposition qui lui permet de rendre un monde de rêves et de souvenirs aux couleurs chatoyantes.

DE CHIROCO (1888-1978) : Italien ; il fut considéré par les surréalistes littéraires comme l'incarnation picturale de leurs idées ; son style contredit l'ordre habituel de la réalité en groupant de façon irrationnelle objets et fragments de figures déshumanisées.

XXe SIÈCLE

MAX ERNST (1891-1976) : Allemand ; fondateur du mouvement nihiliste Dada, il évolua vers le surréalisme et créa une œuvre visionnaire qui ne manque pas d'humour.
MIRO (1893-) : Espagnol ; son œuvre témoigne d'une gaieté et d'une ingénuité rares ; son style est fait de signes abstraits ou sommairement figuratifs, placés dans l'espace.
MAGRITTE (1898-1967) : Belge ; le plus métaphorique des surréalistes ; il crée des rapprochements inattendus, des dénaturations et dissociations qui évoquent l'onirisme.
DALI (1904-1986) : peintre doué ; personnage scandaleux et célèbre ; son style très léché montre un goût marqué pour le détail en trompe-l'œil.

ART ABSTRAIT

Art qui tend à représenter la réalité abstraite et non pas les apparences de la réalité sensible.

ROTHKO (1903-1970) : Américain ; son style est extrêmement dépouillé, le tableau est organisé en grandes surfaces de couleurs simples ; son but était d'« exprimer l'idée complexe en formes simples » ; la chapelle qu'il a réalisée à Houston révèle une grande spiritualité.
JACKSON POLLOCK (1912-1956) : Américain ; chef de file de la peinture gestuelle ; il réalisait ses tableaux en jetant de la peinture sur la toile à l'aide de divers instruments (boîte percée de trous, seringue, truelle, etc.).
DE KOONING (1904-) : Hollandais ; représentant de l'abstraction expressionniste ; il tenta d'exprimer la passion par les couleurs.
YVES KLEIN (1928-1962) : Français ; en quête d'absolu, sa vie était son chef-d'œuvre, « Mes œuvres sont les cendres de mon art » ; son goût du symbolisme élémentaire et sa volonté de provocation l'amenèrent à faire des empreintes de corps féminins en public, à exposer des « portions de vide », etc. ; ses « cendres » les plus célèbres sont les taches de couleurs pures, surtout le bleu.

HYPERRÉALISME, POP ART, OP ART, ETC.

A la fin des années cinquante, une opposition se leva contre l'art abstrait expressionniste et créa différents courants.

ANDY WARHOL (1930-1987) : Américain ; pape du Pop Art, il fit la démonstration de l'impasse d'un art déspiritualisé.
RAUSCHENBERG (1925-) : Américain ; son style est caractérisé par le collage de diverses matières.
VASARELY (1908-) : Américain ; chef de file du Op Art ; son style consiste à créer une impression de volume par la manipulation de lignes parallèles.
EDWARD HOPPER (1882-1967) : Américain ; il ne devrait pas figurer en cette période, mais il est sans doute le meilleur représentant du mouvement qu'il a suscité après sa mort, l'hyperréalisme appelé en anglais « Photorealism », c'est-à-dire une représentation photographique de la réalité.

XXe SIÈCLE	(sculpteurs : — en France : ARP, LIPSHITZ, BRANCUSI — en Suisse : GIACOMETTI — en Allemagne : LEHMBRUCK — en Angleterre : HENRI MOORE — aux U.S.A. : LIPPOLD, JUDD, NEVELSON, CALDER) (architectes : — En Espagne : GAUDI — en Belgique : HORTA — en Allemagne : GROPIUS — en France : LE CORBUSIER — aux U.S.A. : RICHARDSON, WRIGHT, SULLIVAN, JOHNSON, SAARINEN, PEI)

Bien sûr, toute l'histoire de la peinture européenne n'est pas ici représentée (la peinture italienne si riche du XIVe au XVIIe siècle est bâclée par rapport à celle du XXe siècle, par exemple). Ce tableau en fait a été établi selon des critères précis. Comme il s'adresse aux parents de « très jeunes débutants », il m'a paru important de diviser cette histoire de la peinture en différentes périodes représentées par quelques peintres (pas plus de six) que l'enfant n'aurait pas de peine à différencier. Je sais par expérience que, pour les petits, Giotto, Simone Martini, Taddeo Gaddi, etc. ne font qu'un ! Plus tard, le grand amateur voudra connaître ces autres œuvres et les nuances qui les différencient les uns des autres. Pour l'heure, nous ne nous soucions que des différences radicales !

Donc, quand l'enfant est devenu passionné de peinture et que vous avez envie de structurer ses connaissances, vous pouvez commencer à utiliser le tableau ci-dessus (avec les modifications que vous désirez). Il est deux façons principales de l'utiliser.

● *Le regroupement par période*. Si vous avez déjà vu quelques peintres d'un des groupes établis ci-dessus, montrez à l'enfant des tableaux des autres peintres de ce même groupe. Expliquez-lui qu'ils vivaient en même temps, dans le même pays, mais qu'ils peignaient malgré tout de façon différente. S'il y a des similitudes, faites-les-lui remarquer. Si vous pouvez vous en procurer les reproductions, présentez-lui des peintres de la même période, mais d'un autre pays. N'oubliez pas de lui montrer sur la carte de géographie les différents pays et de lui expliquer ce qui se passait en France à cette époque (pour simplifier, vous pouvez aussi vous contenter de signaler le roi au règne le plus long).

• *Les influences*. Pour faire sentir à l'enfant ce qu'est un style, chercher les influences est un très bon jeu. Dans le tableau ci-dessus, vous trouverez souvent quel peintre a influencé un autre. Par exemple, cherchez dans la peinture de Turner l'influence de Claude Lorrain. Ou encore, comparez dans les œuvres dc Toulouse-Lautrec, Whistler et Gauguin l'influence des estampes japonaises, etc.

• *« Le magasin des tableaux »*. Pour jouer à ce jeu des styles qui amuse beaucoup les enfants, il vous faut un certain nombre de reproductions en cartes postales ou sur feuilles détachées. L'enfant est le « marchand » de tableaux et a devant lui les œuvres de trois ou quatre peintres différents (environ une demi-douzaine de reproductions par artiste). Vous mimez l'entrée dans le magasin :

> « Bonjour ! Je voudrais un Bruegel, s'il vous plaît... merci beaucoup ! Et auriez-vous un Renoir ? C'est un Renoir ? J'aurais cru que c'était un Rembrandt ! Il ne vous semble pas ? Ah oui ! Ça, c'est un Renoir ! J'en suis sûr, je reconnais son style vaporeux ! »

Au début, vous jouez avec des peintres extrêmement différents. Puis vous en prenez qui appartiennent au même groupe. Enfin pour la peinture des XIXe et XXe siècles, vous pouvez jouer au jeu des « courants artistiques » : « Je voudrais un néo-romantique, un fauve et un symboliste, s'il vous plaît »

• *Les anecdotes*. L'avantage de la peinture sur les autres domaines, c'est que vous disposez d'un matériau qui vous apporte tout. Point n'est besoin de s'arracher les cheveux pour trouver quelque chose à raconter, il suffit d'analyser le tableau avec enthousiasme. Cependant jetez toujours un coup d'œil au dictionnairre avant d''aborder un nouveau peintre, il y a souvent l'un ou l'autre détail qui aide l'enfant à personnaliser l'homme en question.

N.B. : N'oubliez pas qu'il ne faut pas faire de votre enfant un petit érudit desséché. Peu importe qu'il ne retienne pas tout cela.

Cette classification n'a d'importance que pour celui qui connaît bien et aime la peinture. Celui-là voudra comprendre mieux et cela l'y aidera. Ne faites donc pas passer la chronologie avant l'art, sinon votre enfant sera tout juste bon à participer au Jeu des mille francs.

● *Les quantités*. Le mieux est de voir chaque jour (avant la lecture du soir par exemple) une dizaine d'œuvres. Ça ne prend que quelques minutes. Selon le rythme de l'enfant, vous en remplacez une à deux par jour. Ensuite, quand vous avez vu toutes vos reproductions, repassez-les à un rythme plus rapide (2 à 4 nouvelles par jour), avant de passer à l'artiste suivant. C'est cette brève contemplation quotidienne qui va inscrire la peinture dans les références de l'enfant. Ayez le plus de tableaux possible en tête pour vous souvenir de celui qui pourrait illustrer ce que vous racontez à l'enfant et prenez la peine d'aller le chercher pour le montrer au bon moment. Ce type de référence doit devenir automatique.

Ne noyez pas l'enfant sous des flots de peinture nouvelle. Revoyez régulièrement les œuvres qu'il connaît déjà. C'est à force de les voir et de les revoir avec plaisir qu'il les intégrera au plus profond de lui-même.

● *Les autres arts plastiques*. Je me suis longuement attardée à la peinture, parce que c'est elle qui parle le mieux aux enfants. De plus, la peinture européenne qui a commencé avec les premiers peintres connus est la plus proche de notre conception individualiste de l'art. Cependant il faut bien sûr faire connaître la sculpture et l'architecture aux enfants. Dans le tableau ci-dessus vous trouverez les noms des principaux sculpteurs et architectes depuis le XVe siècle. Cependant les plus beaux joyaux sont pour la plupart anonymes et se prêtent mal à la reproduction. Le mieux est d'effectuer des excursions avec l'enfant et d'être attentif pour ne pas laisser passer une occasion de lui faire remarquer un bâtiment ou une sculpture qui en vaille la peine. Il en est de même pour les styles de mobilier.

Autant que faire se peut, illustrez vos « leçons d'histoire » par des excursions artistiques.

LE DESSIN

S'exprimer par le dessin est un pourvoir qui nous fait rêver. Peut-être même plus encore que la musique qui est souvent considérée, à tort, uniquement comme l'interprétation des œuvres d'autrui. En dessin, on trouve normal de s'exprimer soi-même, à condition d'en être capable ! L'école maternelle offre là une grande aide, car c'est un domaine qu'elle développe particulièrement.

Le premier point est d'aider l'enfant à se sentir à l'aise non seulement avec le feutre, le crayon, le crayon à la cire, mais aussi avec le fusain, le pinceau, etc. Contrairement à la musique où l'enfant a le chant pour se familiariser avec cet art avant de passer à un instrument, en dessin il lui faut développer sa motricité avant de pouvoir ne fût-ce que tenir un crayon. Il faut donc d'abord l'aider à acquérir cette aisance.

• *Le petit coin bureau*. Dès l'âge de 2 ans, l'enfant doit avoir un endroit à sa dimension où il peut crayonner tout son saoul. Une table basse pas trop petite et un siège à sa taille. Une boîte avec feutres, crayons de couleur, crayons à la cire, bics, etc. Du papier à volonté (du papier pour ordinateur usagé, par exemple). Des ciseaux pour enfant, de la colle en bâton, une corbeille à papier et une farde pour les dessins à garder. Tout ceci n'arrive pas d'un seul coup. Objet par objet, vous habituez l'enfant à s'en servir. Vers 3 ans, il devrait être capable de se servir de la plupart d'entre eux. Bien sûr, les enfants « explosifs » sont moins enclins à dessiner calmement que les autres. Deux choses cependant peuvent les y inciter : l'exemple d'enfants plus grands ou, à défaut, d'adultes ; ensuite la possibilité de pourvoir dessiner quand ils le désirent.

Vous pouvez aussi lui fabriquer un petit chevalet pour qu'il apprenne à peindre de loin et debout. Il existe (voir *Matériel Conseillé*) de la peinture pour les tout-petits dont les taches se lavent très facilement à l'eau et qu'ils peuvent avaler sans danger (inutile de le leur dire !).

• *Les dégâts*. Beaucoup sont effrayés de laisser ce matériel aux mains de tout-petits. Cependant les enfants qu'on a laissés manger leurs livres en carton, déchirer abondamment les vieux périodiques et crayonner *ad libitum,* font beaucoup moins de dégâts que les autres. Il y aura bien, de temps en temps, un livre déchiré ou un coup de crayon sur le mur, mais pas plus que ce que l'éducation la plus draconienne ne peut empêcher !

Apprenez à l'enfant les règles de l'ordre :

1) ranger tous les crayons et instruments dans la boîte (à chaussures par exemple)

2) trier ce qui est à garder : les bons dessins dans la farde ; et ce qui est à jeter : les déchets des découpages et les gribouillages qui ne l'intéressent pas, LUI, dans la corbeille.

Il faut le répéter souvent sans trop d'impatience, mais l'enfant s'y plie (avec des oublis) plus vite qu'on ne pense. S'il fait exprès de tout mettre en l'air, retirez-lui tout son matériel pour un jour ou deux. Il comprendra vite que le jeu n'en vaut pas la chandelle.

● *Les premières silhouettes*. Montrez-lui comment dessiner sommairement un bonhomme, une maison, une fleur, un arbre, un mouton, un nuage, etc., ainsi qu'on le fait toujours. Enncouragez-le à mélanger dessin et écriture. Tout ce qui développe son aisance manuelle est bon.

● *La technique du dessin*. Comme pour la musique, si vous n'êtes pas vous-même capable de dessiner, il vous faudra recourir à un professeur. L'école, en général, n'offre de formation artistique que misérable. Mme Martenot (la sœur du musicien) a mis au point une méthode pour apprendre le dessin aux enfants à partir de 5, 6 ans. Les professeurs sont assez nombreux (voir *Adresses Utiles*).

La méthode Martenot

Je ne peux ici vous donner que quelques rudiments. Les principes de base sont :

1) Tout est fait de droites et de courbes.

2) Il faut suivre la ligne de vie de ce que l'on dessine.

● *Tracer courbes sur courbes* est le premier exercice : sur de grands papiers ou sur le tableau ; des deux mains qui sont entraînées de la même façon : de petites courbes, de grandes, vers la gauche, vers la droite, l'une poursuit, l'autre s'enfuit, etc.

• *Les valeurs de plan* viennent ensuite : ce qui est au premier plan est proche et intense et ce qui est à l'arrière-plan est lointain et diffus. Pour faire comprendre ces nuances à l'enfant, on lui prend la main. Quand on la serre fort, c'est comme le gros plan, et au fur et à mesure qu'on la desserre la sensation devient diffuse comme un plan lointain. Exercice : mettre des objets sur une table et demander à l'enfant de désigner la suite des plans, lui montrer que cela change selon son angle de vue.

• *Les matériaux utilisés :* le fusain, l'aquarelle, la peinture à l'huile, la craie écrasée appliquée au doigt sur du papier noir, la pâte à modeler pour certains exercices (par exemple, l'ove).

• *Les dégradés*. À partir d'une couleur (le marron ou le vert), faire découvrir à l'enfant les différences de nuances, de cette couleur pure au blanc. Exercice : l'enfant choisit deux nuances de marron ; avec le blanc il a trois tons pour peindre un paysage.

• *La ligne de vie*. Pour faire comprendre à l'enfant qu'il doit suivre la ligne de vie de ce qu'il dessine, l'arbre est le premier exemple. De préférence au fusain sur du papier à dessin non lisse. Racontez à l'enfant l'histoire de la graine qui est plantée en terre et qui tout à coup commence à jaillir et monter vers le ciel. Comme une pulsation l'enfant trace au fusain le chemin de la sève vers le haut ; le tronc ainsi s'épaissit. Bientôt la sève crée de grosses branches, puis de plus petites. Mais rien n'est « ajouté » sur l'arbre dessiné, chaque trait suit le trajet de la sève. Ce principe se retrouve, lorsqu'on aborde l'animal : il faut commencer par dessiner l'échine et le squelette.

• *L'ove :* c'est-à-dire l'œuf. Forme de base qu'on retrouve, entre autres, dans les vases, le corps des oiseaux, etc. La pâte à modeler peut être utile, ainsi qu'un petit tour de potier. Mais il faut surtout que l'enfant apprenne à dessiner l'ove d'un trait.

• *Silhouettes de poissons et d'oiseaux* pour utiliser les courbes et les oves. La poudre de craie écrasée appliquée au doigt sur du papier noir est un excellent matériau pour cet exercice.

• *Les pinceaux*. Il est bon d'apprendre à l'enfant la manière japonaise d'utiliser le pinceau. En particulier le pinceau pointu en martre. La tenue du pinceau, le travail de la pointe, le trait écrasé, etc. Exercices : tracer des bambous, des feuilles de saules, des arbres en hiver, etc.

• *Les couleurs*. Expliquez à l'enfant la différence entre les couleurs primaires, secondaires et complémentaires. Apprenez-lui à former le disque des couleurs (même sommairement, car il faut une grande dextérité pour le faire et c'est très fastidieux). Ce qui compte c'est sa connaissance des couleurs et de leurs rapports entre elles. Exercice : Faites tomber une goutte de couleur dans un verre d'eau et demandez à l'enfant ce que cela évoque pour lui. Puis changez de couleur.

• *La mise en volume*. Apprendre à l'enfant, par le dégradé, à transformer une surface en volume et ce volume en un objet. Par exemple : le triangle devient cône qui devient moulin.

C'est ainsi que l'on peut résumer les deux premières années d'un cours de dessin Martenot.

• *Avant 5 ans : l'improvisation*. Beaucoup de professeurs vous diront que, dès qu'il commence à suivre des cours, l'enfant n'ose plus inventer et fait studieusement ce qu'on lui propose. Pour éviter ce bloquage fort fréquent, il est bon qu'il ait pris l'habitude de dessiner et peindre régulièrement tout ce qui lui passe par la tête. Une habitude solidement ancrée est plus difficile à inhiber ! Vous pouvez, si ça lui plaît, lui proposer des thèmes. Restez général pour qu'il puisse l'interpréter comme il l'entend. Je me souviens avoir proposé à ma fille de 3 ans, comme thème, des fleurs, et elle a peint un bouquet de fleurs brûlant dans le feu !

Bien sûr vous pouvez aborder avant 5 ans certains exercices Martenot : le jeu des dégradés, la connaissance des couleurs (primaires et secondaires), le jeu de la goutte de couleur dans l'eau, etc.

Et plus tard, s'il commence à suivre des cours, encouragez-le à la maison à dessiner et peindre ses sujets personnels (ce qu'il aura appris y transparaîtra).

MUSIQUE
PRATIQUE ET HISTOIRE

LA PRATIQUE

Si je ne distingue pas ici la pratique de la théorie, c'est que, comme le dit si bien Maurice Martenot, je crois que la séparation faite généralement entre le solfège et l'étude de l'instrument amène à la production de *sons musicaux qui ne sont pas de la musique.*

Trois musiciens se sont penchés, en ce XXe siècle, sur l'apprentissage de la musique. Un Allemand : Karl Orff, un Japonais : Shinichi Suzuki, et un Français : Maurice Martenot. Tous trois ont refusé l'échec de l'enseignement traditionnel qui repousse et dégoûte de la musique une proportion inquiétante de ses élèves. Tous trois ont compris que la musique s'apprend dès le plus jeune âge et par le jeu. Karl Orff a mis au point une méthode, fondée sur le rythme. Il a assuré la fabrication d'un matériel de percussion d'une qualité extrême (voir *Matériel Conseillé*). Cependant, comme cette méthode s'adresse à un groupe d'enfants qui petit à petit devient un véritable orchestre, je ne m'étendrai pas sur elle et vous conseillerai simplement de vous renseigner sur les cours « Karl Orff » qui peuvent exister dans votre région (voir *Adresses Utiles*).

Par contre, Suzuki et Martenot ont mis au point des méthodes qui s'adressent à l'enfant individuellement et qui ont l'avantage de se compléter. Tous deux considèrent que le but de l'enseignement musical ne doit pas être uniquement de former des professionnels, mais d'être une école de la vie qui forge l'âme des enfants.

Suzuki a compris, il y a près d'un demi-siècle, que l'on pouvait apprendre la musique, comme on apprend sa langue maternelle. Il s'est alors ingénié à mettre au point des techniques qui rendent ce postulat possible. Il a choisi le violon, parce que c'est un instrument qui peut se réduire jusqu'à la taille d'un enfant de 2 ans, tout en gardant sa qualité sonore ; de plus, il peut devenir une poupée précieuse et même un prolongement du corps, puisqu'on le tient contre soi. La méthode consiste en deux principes : d'abord il faut que l'enfant baigne dans la musique, qu'il entende chaque jour ces mélodies simples qu'il apprendra, plus tard, à jouer sur son violon, quand elles feront partie de lui ; ensuite les parents étant les meilleurs professeurs du tout-petit, celui qui décide d'apprendre ainsi le violon à son enfant doit connaître l'instrument et en comprendre les difficultés. Le parent apprend donc à se débrouiller avec le violon (certains s'y mettent carrément, mais ce n'est pas indispensable). Le cours consiste d'une part en une leçon particulière au cours de laquelle le professeur corrige l'enfant et explique au parent le programme de la semaine, et d'autre part en une leçon de groupe où les enfants apprennent, par de petits jeux, à jouer ensemble. Chaque jour (ou presque), le parent et l'enfant font une leçon d'un quart d'heure à une demi-heure, selon l'âge et les capacités de concentration (vous trouverez ci-dessous des conseils pour faciliter cet entraînement quotidien). L'âge minimum pour commencer est de 3 ou 4 ans, selon le professeur. De plus, pour assurer la stimulation psychologique, l'Institut International Suzuki (voir *Adresses Utiles*) organise des stages qui regroupent élèves et professeurs en les mélangeant par niveau (puisque les enfants apprennent, tous, les mêmes morceaux). Ce séminaire est un joyeux bain de musique qui régénère les « vocations » les plus vacillantes ! En fait, cette méthode rappelle la façon dont la musique était enseignée avant que l'annotation ne soit inventée. Tout passe par l'oreille et l'imitation. Les détracteurs prétendent que Suzuki rejette le solfège, c'est tout à fait faux, il vient simplement après.Tout comme l'enfant apprend à parler avant d'apprendre à lire (même si cela se suit de fort près !), il connaîtra la musique avant de commencer à la déchiffrer. Certains professeurs « Suzuki » offrent d'ailleurs une formation musicale complète qui intègre le solfège. Malheureusement la plupart ne le font pas et envoient leurs élèves dans un cours traditionnel. Et voici que le danger réapparaît, la différence entre les deux apprentissages saute aux yeux de l'enfant qui, du coup, ne voit pas la nécessité d'apprendre à lire la musique.

C'est ici que Martenot intervient. Il a résumé dans ce superbe raccourci son approche sensorielle de la musique : *L'esprit avant la lettre, le cœur avant l'intellect.* Pour lui le solfège est musique. Il compare l'enseignement traditionnel de la théorie musicale à quelqu'un qui lirait une histoire d'une voix tout à fait plate et monocorde : peu d'enfants l'écouteraient !

La méthode Martenot est fondée sur trois étapes :

1) l'enfant produit, par imitation, un rythme ou une mélodie ;
2) il découvre comment s'écrit ce rythme ou cette mélodie ;
3) il apprend à déchiffrer des variations de ce rythme ou de cette mélodie.

Le solfège est ainsi décomposé en éléments simples que l'enfant ingère et assemble pour construire le puzzle de la théorie musicale.

Je conseille à ceux qui sont musiciens de lire l'ouvrage de Martenot, de se procurer les jeux qu'il a conçus (voir *Bibliographie* et *Matériel Conseillé*) et d'apprendre eux-mêmes la musique à leur enfant.

Mais ce chapitre s'adresse à ceux dont les connaissances musicales sont tout à fait rudimentaires. Pour donner le goût de la musique à son enfant, il n'est qu'une chose absolument indispensable : LE VOULOIR ! C'est cette volonté qui vous fera comprendre ce qui est aujourd'hui pour vous du martien. Si en outre, vous chantez juste et que les notes, leurs valeurs et les intervalles ne vous sont pas tout à fait inconnus, vous pourrez très bien préparer votre enfant. (Que ceux qui se sentent déjà largués, parce qu'ils chantent comme des seringues et ne savent pas regarder une partition à l'endroit, continuent de lire ce chapitre, ils verront qu'ils peuvent aussi aider leur enfant.)

La musique est une langue. Il faut pouvoir la réciter (interpréter les œuvres d'autrui), la lire (connaître le solfège) et la parler (improviser). Les études de Bettelheim sur l'apprentissage de la lecture nous ont montré combien les enfants qui avaient appris à lire dans le cadre familial étaient avantagés. Il en est de même pour la musique. Pourtant c'est rarement le cas. C'est même pire : imaginez un enfant qui n'entendrait jusqu'à six ans, de sa langue maternelle, que quelques petites poésies et le flot de paroles rapides et incompréhensibles de la radio ; il serait gravement retardé. C'est le cas de la plupart des enfants au niveau musical.

Voici une liste de conseils et exercices qui vous permettront de donner le goût de la musique à votre enfant et de rendre l'enseignement traditionnel plus bénéfique que catastrophique. (Dans le chapitre *La Première Année de la Vie*, vous trouverez déjà quelques conseils dans le paragraphe *Stimulation de l'Ouïe*.)

- *Chantez !* Il faut que l'enfant comprenne que la musique vient du fond de l'être et non pas du haut-parleur. Si vous êtes gêné, ne chantez qu'en sa présence (c'est un public indulgent et enthousiaste, profitez-en !). Chantez dès sa naissance et jusqu'à la fin de vos jours (vos petits-enfants en profiteront). Si vous chantez faux, chantez quand même et dites-lui : « Je ne chante pas bien, mais c'est tellement gai. Et si je chantais bien, ce serait encore plus gai ! »

- *Que chanter ?* Des comptines enfantines. Le répertoire traditionnel est très riche. (Si vous ne vous en rappelez aucune, achetez un disque et écoutez-le jusqu'à ce que vous en connaissiez les chansons.) Il est important que l'enfant ingère petit à petit une série de mélodies simples qui seront sa référence première. Si vous êtes tenté par la méthode Suzuki, insistez sur *Ah vous dirais-je, maman…*, car c'est le morceau de base.

- *Comment chanter ?* Choisissez une chanson que vous aimez particulièrement et bercez le bébé en la chantant. Bercez-le souvent et chantez-la au moins une fois par jour. Chantez-la avec et sans les paroles. N'oubliez pas que les paroles s'ajoutent à la musique. Il faut que l'enfant vous entende aussi PRODUIRE DE LA MUSIQUE PURE (sur un son voyelle et/ou en musant). C'est très important.

- *Cultivez l'« état rythmique ».* C'est ainsi que Martenot appelle l'état d'éveil où, quelle que soit la douceur du moment, le corps a un tel dynamisme qu'il est prêt à tout instant à faire n'importe quel geste ultra-rapide. Cet état transmet le flux vital qu'exprime la musique. Si vous êtes morne, votre musique sera terne et sans intérêt pour l'enfant.

• *Le xylophone*. Procurez-vous-en un dont la justesse est sûre (si vous le pouvez, choisissez parmi les instruments « Karl Orff », ils sont remarquables ; voir *Matériel Conseillé*). Pourquoi le xylophone ? Parce que c'est le seul instrument à la fois mélodique et de percussion qui ne se désaccorde pas. Jouez dessus *Frère Jacques*, phrase par phrase. Sans chanter. Puis jouez la première phrase en chantant les notes « do ré mi do » (si vous chantez faux, abstenez-vous, parlez).

Placez l'instrument dans un lieu de passage et prenez l'habitude chaque fois que vous passez devant avec le bébé de lui faire entendre quelque chose. Ne lui jouez pas des notes séparées (qui sont en fait l'équivalent des lettres), mais des petites phrases musicales (qui sont comme des mots ; même principe que pour l'étiquetage oral, voir *Langage et Poésie*). Vous pouvez aussi lui jouer la gamme , l'accord parfait en arpège, la gamme chromatique (par demi-ton, avec tous les dièses), etc.

• *Les cassettes*. Faites écouter de la musique à votre enfant. Comme je l'ai déjà dit, il est bon de lui offrir un magnétophone à cassettes, pour ses deux ans (ou plus tôt). Enregistrez-lui des cassettes de musiques mélangées. Habituez son oreille à tous les genres : les différentes périodes de la musique classique, le jazz, les chansons, les musiques folkloriques, les instruments primitifs, etc. Comme il y a de fortes chances que la qualité sonore de son appareil ne soit pas très bonne, faites-lui écouter ses cassettes et des disques sur votre chaîne stéréo.

• *Les différentes sortes d'écoute*. Martenot distingue trois types d'audition : l'écoute passive de l'enfant qui entend la radio en faisant autre chose ; l'écoute semi-active où l'enfant écoute en rêvassant — la musique lui servant de source d'inspiration ; et l'écoute active de l'enfant qui réclame une chanson, en chante des passages et est choqué quand on se trompe. C'est bien sûr cette écoute qu'il convient de favoriser le plus, aucun enregistrement ne peut remplacer votre présence, votre voix, votre gaieté.

• *L'enfant commence à chanter*. Ne vous inquiétez pas si ce moment tarde. Il est important qu'il ait entendu de nombreuses fois une chanson (si possible vocalement et instrumentalement), avant de commencer à la chanter. Il faut que sa mémoire l'enregistre d'abord correctement, sinon il ne fera pas la différence entre la chanson juste et l'interprétation qu'il en fait, pleine d'hésitations et de fautes. Ne le poussez pas à vous imiter, votre exemple l'y incite assez. Encouragez-le chaleureusement quand il décide de s'y mettre.

• *L'improvisation* est une habitude qu'il faut prendre dès le début. Ne vous contentez pas de chanter des chansons, « parlez la musique », c'est-à-dire inventez-la. Vous n'avez pas besoin d'être compositeur pour chantonner des airs de votre cru. Parlez en musique aussi, dites à l'enfant ce que vous avez à lui dire, en chantant. Il adorera ça et c'est un excellent exemple. Encouragez-le à vous répondre de même. Il est possible que, malgré son plaisir à vous entendre, il n'ose pas se lancer. N'arrêtez pas pour autant. Variez vos voix : imitez les chanteurs d'opéra, les voix d'enfant aigrelettes, les berceuses douces et enveloppantes, etc. Tout cela avec vos mots et votre musique. L'enfant finira par y trouver un genre qu'il voudra imiter.

• *Improviser d'après un adjectif et vice versa*. C'est un jeu amusant : prenez une série d'adjectifs et improvisez une courte mélodie d'après ce que chacun vous inspire. Si l'enfant a envie d'en faire autant, tant mieux. Mais laissez-le vous écouter d'abord. Le jeu opposé : vous chantez quelque chose et puis vous demandez à l'enfant si c'est triste ou gai, etc. Voici une liste d'adjectifs pour vous aider :

joyeux	interrogatif	étonné
triste	affirmatif	timide
violent	exubérant	tendre
apeuré	discret	méchant
etc.		

Si vous le pouvez, faites-le aussi avec un instrument.

• *La transposition*. Jouez sur le xylophone la note à partir de laquelle vous chantez d'habitude une chanson que l'enfant connaît très bien : « Tu vois, je chante cette chanson en commençant par le do. Maintenant je vais la chanter en commençant par mi. Je me concentre, j'écoute dans ma tête comment est la chanson quand elle commence par mi... et je la chante. » Variez cet exercice autant que votre tessiture vous le permet. Si vous chantez faux, abstenez-vous. Si vous le pouvez, jouez-le à l'instrument. Mais c'est par l'exemple du chant que l'enfant comprendra mieux ce qu'est l'« écoute intérieure » (écouter dans sa tête) qui est indispensable non seulement pour la transposition, mais pour comprendre la musique.

• *Hauteur, durée et volume des sons*. Dites à l'enfant de fermer les yeux et d'écouter. Jouez-lui une note aiguë et une grave. Demandez-lui de faire la différence. Commencez par des notes très éloignées, ensuite de plus en plus rapprochées jusqu'à n'être plus qu'à demi-ton l'une de l'autre. C'est un jeu que vous aurez introduit avec des objets de la vie courante (voir *La première Année de la Vie*, § *Stimulation de l'ouïe*) lorsqu'il était bébé. Ensuite prenez une chanson qu'il connaît, jouez les deux premières notes au xylophone et demandez-lui si la deuxième est plus basse ou plus haute puis jouez la 2e et la 3e, et ainsi de suite.

Faites-lui entendre des sons de différentes longueurs et puis de différents volumes. S'il aime ce genre de jeu, vous pouvez arriver à lui faire trouver que telle note est « plus haute, plus longue et plus forte que l'autre ».

• *Le jeu des erreurs*. Prenez une chanson que l'enfant connaît parfaitement et chantez-la en y introduisant des erreurs qu'il doit signaler. Ce qu'il fera avec grand plaisir ! Faites la même chose au xylophone.

• *Les dictées de rythme*. Tapez dans vos mains ou sur la table un rythme très simple et demandez à l'enfant de le répéter. S'il se trompe, dites : « C'est presque ça, écoute encore... » Variez les rythmes. S'il y a un silence, marquez-le par une expression de votre visage et un « chch » qui remplissent la pause sans que vos mains bougent. (Un silence vide ne frappe pas l'enfant, il faut qu'il ait l'image du silence). Quand il y arrive bien, faites-lui répéter les rythmes plusieurs fois de suite.

C'est typiquement le genre de jeu auquel vous devez penser quand vous êtes dans ces endroits où l'enfant s'ennuie et où vous ne savez comment l'occuper.

• *Le jeu des questions et réponses*. Si vous avez l'oreille harmonique, vous sentez naturellement comment une phrase mélodique doit se terminer d'après la façon dont elle a commencé. Lancez à votre enfant une « question musicale », c'est-à-dire un début de mélodie qui appelle une certaine fin. Montrez à l'enfant comment vous y répondez. Incitez-le à vous répondre. Pour qu'il comprenne mieux, mettez-y des paroles : « Comment vas-tu ? Très bien merci. » ou « Où as-tu mis ton pull ? Dans l'armoire de ma chambre. » Etc. Si vous n'y arrivez pas, contentez-vous de dialoguer en chantant, comme une histoire que l'on continue l'un après l'autre.

• *La reproduction d'un son*. Si vous chantez juste, jouez une note sur le xylophone et puis chantez-la. Chantez ainsi plusieurs notes et puis proposez à l'enfant d'essayer.

• *TRÈS IMPORTANT : Ne dites jamais à un enfant qu'il chante faux !* La justesse musicale est tout à fait liée à la confiance en soi. S'il ne chante pas juste, dites-lui qu'il y est presque, mais qu'il doit d'abord écouter le son dans sa tête avant de le chanter. Encouragez son écoute intérieure. Ne le dénigrez jamais, même en dehors de sa présence. Il y a toujours de bonnes langues pour répéter vos médisances. Et puis si vous êtes capable de les penser, l'enfant le sentira bien.

• *Retenir un son*. Il y a plusieurs façons d'y arriver.
1) Donnez une note à l'enfant, puis jouez une mélodie dans laquelle elle revient souvent et l'enfant doit signaler chaque fois que vous la jouez.
2) L'enfant chante une chanson qu'il connaît bien, vous choisissez une note qui revient souvent et vous la jouez au xylophone chaque fois qu'elle réapparaît dans la chanson ; à la fin l'enfant doit vous la chanter.
3) Jouez une note sur le xylophone, dites à l'enfant de la chanter, puis de la retenir. Ensuite jouez quelques notes au xylophone en terminant par celle-là sans insister et demandez à l'enfant de vous rechanter la note. Quand il y arrive, ne terminez plus par la note qu'il doit retenir.
4) Jouez quatre notes au xylophone dont deux sont identiques ; l'enfant doit dire si c'est la 1re et la 3e, ou la 2e et la 4e, etc.

• *Chanter en alternance*. Prenez une chanson que l'enfant connaît bien et chantez-la à vous deux ou à plusieurs, en alternance. Vous désignez sans prévenir celui qui doit se mettre à chanter, le précédent se tait et la chanson doit continuer de l'un à l'autre sans arrêt. Même chose avec un rythme que vous jouez avec l'enfant en alternance.

• *Le voisin invisible*. Même exercice entre l'enfant et le silence. Quand vous lui faites signe de se taire, l'enfant doit arrêter de chanter. Mais il faut qu'il continue la chanson dans sa tête, car quand vous lui referez signe de chanter, il devra continuer comme si un voisin invisible avait chanté dans le silence. Pour lui faciliter la tâche au début, dites-lui d'alterner muser et chanter. Quand il y arrive, dites-lui de « muser dans sa tête », donc de rester silencieux.

Même chose « à trois » avec un rythme qui doit tourner, de vous, au voisin invisible, à l'enfant et chaque silence doit contenir le rythme.

• *Introduire un rythme dans une mélodie*. Prenez un rythme caractéristique que l'enfant connaît bien et mettez des notes dessus pour qu'il prenne conscience que les rythmes se trouvent à l'intérieur des mélodies. Ensuite inventez une mélodie dans laquelle ce rythme revient souvent et l'enfant doit crier chaque fois qu'il le reconnaît.

• *Le jeu d'attirance*. Faites jouer par l'enfant un rythme simple qu'il connaît bien. Quand il est bien lancé, jouez-en un autre vous-même. Vous devez chacun tenir votre rythme, malgré la perturbation et l'attirance que représente l'autre. C'est une bonne préparation au chant en canon.

• *La gestuelle*. Il est important que l'enfant lie le mouvement à la musique. Quelques gestes l'aideront à mieux la comprendre.

1) Quand vous chantez, faites monter et descendre votre main en suivant la mélodie, comme les notes montent et descendent sur la portée. Invitez l'enfant à vous suivre, puis à le faire seul si possible.

2) Pour lui faire sentir les différences de volume, ouvrez les mains toutes grandes quand le son est fort et refermez-les (en poings), au fur et à mesure que le son devient faible.

3) Pour les valeurs de notes :

— la ronde : faites un grand rond des deux qui s'ouvrent bras en disant lentement « ron-deux-trois-quatr' » ;

— la blanche : faites un pas en disant « blan- » et puis une génuflexion en faisant « chch » le doigt sur la bouche ;

— la noire : marchez en disant « noire, noire, noire,... » à chaque pas ;

— la croche : courez en disant « croch', croch', croch',... » à chaque pas ;

— la double croche : sautillez sur place d'un pied sur l'autre très vite en disant « db, db, db,... » ;

Associez ces mouvements aux dessins des notes. Ensuite chantez les chansons que l'enfant connaît en disant la valeur des notes et en y associant le mouvement. Par exemple, *Ah vous dirais-je, maman...* devient :

« noir' noir' noir' noir' noir' noir' blanc-che
« noir' noir' noir' noir' noir' noir' blanc-che... » x 3

(A faire chaque fois qu'un morceau de la méthode Suzuki est connu.)

• *L'entraînement vocal*. Faites la sirène, c'est-à-dire d'un son continu allez au plus bas de votre tessiture, puis au plus haut. Dites à l'enfant de vous guider : quand il lève la main vous allez vers les aigus, quand il la descend vous allez vers les graves. Ça l'amusera beaucoup. Ensuite intervertissez les rôles : guidez-le tandis qu'il fait la sirène. Evoquez les sirènes de pompiers, d'usine, de police, etc., inventez-en même !

• *Les timbres de voix*. Discutez-en avec l'enfant. Quand vous entendez un chanteur à la radio, demandez à l'enfant ce qu'il en pense, s'il aime cette voix, si elle ressemble à la vôtre, quelle est la différence, etc. Comparez des chanteurs différents. Rendez-le conscient des différences de timbre.

• *Battre la pulsation : premier pas vers la lecture*. Prenez l'habitude de la battre dans les mains, quand vous chantez. Je dis bien la pulsation, c'est-à-dire chaque temps même s'il n'y a ni parole, ni note. Voici un exemple :

« Frè-re Ja-cques, Frè-re Ja-cques,

Dormez-vous ? Dor-mez-vous ?

Son-nez les mâ-ti-nes, son-nez les mâti-nes,

Ding ding dong, Ding ding dong. »

L'enfant aura des difficultés au début à battre la pulsation régulièrement et sans interruption (surtout quand il n'y a pas de parole), mais il faut qu'il y arrive.

● *La lecture de la pulsation*. Montrez à l'enfant une feuille sur laquelle vous aurez tracé des petites barres verticales à égale distance :

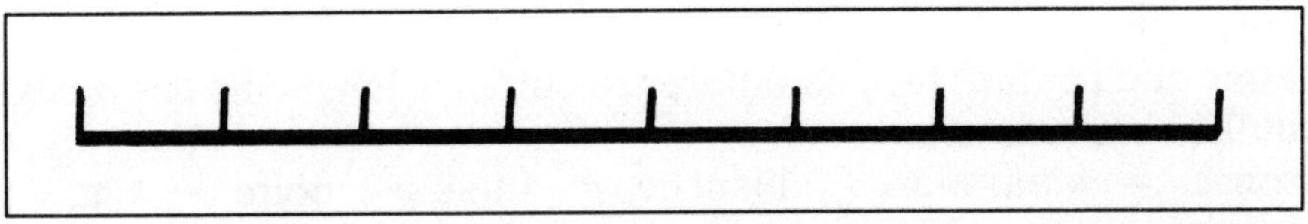

Dites à l'enfant de toucher du doigt (d'un mouvement sec et précis) chaque petite barre en chantant *Frère Jacques*, exactement comme il battait la pulsation dans ses mains. Quand il arrive à avoir ce mouvement régulier et sans faille, placez quelques notes :

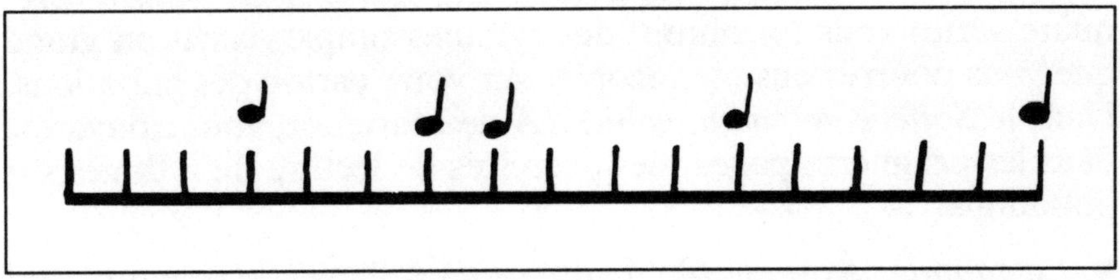

Cette fois l'enfant doit battre la pulsation en silence et dire « ma », chaque fois qu'il y a une note sur la pulsation. Pour cet EXERCICE TRÈS IMPORTANT, vous pouvez fabriquer un carton effaçable : prenez un carton (40 cm/15 cm), tracez une ligne avec les pulsations tout le long à 2 cm d'intervalle et recouvrez-le de plastique « tableau magique » transparent. Ensuite tracez les notes où vous voulez avec un feutre spécial « tableau blanc effaçable à sec » et changez-les pour une combinaison plus complexe quand l'enfant est arrivé à les lire. (Si vous ne trouvez que du plastique opaque blanc, marquez les pulsations par-dessus avec un feutre indélébile à l'essence.)

• *Ecriture des premiers rythmes*. Quand l'enfant se débrouille bien avec l'exercice précédent et si vous en êtes capable, tracez sur votre carton effaçable un rythme simple que l'enfant connaît bien.

Pour que l'enfant fasse la différence entre les longueurs des notes, utilisez ces sons-ci :
ronde = « tou-o-a-i » ; blanche = « to-â » ; noire = « ta » ; croche = « ti », double croche = « tth » (ou, selon ce qui marche le mieux pour vous, ceux de *La gestuelle*, voir ci-dessus).

Comme le dit Martenot : *Seul ce qui est reproduit correctement par imitation peut être abordé en lecture*. N'inscrivez donc que des rythmes que l'enfant connaît déjà. Dans le matériel Martenot (voir *Matériel Conseillé : Les Cartons du Maître* (première série) vous fourniront des rythmes simples écrits en grand que vous pourrez ensuite recopier sur votre carton des pulsations. Dans le *Solfège débutant, cahier 1A* de Martenot, vous trouverez, dans les premières pages, des exercices de lecture de rythmes sur pulsations.

• *La gamme*. Apprenez-la à votre enfant. Voici une chanson qui vous aidera peut-être :

CHANSON DE LA GAMME

● *<u>Les intervalles</u>*. Nous ne parlons ici que des intervalles par degrés et non par tons et demi-tons :

> do-ré est une seconde parce qu'il y a 2 notes : do et ré
> do-mi est une tierce parce qu'il y a 3 notes : do, ré, et mi
> do-fa est une quarte, 4 notes : do, ré, mi et fa
> do-sol est une quinte, 5 notes : do, ré, mi, fa et sol
> do-la est une sixte, 6 notes : do, ré, mi, fa, sol et la
> do-si est une septième, 7 notes : do, ré, mi, fa, sol, la, si
> do-do est une octave, 8 notes : do, ré, mi, fa, sol, la, si, do.

Expliquez à l'enfant à l'aide de ce croquis :

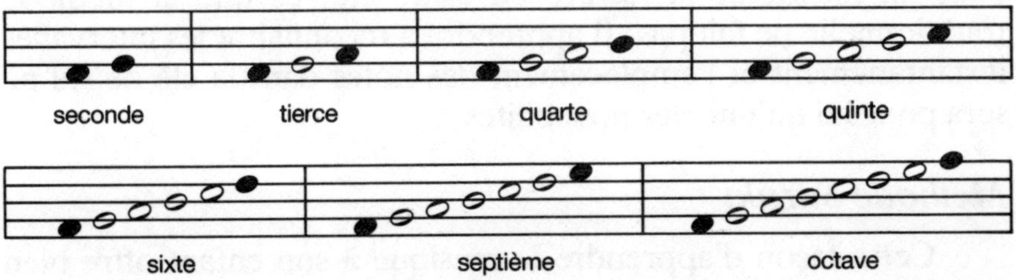

Je vous conseille de vous procurer deux jeux musicaux Martenot (voir *Matériel Conseillé*) : *Jeu de Cartes des Intervalles* et le *Jeu de la Portée* (une très grande portée avec des jetons noirs mobiles pour faire les notes). Même si vous n'êtes pas musicien, ce jeu n'est pas difficile à comprendre et il fera de votre enfant un lecteur rapide en n'importe quelle clé (ce qui est très utile, ne fût-ce que pour le piano).

Le jeu des intervalles de Martenot consiste à diviser les intervalles en « pareils » (dont les notes sont toutes deux sur des lignes ou toutes deux dans des interlignes) et « différents » (une note sur une ligne et une note dans un interligne). Quand l'enfant est capable de reconnaître d'un coup d'œil cette différence, vous lui expliquez que dans les « pareils » il y a des tierces, quintes et septièmes et dans les « différents » il y a les secondes, quartes, sixtes et octaves.

Expliquez-lui le nom des intervalles. Faites-les-lui reconnaître sur la portée. (Avec les deux jeux musicaux Martenot indiqués ci-dessus, vous pouvez faire copier à l'enfant les intervalles des petits cartons sur sa grande portée avec les jetons.) Placez les intervalles à n'importe quel endroit de la portée et dites toujours que la première note est do. Quand l'enfant les connaît tous ainsi, dites que la première note est ré et ainsi de suite. Quand il se débrouille bien, jouez à « Si..., alors... » : « Si la première note est do, alors l'autre est... ? Mais si la première note est mi, alors l'autre est... ? » etc. Si vous jouez bien à ce jeu avec l'enfant, vous lui faciliterez la lecture en toute clé, ce que la méthode traditionnelle ne fait pas. Il apprendra à reconnaître les intervalles instantanément et l'emplacement des notes dans la clé de sol ne sera pour lui qu'une des possibilités.

Méthode Suzuki

Cette façon d'apprendre la musique à son enfant offre bien des avantages, mais elle confronte le parent et l'enfant à des questions d'autodiscipline qu'il faut résoudre très tôt et par le jeu. Suzuki ne donne aucun conseil sur ce point, car il estime que chaque famille a sa façon propre de régler ces questions. Cependant ce n'est pas toujours facile et l'expérience des autres est parfois bien utile. Contrairement aux autres domaines abordés dans ce livre, le violon (ou tout autre instrument ; la méthode Suzuki est adaptée aussi au violoncelle et au piano) présente une grande difficulté pour l'enfant. Il ne s'agit plus d'absorber des connaissances, ce qui lui est très facile, mais de produire des sons, ce qui engage sa motricité encore malhabile. L'enfant, comme tout un chacun, répugne à faire ce qu'il ne réussit pas facilement. Et comme il ne s'agit pas de recourir à la coercition, l'on se trouve parfois devant un véritable casse-tête psychologique.

• *Le modèle.* Si vous n'êtes pas musicien et si vous avez suivi quelques cours de musique, jeune, et puis avez abandonné, prenez-vous en exemple :

> « Tu sais, quand j'étais petit, j'ai commencé à apprendre la musique, mais mon professeur n'était pas amusant comme le tien et j'en avais marre, parce que non seulement c'était difficile mais aussi

ennuyeux ! Pourtant c'est important d'apprendre la musique. Et mes parents (tes grands-parents) n'ont pas insisté pour que je continue et tu vois ce qui est arrivé ? Maintenant je ne connais pas la musique ! Et ça me rend triste !... Regarde Dominique, comme elle joue bien. Tu lui chantes une chanson et tout de suite elle la joue au piano ! C'est incroyable ! Et quel plaisir elle a de connaître ainsi la musique ! C'est pour ça que j'insiste, pour que tu aies les mêmes joies que Dominique. Pour ça, il faut jouer un petit peu tous les jours. Tu te brosses bien les dents chaque jour ! c'est normal, ça ne se discute pas ! Sauf que la musique, c'est beaucoup plus amusant et ça te donnera encore beaucoup plus de joie que d'avoir de belles dents ! » (La comparaison avec les dents n'est valable que si l'enfant se les brosse volontiers !)

Vous adaptez ce genre de discours à votre situation et vous le répétez aussi souvent que nécessaire. L'enfant a besoin de s'identifier à quelqu'un pour faire un tel effort. Si malheureusement, vous n'êtes pas un bon modèle, choisissez-en un autour de vous. S'il n'y a personne pour remplir ce rôle dans votre entourage, prenez l'interprète d'un disque que votre enfant adore et personnalisez-le : mettez dans sa chambre la photo de cet artiste, offrez-lui en grande pompe de nouveaux disques de ce musicien. Faites-en son idole !

• *Les sucreries*. Il est exécrable de féliciter un enfant avec de la nourriture. C'est tout aussi mauvais physiquement que psychologiquement. Votre respect et votre estime sont, pour l'enfant, la plus grande récompense. De plus les bonbons et l'hygiène dentaire ne font pas bon ménage. Cependant vouloir supprimer les sucreries est pure utopie : comme vous ne pouvez empêcher l'enfant d'en manger, vous le culpabilisez, et comme le ciel ne lui tombe pas sur la tête quand il mange des bonbons, il se dit que désobéir n'est pas très grave. Ce n'est pas à souhaiter. Vous pouvez bien sûr le laisser se gaver de sucreries à volonté, c'est assez déplorable. Pourtant il est un moyen, très utile dans le chapitre qui nous concerne, d'introduire légalement la sucrerie quotidienne. L'enfant, même s'il aime ses leçons de musique, a tendance à faire des simagrées qui usent le temps et la patience des parents (surtout quand on a plusieurs rejetons). Vous pouvez lui proposer de recevoir son bonbon quotidien, s'il fait sa leçon « sans simagrées » ! Pour avoir bien joué, vous lui montrez votre amour et votre respect ; pour ne s'être pas enfermé dans le cercle vicieux des caprices, vous lui donnez sa sucrerie. Mais expliquez-lui bien la différence, ne vous contentez pas du bonbon. Commentez sa façon de jouer et remarquez ce qu'il a bien fait, même si ce n'était qu'un détail infime dans une leçon calamiteuse. Il faut qu'il sache qu'il y a toujours quelque chose de réussi et que vous l'avez remarqué.

- *La mise en scène*. Faites de la leçon un petit spectacle. Laissez à l'enfant le temps de terminer ce qu'il est en train de faire : « j'accorde le violon, pendant que tu finis. » Ensuite dites à l'enfant d'installer son public (poupées, jeux, dessins, etc.). Quand il est prêt, son violon sous le bras, mimez l'ouverture d'un rideau avec le bruitage assorti, et applaudissez à tout rompre en criant « Vive le violoniste ! ». Vous lui chuchotez ce qu'il doit jouer, puis, silence religieux. S'il commence à faire des simagrées, faites le public qui bâille et en a marre. S'il continue, sortez en disant qu'un violoniste qui ne fait pas de musique est sans intérêt. S'il trouve ça plus amusant que de jouer, partez pour de bon en disant que vous avez des choses plus intéressantes à faire. Pas de leçon ce jour-là et ne vous occupez plus du tout de lui ; ça lui passera vite. Quand il a joué un morceau, applaudissez. Dans vos critères de louange, la concentration et le désir de réussir doivent venir avant le résultat. N'oubliez pas qu'un morceau, c'est très long pour lui. Il est très rare qu'il le joue parfaitement d'un bout à l'autre. Félicitez-le brièvement, en cours de route, chaque fois qu'il a bien réussi un passage. S'il s'interrompt : « Ne t'arrête pas, je n'ai pas pu m'empêcher de te dire que c'était bien, mais continue ! » Il s'y habituera avec plaisir. Ne soyez pas à moitié endormi et ne faites pas autre chose, pendant qu'il joue. Soyez un modèle d'« auditeur attentif et comblé ». A la fin, vous applaudissez, vous le cajolez, vous lui faites remarquer tout ce qu'il a fait de bien, et pour ce qui n'allait pas : « Et tu sais ce que nous allons faire demain ? C'est très amusant, on va transformer l'archet en plume pour qu'il ne fasse plus crin-crin ! Ça va être quelque chose ! » Enfin, puisqu'il n'a pas fait (trop !) de simagrées, vous lui donnez son bonbon.

- *Englobez la leçon de ce qu'il aime*. Liez la leçon à une activité que l'enfant apprécie particulièrement : soit la lecture d'une bande dessinée (deux pages avant la leçon, deux pages après) ;

soit deux mini-séances de galipettes ; etc. Bien sûr n'utilisez pas ces activités ou ce livre en dehors des leçons de violon. Il faut qu'elles soient indéfectiblement liées !

N.B. : Il ne faut pas utiliser systématiquement tous les trucs que je donne ici. Un rituel de base amusant est nécessaire, mais gardez les fioritures pour les périodes difficiles !

• *Des paroles sur les mélodies*. Bien sûr, l'enfant écoute la cassette des mélodies de la partition, tous les jours (au petit déjeuner ou au goûter, par exemple), mais cela ne développe que l'écoute passive ou semi-active (voir ci-dessus *Les différentes sortes d'écoute*). Pour obtenir de meilleurs résultats, il faut développer l'écoute active. Pour le premier morceau, il n'y a pas de problème, c'est *Ah vous dirais-je, maman...*. L'enfant le connaît par cœur et le met à toutes les sauces. Mais pour les suivants, il est bon d'y ajouter des paroles qui accrochent l'enfant personnellement. Voici, à titre d'exemple, ce que j'avais fait avec les morceaux suivants :

1) *« Doucement à l'aviron » ou « Lightly row »*

« Cett' chanson "Lightly Row"
Est vraiment très amusant'
Il faut surtout bien la chanter
Sans faire de faut'.
Non, non, non !
Céline est un' gross' coquine
Galia est un' boulaga
Ce sont deux petites filles
Qui savent chanter des chansons ! »

Point n'est nécessaire de se casser la tête, quelque chose d'aussi simpliste les ravit.

2) *« La chanson du vent » ou « Song of the Wind »*

« Il était un' fois à Garches
Deux petites filles,
Galia et Céline,
Elles avaient un joli jardin fleuri
Et plein de feuillage
Où le vent parfois s'engouffrait
En tourbillonnant.

Alors il soufflait si fort
Que l'on croyait le voir

Comme un sortilège
Qui boul'versait le domaine
De ces deux petites sœurs
C'est pourquoi la chanson s'appell'
"The song of the Wind". »

3) *« Va le dire à Tante Rhody » ou « Go Tell Aunt Rhody »*

Go to tell aunt Rhody who we a-a-are
Your name is Galia and mine is Celine
We are two little sisters in Paris
We used to live in the U.S.
Go tell aunt Rhody who we a-a-are
My name is Galia and yours is Celine. »

Si vous apprenez une langue étrangère à votre enfant profitez-en pour la rendre plus familière.

4) « Venez petits enfants » ou « O Come, Little Children »

« 'Laissez venir à moi les petits enfants (bis)'
C'est ce que Jésus a dit aux douze apôtres.
Il voulait que les enfants soient près de lui. » (bis)

Voici une façon de mettre en rapport les leçons de musique et la lecture du moment, en l'occurrence le Nouveau Testament.

5) « Chanson de Mai » ou « May Song »

« May is the nicest month of Spring
The one we love so much.
Flowers and birds wake up at once
Little girls and boys do the same
That is why we love it so much
And we sing this "May Song". »

Quand l'enfant connaît la chanson et les paroles, chantez-la-lui sans parole (musique pure) et enfin avec le nom des notes pour qu'il puisse la jouer au violon.

- *La tenue du violon*. L'instrument est un peu lourd pour l'enfant qui adopte alors une mauvaise attitude pour épargner son bras. Il sera très difficile plus tard de corriger cette position. Mieux vaut se mettre au côté de l'enfant et soutenir légèrement la tête du manche, pendant qu'il joue. Veillez à ce qu'il ait toujours la bonne position et faites-lui jouer au moins un morceau par leçon sans votre soutien.

- *Les mouvements d'archet difficiles*. A partir du morceau *Va le dire à Tante Rhody*, le rythme de l'archet devient plus complexe.

Un bon truc est de le faire travailler à l'enfant sur une seule corde : chantez la mélodie en disant « noire, croche, croche, noire, noire, noire, noire, croche, croche, noire, etc. » ; pour les croches vous prenez une petite voix, pour les noires une grosse et pour les blanches vous ralentissez avec un mouvement des mains. L'enfant qui vous suit au violon réalise ainsi très vite le rythme de la mélodie. Ensuite, vous lui faites travailler les notes en « pizzicati », c'est-à-dire sans l'archet en pinçant les cordes. Il est préférable de le faire avec lui au début : il place ses doigts aux bons endroits et vous pincez les cordes. Enfin, chantez-lui le nom des notes avec les différentes voix (voir ci-dessus), en vous suivant il jouera le morceau facilement.

Ces quelques conseils vous aideront à contourner les difficultés et à inventer vos propres solutions. L'avantage de cette méthode est qu'elle contrecarre les méfaits de la puberté, quand l'enfant (vers 12 ou 14 ans) rejette tout et particulièrement souvent la musique. Le jeune adolescent qui a suivi la méthode traditionnelle a commencé plus tard et n'est souvent qu'un débutant à cet âge crucial. Il en abandonne d'autant plus facilement cet apprentissage dévitalisé qui représente tout ce contre quoi il veut lutter. Celui qui, au contraire, est déjà un vrai musicien cherchera d'autres terrains pour exprimer sa révolte.

L'HISTOIRE DE LA MUSIQUE

Contrairement à l'histoire de la peinture, celle de la musique n'est pas facile à aborder avec le tout-petit. Pour une raison très simple : d'un coup d'œil, il peut embrasser un tableau et en garder une première impression globale ; par contre, pour la musique, il faut du temps, une longue concentration que le petit enfant ne peut fournir. Voilà pourquoi, ici, la pratique vient avant l'histoire, au contraire des arts plastiques.

La première étape est, comme je l'ai dit plus haut, de développer l'écoute semi-active des différents types de musique.

● *Les cassettes*. Enregistrez-en de très variées. Choisissez les morceaux en fonction de ce que vous avez vu ou discuté avec l'enfant. Si vous possédez un micro, introduisez les morceaux et expliquez à l'enfant ce que ça doit lui rappeler (attention aux différences de niveau entre votre voix et l'enregistrement musical !). Exemple de cassettes :

— vous avez parlé de la Belgique : *Le Plat Pays* de Jacques Brel
— vous avez vu le buste de Baudelaire par Rodin : *L'invitation au voyage* de Duparc
— quelques chansons françaises qu'il aime particulièrement
— il a vu un reportage sur l'Inde : un morceau de Ravi Shankar
— un extrait de *La flûte Enchantée* dont vous lui avez raconté l'histoire et dont il a peut-être le disque par ailleurs
— introduisez un compositeur qu'il ne connaît pas encore avec une anecdote frappante (comme la surdité de Beethoven) : un morceau connu qu'il aura souvent l'occasion d'entendre
— une pièce jouée par son musicien préféré (voir dans la première partie *Le Modèle*)
— un chanteur que vous aimez (vous dites à l'enfant pourquoi) : une de vos chansons préférées
— vous expliquez le principe de l'improvisation en jazz : choisissez un morceau pour illustrer
etc.

Des cassettes de ce genre sont un peu longues à réaliser mais font la joie des enfants dont l'écoute est beaucoup plus active. Veillez à avoir une voix enjouée, dynamique et une façon de raconter captivante. Vous pouvez aussi enregistrer des cassettes avec des morceaux plus longs.

● *La connaissance des instruments*. Pour commencer, allez dans un magasin d'instruments de musique bien fourni et dont le vendeur est sympathique. Montrez à l'enfant les différents instruments, avec le son quand c'est possible. Emportez avec vous les illustrations qui vous serviront de références et aidez l'enfant à comparer l'image et la réalité. De retour à la maison, avec l'aide d'un disque, comme celui de Yéhudi Menuhin (voir *Matériel Conseillé*), faites entendre à l'enfant le son des instruments et apprenez-lui à les reconnaître dans les œuvres.

● *Musique et Géographie*. Liez vos leçons de géographie à la musique folklorique des différents pays.

● *Musique et Histoire*. Liez vos leçons d'histoire à la musique à travers les âges. C'est une bonne façon d'aborder la musique du Moyen Age et celle de la Renaissance.

● *La musique classique européenne* est à la fois fruit et racines de notre culture musicale. Il est important que l'enfant la connaisse.

Voici une petite histoire (comme je l'ai fait pour la peinture européenne) qui vous aidera à confectionner des cassettes de référence pour l'enfant. Par période, enregistrez une courte biographie de chaque compositeur (les détails frappants, même s'ils paraissent parfois un peu triviaux, fixent la mémoire de l'enfant), et illustrez-la de courts extraits très typiques. Trouvez aussi les portraits de ces musiciens pour les montrer à l'enfant et le faire se souvenir des détails qu'il a entendus sur cassette. Voici un choix représentatif parmi les compositeurs, des notices biographiques amusantes et une suggestion de titres pour l'illustration musicale :

XVIe SIÈCLE

TALLIS (1510-1585) : Anglais ; compositeur à la cour d'Henri VIII (Barbe-Bleue) et d'Elisabeth Ire ; on sait peu de sa vie ; grand compositeur polyphonique (musique à plusieurs voix).
œuvre : *Lamentation de Jérémie*

ROLAND DE LASSUS (1532-1594) : né à Mons (Belgique) ; enfant, sa voix était si délicieuse qu'il fut plusieurs fois victime de tentatives d'enlèvement par de riches mélomanes ; cosmopolite, il écrivait dans une sorte d'espéranto avant la lettre ; très croyant mais plein d'humour, il composait des « messes parodies » dans lesquelles il introduisait des gags !
œuvre : *Les Larmes de Saint-Pierre*

XVIIe SIÈCLE

MONTEVERDI (1567-1643) : Italien ; à l'occasion du mariage de Henri IV de France et de Marie de Médicis, on joua pour la première fois un opéra ; 7 ans plus tard Monteverdi composa, avec la même histoire, ce qui est considéré comme le premier grand opéra de l'histoire : *L'Orféo* ; il composa de nombreux madrigaux (poèmes en musique) ; la peste ravagea l'Italie, 46 000 morts ! Monteverdi devint prêtre pour remercier Dieu de l'avoir épargné.
œuvres : *L'Orféo ; Lettera Amorosa ; Poppea*

LULLY (1632-1687) : Français d'origine italienne ; compositeur auprès de Louis XIV ; flatteur et sans cœur, il éloignait du roi tous ses rivaux ; il composa pour les pièces de Molière ; il mourut de la gangrène.
œuvres : *Te Deum ; Musique de ballet*

PURCELL (1659-1695) : Anglais ; enfant, il était choriste de la Chapelle Royale ; à sa mue, il devint accordeur de l'orgue de Westminster et gardien des instruments du roi ; à 18 ans, compositeur du roi ; il composait pour les spectacles et pour les grands événements de la cour ; sa très belle musique pour l'enterrement de la reine Mary fut jouée au sien un an plus tard.
œuvres : *Ode pour les Funérailles de la Reine Mary ; Didon et Enée*

XVIIIe SIÈCLE

COUPERIN (1668-1733) : Français ; grand claveciniste et organiste ; il distrayait la vieillesse de Louis XIV avec ses *Concerts Royaux* du dimanche ; il entretint une longue correspondance avec Bach, perdue parce qu'elle servit à recouvrir des pots de confiture !
œuvres : *Leçons des Ténèbres ; Concerts Royaux ; Pièces pour Clavecin*
VIVALDI (1678-1743) : Italien ; bébé prématuré, on croyait qu'il allait mourir, il garda une mauvaise santé toute sa vie ; prêtre et violoniste virtuose, il était professeur dans un orphelinat de filles qu'on destinait à la musique ; il composa (très vite !) la plupart de ses œuvres pour elles ; il mourut à Vienne dans l'oubli et fut redécouvert en même temps que Bach qui l'admirait beaucoup et avait retranscrit plusieurs de ses œuvres.
œuvres : *Magnificat ; Les Quatre Saisons ; Judith Triomphante.*
BACH (1685-1750) : Allemand ; les Bach (déjà avant Jean-Sébastien) représentaient un gigantesque clan de musiciens ; il eut 20 enfants dont 9 lui ont survécu (parmi lesquels d'excellents compositeurs) ; bon professeur, bon père, il se disputait sans cesse avec ses employeurs ; peu vaniteux, il n'a quasiment rien publié ; devenant aveugle il se fit opérer (par le chirurgien qui fera perdre la vue à Haendel) et mourut des suites de l'opération.
œuvres : *Offrande Musicale ; La Passion selon Saint Matthieu* (avec laquelle Mendelssohn le fit redécouvrir au public) ; *Concertos Brandebourgeois ; Cantates.*
HAENDEL (1685-1759) : Allemand ; son père médecin ne voulait pas de sa vocation ; il partit en Angleterre où il obtint un grand succès ; ce compositeur allemand écrivit de nombreux opéras italiens pour un public anglais (!) ; il est le père de l'oratorio à l'anglaise, son plus fameux est *Le Messie* ; sa vue baissant de façon inquiétante, il se fit opérer par le chirurgien qui avait massacré Bach et y perdit la vue ; il mourut six ans plus tard et ne composa plus rien.
œuvres : *Le Messie ; Water Music ; Israël en Egypte.*
RAMEAU (1683-1764) : Français ; ami de Voltaire ; il employait beaucoup de pizzicati (pincer les cordes au lieu de les frotter avec l'archet) ; théoricien, il a révolutionné l'enseignement de l'harmonie.
œuvres : *Indes Galantes ; Pièces de Clavecin en Concert.*
GLUCK (1714-1787) : Allemand ; il vécut en France ; il composa principalement six opéras dans lesquels il réintroduisit l'émotion qui en était bannie depuis un certain temps ; n'ayant pas d'enfant, il avait adopté sa nièce qui mourut de la variole, cela lui causa un profond chagrin.
œuvre : *Orphée et Eurydice.*
HAYDN (1732-1809) : Allemand ; aussi laid que doux et bon ; il vécut en Hongrie où les nobles très riches aimaient beaucoup la musique ; peu vaniteux, il reconnaissait la supériorité de Mozart qu'il adorait ; Beethoven l'admirait beaucoup.
œuvres : *La Création ; Quatuors.*
MOZART (1756-1791) : Allemand ; enfant prodige ; son père (Léopold), excellent professeur, se rendit immédiatement compte du talent de son fils ; à 3 ans, il commence à composer en « cherchant les notes qui s'aiment ! » ; à 6 ans, il joue devant l'impératrice contre un baiser ; il voyage pendant 3 ans avec sa sœur bien-aimée (Nannerl) et son père

XVIIIe SIÈCLE

qui voulait lui montrer tout ce que la musique pouvait offrir ; il était le plus grand pianiste de son temps ; sa mémoire prodigieuse lui permettait de retranscrire parfaitement une œuvre qu'il n'avait entendue qu'une fois ; il aimait l'opéra et en composa plusieurs dont le premier *Bastien et Bastienne* à 12 ans ; il mourut, à 35 ans, d'épuisement ; à la fin de sa vie, il composa en même temps *La Flûte Enchantée* et le *Requiem,* commandé par un mystérieux personnage qui ne dit jamais son nom ; le *Requiem* inachevé lui fut chanté avant de mourir, par ses amis, pour qu'il l'entende au moins une fois ; il mourut misérable, sa tombe a disparu ; il est le musicien entre les musiciens.
œuvres : *Concerto pour Flûte et Harpe ; Concerto pour Piano nº 20 ; La Petite Musique de Nuit ; Don Giovanni ; La Flûte Enchantée ; Requiem.*

XIXe SIÈCLE

BEETHOVEN (1770-1827) : Allemand ; son père, ivrogne, voulait qu'il soit un enfant prodige comme Mozart, mais il n'avait pas le talent d'éducateur de Léopold Mozart ; fait très rare, Beethoven fut reconnu comme un génie par ses contemporains ; il ne pensait qu'à la musique et vivait dans la saleté du célibataire sans soin ; il organisa les premiers concerts publics dans de grandes salles, ce que lui permettait son orchestre symphonique qui succédait à l'orchestre de chambre baroque ; à 28 ans, il devint sourd et désespéré, mais il continua à composer jusqu'à sa mort.
œuvres : *5e* et *6e Symphonies ; La Sonate à Kreutzer.*
ROSSINI (1792-1868) : Italien ; sa mère adorait chanter, même en faisant le ménage ; il devint très vite célèbre et écrivit 30 opéras en 10 ans (!) ; il est le père du Bel Canto italien ; il était si « paresseux » qu'un jour, dit-on, où il composait au lit, la feuille sur laquelle il venait d'écrire une aria est tombée par terre et, plutôt que de se lever pour la ramasser, il en écrivit une autre (!) ; il adorait manger et cuisinait fort bien ; ce jouisseur composa de nombreuses farces musicales.
œuvres : *Le Barbier de Séville ; La Gazza Ladra ; Duo pour Chats*
SCHUBERT (1797-1828) : Allemand ; petit, gros, timide et distrait ; inspiré par la poésie, il composa de nombreux lieder (chants) ; il aimait composer dans les brasseries ; beaucoup de ses œuvres sont restées inachevées parce qu'il les avait égarées !
œuvres : *Moment musical ; La jeune Fille et la Mort ; Winterreise* (Voyage en hiver)
BERLIOZ (1803-1869) : Français ; son œuvre est l'expression musicale du romantisme français ; il était aussi chef d'orchestre et critique musical exceptionnel ; passionné de Shakespeare, il épousa Harriet Smith, actrice shakespearienne, pour son malheur, car « il aimait Ophélie mais ne put supporter Harriet » ; on dit que les chevaux qui tiraient son corbillard se sont emballés, une fin à l'image de sa vie passionnée.
œuvres : *La Symphonie Fantastique ; La Damnation de Faust*
MENDELSSOHN (1809-1847) : Allemand ; la famille Mendelssohn était exceptionnelle, du grand-père bossu sorti du ghetto juif, au père

XIXe SIÈCLE

banquier qui donna à ses enfants une éducation exceptionnelle et se convertit au christianisme pour ouvrir les portes de la culture à Fanny et Félix, tous deux remarquables musiciens ; Félix Mendelssohn contribua à faire redécouvrir et aimer la musique du passé : Lassus, Bach, Vivaldi, Haendel, etc.
œuvres : la marche nuptiale du *Songe d'une Nuit d'Eté ; Octuor*
SCHUMANN (1810-1856) : Allemand ; timide, il savait mieux défendre la musique des autres (Chopin, Brahms, Liszt, etc.) que la sienne ; il épousa la très grande pianiste Clara Wieck ; autant les adultes le mettaient mal à l'aise, autant il aimait les enfants, il composa sa meilleure musique pour ses élèves.
œuvres : *Fantasiestücke ; Liederkreis*
LISZT (1811-1886) : Hongrois ; il fut le musicien le plus célèbre de son temps, sa popularité était comparable à celle des rock-Stars d'aujourd'hui ; il inventa les récitals de piano solo ; il était un tel virtuose qu'à partir de 36 ans, il cessa de s'entraîner ; sa fille Cosima épousa Wagner.
œuvres : *Concertos pour piano ; Rhapsodies Hongroises.*
CHOPIN (1810-1849) : de père français et de mère polonaise, il vécut les 20 premières années de sa vie en Pologne d'où il emporta une poignée de terre qui fut répandue sur sa tombe ; il ne s'intéressait pas aux autres arts, sauf la décoration d'intérieur ; malingre et chétif, il pesait moins de 50 kg ; il vécut avec George Sand qui le « materna » ; il innova dans la façon d'utiliser le piano ; cependant son jeu très intimiste ne lui permettait pas de jouer dans de grandes salles comme Liszt.
œuvres : *Mazurkas ; Valses ; Nocturnes.*
WAGNER (1813-1883) : Allemand ; très tôt il se considéra comme un génie : « Le monde me doit ce dont j'ai besoin ! » ; égoïste et ambitieux, il étonnait par le contraste entre son génie et sa mesquinerie ; protégé de Louis II de Bavière, il fit construire le théâtre de Bayreuth où l'on joue encore son œuvre aujourd'hui ; il avait beaucoup d'enfants et beaucoup de chiens, il leur donnait à tous, les noms de ses héros.
œuvres : *Tannhäuser* (l'ouverture) ; *Tristan et Isolde* (le duo d'amour) ; *Siegfried* (l'enterrement)
VERDI (1813-1901) : Italien ; au début de sa carrière le malheur s'est abattu sur lui, la mort de sa femme et de ses deux enfants le plongea dans une grande dépression ; forcé par un ami d'écrire un opéra, il composa *Nabucco* qui eut un succès extraordinaire, succès qui ne s'est plus démenti ensuite ; il vivait dans sa ferme et appréciait le travail de la terre ; le public l'aimait tant qu'à son enterrement la foule chanta d'elle-même sa musique.
œuvres : *Nabucco ; La Traviata ; Requiem*
BRAHMS (1833-1897) : Allemand ; impressionné par les compositeurs qui l'avaient précédé, il ne se sentait pas à la hauteur ; Schumann écrivit un article dithyrambique sur lui et ils devinrent amis ; beau mais timide, Brahms ne savait pas s'adresser aux femmes ; il se laissa

XIXe SIÈCLE

pousser une barbe qui cachait entièrement sa cravate ; il enviait la gaieté musicale de Dvorak.
œuvres : *Quintette opus 115 ; Concerto pour violon opus 77*

MOUSSORGSKI (1839-1881) : Russe ; révolté et épileptique, il fut le Dostoïevski de la musique ; la sienne, en avance sur son temps, ne fut pas appréciée, son ami Rimski-Korsakov la réécrivit pour la mettre au goût du jour ; il mourut d'une « overdose » de cognac.
œuvres : *Boris Godounov ; La Kohvanchtchina : Tableaux d'une Exposition* (piano)

TCHAIKOVSKI (1840-1893) : Russe ; malheureux et seul, il ne s'aimait pas, sa seule joie était la musique ; il eut un étrange mécène, la baronne von Meck, qu'il ne rencontra jamais, mais il s'écrivirent près de 11 000 lettres et vivaient à proximité l'un de l'autre ; il composa des musiques de ballet que Marius Petipa chorégraphia.
œuvres : *Casse-Noisette : Le Lac des Cygnes ; Concerto pour Piano n° 1*

DVORAK (1841-1904) : Tchèque ; d'origine paysanne, il conserva ses racines et éleva des pigeons avec passion ; autre hobby : les locomotives, les personnes de son entourage devaient toujours lui rapporter une description détaillée de la locomotive avec laquelle ils avaient voyagé (!) ; premier grand compositeur à aller aux Etats-Unis d'où il ramena la *Symphonie du Nouveau Monde* ; il fut aussi inspiré par la musique folklorique d'Europe Centrale.
œuvres : *La Symphonie du Nouveau Monde ; Danses Slaves*

MAHLER (1860-1911) : Allemand ; chef d'orchestre exceptionnel, il composait pendant ses vacances ; il écrivit de magnifiques lieder symphoniques ; il disait que Dieu ne lui permettrait pas de composer plus de neuf symphonies, il mourut en laissant la dixième inachevée.
œuvres : *Kindertotenlieder ; Symphonie n° 10*

DEBUSSY (1862-1918) : Français ; compositeur impressionniste, il choqua par sa musique inattendue qui introduisit le XXe siècle ; il fut engagé comme pianiste par la baronne von Meck, protectrice de Tchaïkovski ; pour sa fille adorée dite « Chouchou » il composa *Children's Corner*.
œuvres : *Children's Corner ; Prélude à l'Après-midi d'un Faune ; Pelléas et Mélisande*

XXe SIÈCLE

STRAUSS RICHARD (1864-1949) : Allemand ; grand chef d'orchestre ; il composa surtout des opéras ; ses œuvres magistrales datent d'avant 1915 ; il disait : « Je sais très bien que mes œuvres symphoniques n'atteignent pas le génie gigantesque de Beethoven. Je connais exactement la distance qui sépare mes opéras des œuvres éternelles de Wagner... Mais je réclame une place honorable à la fin de cet arc-en-ciel ! » ; pendant le nazisme, il dut renoncer à toute fonction publique, à cause de sa collaboration avec l'écrivain juif, Zweig ; son extraordinaire chant du cygne fut *Les Quatre Derniers Lieder*.
œuvres : *Salomé ; Elektra ; Der Rosenkavalier ; Les Quatre Derniers Lieder*

SCHÖNBERG (1874-1951) : Autrichien ; peintre à ses heures ; inventeur du dodécaphonisme (musique atonale) ; excellent professeur, il eut une énorme influence sur la musique du XXe siècle.

XXe SIÈCLE	
	œuvres : *La Nuit Transfigurée ; Pierrot Lunaire ; Variations opus 31* RAVEL (1875-1937) : Français ; il adorait les chats siamois ; il aimait composer pour les enfants : deux opéras, *L'Enfant et les Sortilèges* et *Ma Mère l'Oye* ; excellent orchestrateur, il adapta les œuvres des autres, exemple le plus célèbre, *Les Tableaux d'une Exposition* de Moussorgsky ; après un accident de voiture, il eut une agonie de sept ans au cours de laquelle il garda toute sa conscience, tandis que son corps l'abandonnait petit à petit. œuvres : *L'Enfant et les Sortilèges ; Daphnis et Chloé ; Pavane pour une Infante Défunte* BARTOK (1881-1946) : Hongrois ; très patriote, il fit une vaste recherche pour enregistrer, sur les premiers gramophones avec cylindres en cire, la musique folklorique d'Europe centrale ; sa musique en fut très inspirée ; il fuit le nazisme et alla aux USA ; il y mourut d'une leucémie en disant : « Je dois partir et j'ai encore tant à dire ». œuvres : *Musique pour Cordes, Percussion et Célesta ; le Mandarin Merveilleux ; les Danses Roumaines* PROKOFIEV (1891-1953) : Russe ; grand amateur d'échecs ; après une tournée en Occident, il retourna vers sa Russie, malgré le communisme qui s'y était installé ; toute sa vie fut empoisonnée par les dirigeants communistes qui qualifiaient sa musique de « formaliste » ; Prokofiev disait : « Le formalisme, c'est tout ce qu'on ne comprend pas du premier coup ! » ; il mourut le même jour que Staline. œuvres : *Pierre et le Loup ; La Symphonie Classique ; L'Amour des Trois Oranges ; Sonates pour violon et piano* STRAVINSKI (1882-1971) : Russe ; c'est le compositeur le plus représentatif du XXe siècle, l'équivalent en musique de Picasso ; il était en France où il composait des ballets pour Diaghilev, quand la révolution russe le coupa de sa terre natale ; cosmopolite et polyglotte, il voyagea à travers l'Occident, comme à travers les styles ; il disait pourtant : « Le lieu de naissance de quelqu'un est le facteur le plus déterminant de sa vie ». œuvres : *Le Sacre de Printemps* (qui déclencha une véritable bataille à la Première) ; *Histoire du Soldat ; Ebony Concerto* (pour orchestre de jazz) ; *Les Noces* BRITTEN (1913-1976) : Anglais ; à l'école, il composait déjà sans avoir vraiment appris ; la mer tint une grande place dans sa vie et son œuvre ; il admirait Purcell ; il composa beaucoup pour la voix humaine. œuvres : *War Requiem ; Hymne à Sainte Cécile ; A Ceremony of Carols* CHOSTAKOVITCH (1906-1975) : Russe ; tour à tour apprécié et rejeté par le pouvoir communiste, sa musique offre le meilleur et le pire. œuvres : *Chants sur des poèmes de Michel-Ange et de Marina Tsvetaieva ; La Symphonie de Léningrad* ORFF (1895-1982) : Allemand ; inventeur d'un enseignement musical adressé surtout aux enfants et basé sur le rythme ; il détruisit toutes ses œuvres antérieures aux adaptations qu'il fit de Monteverdi qu'il admirait beaucoup ; il composa principalement pour un théâtre musical caractérisé par une simplicité d'expression primitive. œuvres : *Lamento d'Arianna ; Carmina Burana ; Die Kluge ; Comptines*

Cette liste n'est bien sûr pas exhaustive, mais représentative. Il existe des disques racontant la vie des compositeurs, ils complètent plus qu'ils ne remplacent ce que je vous propose ici. La juxtaposition des différentes musiques, illustrant des biographies courtes et frappantes (que vous devrez, bien sûr, raconter comme des contes), permet à l'enfant d'avoir une perception globale de l'histoire de la musique européenne depuis le XVIe siècle (celle qui a conquis le monde par son génie). Cela deviendra pour lui une référence de base.

NATATION

La natation* est certainement le domaine où l'apprentissage précoce est le plus admis et le plus répandu. Cependant pour beaucoup de gens, c'est encore un mystère. Dans le chapitre *Mes débuts,* j'ai décrit ma découverte de cet apprentissage mis au point par Claire Timmermans (voir page 30).

La natation précoce comporte de nombreux avantages. Si elle est bien pratiquée, elle apporte au petit bébé une expérience extraordinaire : la liberté de mouvement, des sensations tactiles délicieuses et les plaisirs de l'audace avec la sécurité des bras de maman ou de papa. De plus, la natation développe le sens de l'équilibre, la conscience des mouvements du corps, ainsi que la capacité pulmonaire qui permet une meilleure oxygénation du cerveau. Enfin cet exercice physique à petites doses régulières renforce la santé de l'enfant et le rend plus résistant. Je me souviens, quand ma fille avait 10 mois, elle a eu un sérieux refroidissement. Lorsque la fièvre eut disparu, le médecin prudent me dit d'attendre encore quinze jours. Les symptômes s'effacèrent rapidement, sauf le nez qui restait irrémédiablement bouché. Comme il n'y avait plus ni fièvre, ni toux et qu'elle semblait d'attaque, j'ai décidé de ne pas la priver plus longtemps de sa chère piscine. Au bout de quelques plongeons, elle s'est mise à éternuer et à chasser de ses narines une quantité de glaires malsains que je n'imaginais pas son nez capable de contenir !

---

* Les expériences de « bébés-nageurs » sont nombreuses. Les premières pratiques systématiques remontent à la guerre 1939 - 1944.

L'eau de la piscine avait réussi, là où les gouttes pharmaceutiques échouaient depuis plusieurs semaines. J'ai d'ailleurs remarqué, avec mes enfants, que la natation est une fort bonne prophylaxie des rhumes et autres petits maux.

Il y a cependant deux risques à pratiquer la natation précoce, dont il faut être conscient. Le premier est l'intoxication à l'eau. Ceci arrive lorsqu'une personne avale suffisamment d'eau pour diminuer de façon importante la quantité de sodium dans le sang. Ce risque n'est en fait encouru que par les petits bébés, à cause de leur faible poids et du fait qu'ils avalent tout ce qu'ils ont en bouche. (On trouve cette intoxication notamment chez les bébés que les parents gavent d'eau et de lait maternisé trop dilué. Les symptômes apparaissent plus tard : agitation, nausée, crampes, convulsions et même coma.) Ces cas sont très rares, il faut cependant veiller à ce que le tout-petit n'aille pas trop sous l'eau. Ceci nous amène au second risque à ne pas prendre : ne confiez pas votre bébé à d'autres ! Si vous ne vous sentez pas capable d'entraîner votre tout-petit dans l'eau vous-même, renoncez-y pour quelque temps. Ne faites pas comme ces mères que j'ai vues regarder sans mot dire leur enfant hurlant dans les bras d'un professeur dont la réputation d'être capable d'apprendre à nager à n'importe quel bébé était en jeu. Ces mères qui auraient arraché les yeux à quiconque aurait frappé leur enfant non seulement le laissaient hurler, mais de plus le ramenaient plusieurs fois par semaine à ce qui ressemblait plus à une torture qu'à un plaisir stimulant. L'aura du soi-disant professionnel paralysait l'instinct de ces mères pourtant bien intentionnées ! Comme le préconise vivement l'organisation YMCA qui a particulièrement étudié la natation chez les petits : un enfant de moins de 3 ans ne doit pas entrer dans une piscine sans un de ses parents. Il n'est pas vital pour votre bébé d'apprendre à nager. Simplement cette aventure, si elle est bien menée, peut lui apporter une grande joie et beaucoup d'expérience.

L'eau a toujours fasciné les humains et a fortiori les bébés qui ont quitté, il y a peu, le liquide amniotique. Les photos denouveau-nés étalés dans l'eau et qui sourient aux anges sont légion. Et c'est bien de cela qu'il faut s'inspirer. Tout comme en lecture où il s'agit de familiariser l'enfant de moins de 3 ans au langage écrit plutôt que de lui apprendre à lire, en natation il s'agit d'aider le tout-petit à jouir de l'eau, plutôt que de lui apprendre à nager. Cet enfant ne sera pas nécessairement meilleur nageur que celui qui aura appris aux âges traditionnels (ce n'est pas une méthode pour fabriquer des champions olympiques), mais il aura emmagasiné une somme d'expériences positives, qui d'une part lui épargnera la peur de l'eau que connaissent beaucoup d'enfants, et qui d'autre part l'aidera à développer une personnalité ouverte et entreprenante.

Il est un point sur lequel je ne saurais trop insister. N'ENTREZ EN COMPETITION AVEC PERSONNE ! Même pas entre vos enfants. Et si votre bébé n'aime la piscine que 5 à 10 minutes, c'est amplement suffisant. Il est dans ma nature (et dans celle de beaucoup de gens) de vouloir un certain rendement dans les activités que j'entreprends. Il m'est difficile d'accepter tout le dérangement que représente le fait d'emmener un bébé à la piscine (trajet, double déshabillage, piscine, petite collation, double rhabillage et re-trajet) pour 5 à 10 minutes effectives : Et pourtant j'ai tort, comme tout ceux qui me ressemblent ! Le bébé qui ne veut rester au début que quelques minutes dans la piscine, apprendra à aimer l'eau autant que celui qui veut y rester une demi-heure. Et entre nous, un enfant qui se contente de 10 minutes, n'est-ce-pas un avantage quand on n'a que vingt-quatre heures dans une journée ?

L'introduction à la natation est tout d'abord une sensation tactile, l'heure du bain est donc un grand moment dans la vie du tout-petit.

• *La baignoire de bébé* est vraiment bien inutile, son étroitesse en fait un vrai carcan. Le mieux est de baigner l'enfant, dès la naissance, dans la baignoire familiale qui, à cet âge, lui fera l'effet d'une piscine. C'est d'ailleurs quand la grande baignoire devient trop petite pour le bébé qui touche les bords avec ses mains (vers 4 mois), que le moment est venu d'aller à la piscine. Certains iront plus tôt s'ils le désirent, mais jusqu'à cet âge l'entraînement à la maison est largement suffisant.

• *Le choix du professeur*. Certains parents préfèrent, à juste titre, la présence d'un professionnel pour les guider dans cette expérience où ils se sentent novices. Les cours de « bébés nageurs » se multiplient, il y en a sans doute un près de chez vous. choisissez de préférence UN PROFESSEUR QUI VOUS ENSEIGNE A VOUS comment apprendre à nager à votre bébé. S'il veut lui-même apprendre à l'enfant, n'admettez pas qu'il vous relègue à la tribune des spectateurs. VOUS DEVEZ ÊTRE DANS LA PISCINE avec l'enfant pour le rassurer et pour apprendre le plus vite possible ce que le professeur fait. Cependant si vous savez nager, que vous êtes à l'aise dans l'eau et qu'il n'y a pas de professeur valable dans votre région, vous pouvez vous en passer. En suivant les conseils de ce livre et votre instinct, vous vous débrouillerez très bien.

• *Le choix de la piscine*. En Europe, les piscines pour enfants sont rarement très chaudes. C'est pourquoi il est préférable de commencer l'entraînement à la maison où l'on peut contrôler la température de l'eau et habituer petit à petit le bébé à une eau plus fraîche. Quand vous choisissez une piscine, vérifiez-en la température avec un thermomètre aquatique et voyez, à la maison, si votre enfant la supporte. Plongez votre tête dans l'eau, les yeux ouverts, si l'eau contient trop de chlore, elle vous brûlera les yeux, comme ceux de votre enfant. Enfin veillez à ce qu'il y ait peu de monde quand vous y allez. La résonance des cris dans les piscines bondées est un bruit très effrayant pour les tout-petits. Il est d'ailleurs bon, dans certains cas, de venir d'abord quelquefois avec le bébé au bord de la piscine, sans entrer dans l'eau, pour l'habituer à l'ambiance.

• *Si vous ne savez pas nager,* ne vous lancez pas seul dans cette aventure, il vous faut un modèle à suivre. Cependant pour apprendre la natation à un bébé, point n'est nécessaire de savoir nager soi-même, puisqu'on doit toujours rester à un endroit où l'on à pied. On ne peut pas risquer de perdre l'équilibre. Cependant si vous avez peur de l'eau, si l'eau vous paralyse, mieux vaut laisser cette tâche à votre conjoint ou y renoncer jusqu'à ce que l'enfant ait l'âge de se passer de vous. IL N'Y A RIEN DE PLUS TRANSMISSIBLE QUE LA PEUR !

Les débuts à la maison

L'avantage de l'entraînement à la maison est que le bain quotidien devient une « leçon de natation » et un grand moment de communication. Pour faire ces exercices, vous pouvez soit rester en dehors de la baignoire (le bébé aura plus d'espace), soit y entrer avec lui (ce sera plus confortable pour vous et plus rassurant pour lui).

● *Flotter sur le dos* : c'est l'exercice principal. Remplissez la baignoire au maximum. Soutenez le bébé sous la tête de façon à ce qu'il ait les oreilles sous l'eau et faites-le voyager ainsi à travers la baignoire. Regardez-le dans les yeux et dites-lui des choses agréables.

Si vous le sentez crispé et qu'il ne parvient pas à se détendre, videz la baignoire jusqu'à ce que, couché sur le fond, il ait juste les oreilles dans l'eau. S'il le faut donnez-lui sa sucette ou un jouet qu'il aime, vous pouvez même suspendre un mobile au-dessus de la baignoire. Parlez-lui, caressez-le jusqu'à ce qu'il se détende. Ensuite remplissez davantage la baignoire, entrez-y, mettez-lui la tête sur votre ventre et encouragez-le à laisser flotter le reste de son corps. Bientôt il se contentera de votre main sous sa tête. (Ces exercices ne sont en fait nécessaires que pour les bébés plus âgés qui ont toujours pris leur bain presque assis et sont craintifs à l'idée de se retrouver allongés les oreilles dans l'eau.)

Pour le nouveau-né, mieux vaut entrer dans la baignoire bien remplie avec lui. Faites-le voyager entre vos jambes, parfois la tête de votre côté, d'autres fois les pieds vers vous. L'heure du bain peut être celle du repas, le fait d'avoir le ventre dans l'eau chaude facilite la digestion du nourrisson. Lui donner le biberon ou le sein, tandis qu'il flotte, lui procurera bien des délices !

● *L'eau sur le visage*. Commencez par créer des vagues douces qui donnent une sensation de mouvement, puis faites-en passer une sur son visage de haut en bas (attention : pas de vagues qui viennent des pieds vers la tête, l'eau lui entrerait dans le nez de façon peu agréable). Si le bébé n'apprécie pas la vague (même si elle arrive du haut), commencez par faire couler de vos doigts quelques gouttes sur son visage. Malgré quelques grimaces, il trouvera cela amusant si vous y allez doucement. Augmentez petit à petit la quantité de gouttes et quand il en accepte une bonne rasade, vous pouvez faire repasser la vague de haut en bas.

• *Aller sous l'eau*. Tandis qu'il flotte sur le dos, soufflez sur son visage juste avant de lui faire faire un très court voyage sous l'eau vers l'arrière. Votre souffle, assez puissant, lui fera fermer les yeux et la bouche et retenir sa respiration, d'instinct. SOUFFLEZ TOUJOURS SUR LE VISAGE DU BÉBÉ AVANT DE LE PLONGER, ça deviendra même un signal pour lui, JAMAIS QUAND IL REMONTE ! Plus le bébé est jeune, plus vite il apprendra ce mécanisme.

• *Les torpilles*. Lorsque l'enfant accepte d'aller sous l'eau et qu'il est déjà en âge de pouvoir relever la tête quand il est sur le ventre, vous pouvez lui apprendre les torpilles, c'est-à-dire à aller sous l'eau vers l'avant. Mettez-le sur le ventre à la surface de l'eau, avec une de vos mains sous sa poitrine et l'autre sur le dos, soufflez fort sur son visage et plongez-le vers l'avant pour un bref voyage sous l'eau. Si la baignoire est assez grande, terminez l'exercice en le faisant pivoter sur le dos au moment de la remontée à la surface. (Attention : il ne s'agit pas d'aller en profondeur, vous restez sous la surface de l'eau.)

• *Cracher* est une excellente façon d'apprendre à l'enfant à ne pas avaler l'eau. Prenez de l'eau dans votre bouche et crachez-la dans la baignoire en une belle fontaine. Il sera ravi ! Vous pouvez même, s'il n'est pas craintif, la lui cracher très doucement dans la figure pour l'habituer à l'eau. Expliquez-lui souvent (même s'il est « trop petit pour comprendre ») qu'il faut toujours cracher l'eau qu'on a dans la bouche, quand on est dans la baignoire ou dans la piscine. De plus, cet exercice l'amènera à faire des bulles (voir ci-dessous).

• *Les bulles*. Apprenez-lui à souffler dans l'eau, cela l'aidera à ne pas en avaler. Mettez-vous dans la baignoire avec de l'eau jusqu'au-dessous du nez, prenez l'enfant face à vous et soufflez dans l'eau pour faire des bulles. Il trouvera ça très drôle, incitez-le à vous imiter. S'il ne comprend pas, montrez-lui comment vous soufflez, hors de l'eau. Certains enfants mettent très longtemps à comprendre, cela n'a aucune importance : jouez régulièrement à souffler, même en dehors de la baignoire.

Arrivée dans la piscine

L'âge auquel cela se fera dépend de plusieurs circonstances. Tout d'abord du moment où vous aurez décidé d'aborder la natation et aussi du temps que vous aurez passé dans la baignoire. Je vous conseille, quel que soit l'âge de l'enfant, de l'habituer à avoir de l'eau sur la figure et même à aller sous l'eau, avant d'entrer dans la piscine. Cette grande étendue d'eau est très impressionnante pour lui, il vaut mieux qu'il aime, dès l'abord, le contact avec l'élément liquide ! Si vous le sentez craintif, laissez-le s'accrocher à vous, mettez-le dans l'eau jusqu'aux épaules, parlez-lui de ce qu'il voit, jouez avec l'eau, chantez, etc. Il se peut que ça prennent plusieurs séances. Donnez-lui le temps de s'adapter. Il apprend beaucoup plus que vous ne l'imaginez en observant, c'est pourquoi il est préférable qu'il voie, si possible, d'autres bébés apprendre à nager. SURTOUT NE PROVOQUEZ PAS SES PLEURS ! N'admettez pas que quelqu'un vous dise qu'il est normal qu'il pleure. Suivez son rythme, donnez-lui le goût de l'eau, n'attendez de lui aucun exploit, et vous gagnerez sur tous les plans !

Les exercices en piscine sont les mêmes que ceux en baignoire. La différence est qu'ils se font dans un grand espace et qu'ici, ils peuvent amener l'enfant à l' indépendance dans l'eau :

- *Les bulles et cracher*. Le premier jeu pour mettre l'enfant à l'aise est certainement defaire des bulles et de cracher (voir ci-dessus). Surtout s'il y arrivait déjà dans sa baignoire. La meilleure position pour faire des bulles dans la piscine est de tenir l'enfant à la taille, la tête hors de l'eau, face à vous. N'oubliez pas de les faire à la surface de l'eau pour que l'enfant les voie bien.

- *Têtes à la même hauteur*. Veillez à ce que la tête du bébé, au début, ne soit jamais plus basse que la vôtre. Elle doit être au même niveau ou plus haut.

- *Flotter sur le dos*. D'abord placez-vous sur le côté de l'enfant que vous soutenez sous la tête et sous les fesses. Penchez-vous sur lui, soyez rassurant et faites-le voyager dans l'eau. Puis enlevez la main qui est sous les fesses. Quand il accepte de n'être soutenu que sous la tête, mettez-vous derrière lui (à sa tête que vous soutenez), en le regardant dans les yeux et lui disant des choses agréables. Soutenez-le d'une main et de l'autre ouvrez-lui bras et jambes. S'il se crispe, donnez-lui sa sucette, voire le biberon (en plastique incassable !). S'il ne comprend vraiment pas qu'il faut ouvrir les bras, vous pouvez y mettre de petites bouées : non pas pour le soutenir, mais pour l'empêcher de fermer les bras. Enlevez-les dès qu'il a compris. Soutenez sa tête dans le prolongement de son corps, ne la soulevez pas hors de l'eau.

Pour l'habituer petit à petit à se libérer de votre soutien, marchez à reculons en le tirant et alternez vos mains. Bientôt vous sentirez que vous pouvez lâcher le bébé une seconde avant de remettre l'autre main. Allongez petit à petit cette seconde. Parlez et chantez pour détourner son attention du manège de vos mains. Au bout de quelques semaines, il flottera dix secondes, seul. Vos mains doivent toujours rester près de sa tête pour l'empêcher de couler. (Mais tant que les muscles de sa nuque ne seront pas assez développés, il aura besoin de votre soutien.) Après quelques mois, ce seront des minutes entières qu'il flottera seul, à travers la piscine en gazouillant, sous votre étroite surveillance. Quand vous lâchez le bébé pour qu'il flotte seul, faites cela en douceur, ne le brusquez pas. Certains enfants aiment être soutenus aux hanches avant d'être lâchés, mettez-vous alors du côté de ses pieds pour le tenir ainsi.

Plus le bébé est âgé, moins il accepte de se mettre sur le dos. Quand l'enfant a plus de huit mois, il faut alors faire preuve de diplomatie et de patience, mais ça en vaut la peine ! Pour l'habituer à la position dorsale dans l'eau, il y a un exercice : l'enfant, face à vous, s'agrippe comme un petit singe ; prenez-le bien dans vos bras, placez vos mains sur ses oreilles et soutenez son dos avec vos avant-bras ; pliez les genoux pour que l'eau arrive à votre taille ; penchez-vous en avant (sans lui mettre le visage sous l'eau !), l'enfant est alors sur le dos étroitement soutenu par vous, les jambes probablement liées autour de votre taille ; rassurez-le, félicitez-le d'être sur le dos, n'y restez pas longtemps ; répétez plusieurs fois comme un canard qui plonge la tête dans l'eau (mais n'y plongez pas celle de votre enfant) ; quand il trouve ça amusant suggérez-lui d'ouvrir les bras, parlez d'une voix douce et apaisante et faites-le aussi bouger doucement dans l'eau ; quand il le fait volontiers, suggérez-lui d'ouvrir et d'étendre ses jambes ; à ce moment, il flotte en fait sur le dos, proposez-lui alors de le soutenir de côté ou de derrière sa tête, ne le faites que s'il accepte.

• *Aller sous l'eau*. Quand l'enfant est capable d'aller sous l'eau, à la manière qu'il a apprise dans la baignoire (voir ci-dessus), il est prêt à accepter que l'eau lui entre dans le nez. Au lieu de le faire glisser sous l'eau vers l'arrière, quand il est sur le dos, prenez-le aux aisselles face à vous, soufflez-lui fort sur le visage et plongez-le brièvement et verticalement dans l'eau. Aussitôt que vous l'avez ressorti, explosez en félicitations ! Faites cet exercice d'un seul mouvement souple et sans saccade. La plupart des bébés auront un air ébouriffé, mais pas dégoûté. Certains n'apprécieront pas, c'est que vous avez été trop vite, revenez à la méthode de la baignoire. Il se peut qu'une mauvaise expérience le fasse régresser, retournez alors au premier exercice (voir ci-dessus *L'eau sur le visage*). C'est pourquoi il ne faut pas brûler les étapes.

• *Se remettre sur le dos* est une nécessité pour que l'enfant évite de se noyer. C'est dans cette position qu'il est capable de flotter longtemps, sur le ventre il se noierait. Il faut donc lui apprendre à y revenir de n'importe quelle position, comme un chat qui retombe toujours sur ses pattes. Mettez-le sur le ventre le visage dans l'eau et faites-le pivoter immédiatement sur le dos. Répétez cet exercice plusieurs fois des deux côtés et encouragez les mouvements qu'il fera pour y arriver seul.

• *Le bord et l'échelle*. Apprenez-lui à s'y accrocher. D'abord placez ses mains comme il faut. Puis en le tenant par la taille, incitez-le à s'y accrocher tout seul. Enfin, quand il sait flotter, mettez-le près du bord ou de l'échelle pour qu'il apprenne à s'y accrocher tout seul ; il lui faudra sans doute plusieurs mois avant d'être capable d'accrocher la seconde main à partir de la position couchée.

• *Les torpilles*. Prenez l'enfant qui est sur le ventre par le gras des bras et tenez-le face à vous. En reculant, soufflez sur son visage et plongez-le légèrement dans l'eau. Répétez plusieurs fois ces mini-torpilles. Quand il y est habitué, mettez-vous sur le côté de l'enfant qui est toujours sur le ventre, tenez-le (une de vos mains sous poitrine, l'autre sur son dos), soufflez sur son visage redressé, plongez-le vers l'avant et enfin faites-le pivoter sur le dos pour revenir à la surface. Si vous êtes deux, vous pourrez lui apprendre à allonger ses torpilles : placez l'autre personne à un mètre de vous, lancez le bébé sous l'eau et c'est cette autre personne qui le rattrape et le fait pivoter sur le dos. Vous allongez petit à petit la distance et augmentez la puissance de votre envoi. Le bébé arrivera ainsi à faire des torpilles de près de deux mètres au cours desquelles il commencera à faire des mouvements pour se propulser vers l'avant et pour pivoter et revenir à la surface. Il faut être très attentif pour l'aider, car au début ce sont des intentions peu efficaces.

Vous pouvez aussi le lancer vers le bord de la piscine où il apprendra à s'accrocher. Augmenter la distance et il nagera bientôt une demi-largeur sous l'eau ! S'il y a un large escalier qui descend dans la piscine, dirigez les torpilles vers les marches qui sont très rassurantes pour l'enfant.

● *Jeter à l'eau*. Cet exercice qui est parfois utilisé pour introduire le bébé à la natation, dans certaines écoles, et qui est devenu le symbole de ces méthodes peu recommandables, devient un jeu très amusant, lorsque l'enfant est prêt. Quand il aime aller sous l'eau et qu'il est capable de revenir sur le dos tout seul, prenez-le aux aisselles et plongez-le dans l'eau plusieurs fois de suite. Soyez à l'écoute de votre intuition, ne le faites pas suffoquer ! Suivez le rythme de votre propre respiration.

Quand il supporte d'être ainsi plongé trois, quatre fois de suite (plus tard il sera sans doute capable de le faire dix à vingt fois), lâchez-le et laissez-le se débrouiller. S'il n'y arrive pas, aidez-le, ne le laissez pas se noyer ! Dès que ça devient facile, soulevez-le hors de l'eau et laissez-le tomber. Si ça l'amuse, continuez, vous êtes dans le bon. Au bout d'un certain temps, vous pourrez même le jeter carrément ! Non pas du bord, mais d'où vous êtes, dans l'eau. Vous le jetez en l'air par les aisselles et il retombe près de vous. Si vous le jetiez du bord, l'effet serait diamétralement opposé et tout à fait désastreux. NE RELÂCHEZ JAMAIS VOTRE SURVEILLANCE ! Soyez très attentif à son expression, si jamais il a l'air contrarié, interrompez-vous.

● *Nager en ligne droite*. Qu'il flotte sur le dos ou qu'il fasse une torpille, l'enfant a tendance à tourner sur lui-même. Corrigez toujours sa ligne de tir pour lui apprendre à se déplacer en ligne droite.

• *Sauter du bord*. Quand le bébé tient assis, vous pouvez l'asseoir sur le bord de la piscine. Prenez-le aux aisselles, sans le lâcher faites-le sauter vers vous dans la piscine et aidez-le à se mettre sur le dos. Ensuite, faites la même chose en lui tenant les mains. Puis lâchez-lui les mains pendant le saut et laissez-le se débrouiller. Enfin encouragez-le à sauter vers vous sans votre soutien. MAIS NE JETEZ JAMAIS VOTRE ENFANT DU BORD !

Quand le bébé sait marcher, il peut apprendre à sauter du bord, debout. Dans ce cas, soit restez dans la piscine près du bord, si l'enfant a encore besoin que vous y soyez pour oser sauter, soit mettez-vous derrière lui. Il faut que vous puissiez pousser sa jambe de derrière qu'il aura tendance à laisser en arrière. Si jamais elle reste accrochée au bord, il peut se faire extrêmement mal. D'ailleurs, APPRENEZ-LUI BIEN QU'IL NE PEUT JAMAIS SAUTER TOUT SEUL !

• *Debout sur vos mains*. Quand votre bébé commence à se mettre debout, il est un exercice qui renforcera son équilibre. Mettez-le face à vous, la tête hors de l'eau, debout, ses mains sur vos épaules ; glissez vos mains sous ses pieds ; dites-lui de bien tendre les jambes et commencez à le soulever hors de l'eau, de plus en plus haut jusqu'à ce qu'il doive lâcher vos épaules pour rester debout, ce que vous l'encouragerez à faire ; bientôt vous aurez vos mains au niveau de vos épaules et lui sera debout dessus ! S'il a un bon équilibre, vous pouvez bouger doucement vos mains en chantant pour le faire « danser ». S'il aime être jeté à l'eau, c'est une excellente façon de le faire. Par contre, s'il a horreur de ça, faites attention et baissez vos mains à temps pour qu'il ne tombe pas de haut dans l'eau.

Vous pouvez aussi le mettre debout sur vos épaules et le faire sauter dans l'eau en le tenant par les mains. A ce stade, vous pouvez imaginer ce que vous voulez.

• *Les abdominaux*. Asseyez-vous sur une marche ou adossez-vous au bord, asseyez l'enfant sur votre ventre dans l'eau, coincez plus ou moins ses jambes, prenez-lui les mains et dites-lui de s'asseoir et de se coucher. Au début, tirez-le par les mains et puis de moins en moins. Beaucoup d'encouragements et de félicitations !

• <u>*Conseils*</u> :

— La plupart des exercices ne se font que quelques fois par séance. Par contre, dès que l'enfant l'accepte aisément, flotter sur le dos, en racontant des histoires, doit occuper une bonne partie de la leçon.

— Si vous apprenez à nager à votre bébé dans une piscine en plein air, prenez soin de lui faire toujours de l'ombre avec votre corps. Quand il est sur le dos (ce qui est, la plupart du temps,le cas), le soleil et même simplement la luminosité lui font mal aux yeux. Vous pouvez mettre un large chapeau pour agrandir votre ombre.

— Quand le bébé commence à nager seul, restez près de lui, il a besoin de votre compagnie. Mais quand l'enfant de 2 ans 1/2 - 3 ans veut aller à l'aventure à travers la piscine, laissez-le partir. Sortez de l'eau, ne le quittez pas du regard et suivez-le le long du bord. Vous serez ainsi prêt à sauter pour l'aider, au moindre pépin. (Si vous restiez dans l'eau, vous seriez moins libre de vos mouvements, surtout si ça se passe dans le grand bassin.)

— N'hésitez d'ailleurs pas, si vous savez nager, à entraîner votre petit dans le grand bassin, dès qu'il peut se passer de vous. C'est cela qui lui donnera de l'audace.

— Donnez-lui toujours à manger en sortant de la piscine. Nager épuise autant les forces du bébé que celles de l'enfant.

— Si vous voulez obtenir de meilleurs résultats, faites avec votre bébé les exercices dans la baignoire, lors du bain quotidien.

— Les aides techniques, telles les bouées-anneaux, celles pour les bras, les ceintures à flotteurs, les planches, etc., ne sont pas utiles. Ce sont plutôt des jouets avec lesquels l'enfant peut s'amuser, s'il en a envie, après avoir fait sa leçon. Ça n'intéresse d'ailleurs pas les bébés généralement.

— Il est, par contre, très utile d'avoir une poupée gonflable que l'enfant aime et que vous mettez à l'endroit vers lequel vous voulez qu'il nage, dans l'eau ou sur le bord.

N.B. : Le livre de Claire Timmermans est remarquablement illustré. Il peut vous aider, même si vous ne comprenez pas l'anglais (voir *Bibliographie*).

L'ÉQUITATION
OU
COMMENT ENSEIGNER UN SPORT

Vous pouvez enseigner presque n'importe quel sport à votre enfant, pour peu que vous le pratiquiez vous-même, avec une certaine aisance ; non seulement l'équitation, mais aussi le ski, le patin, l'alpinisme, la gymnastique, etc.

Quand l'enfant a atteint le stade où il court facilement (en général vers 3 ans), il est prêt à aborder une activité physique complexe. Il est cependant quelques précautions à prendre :

- *Les chutes*. L'enfant tombe facilement, veillez à ce qu'il ne puisse pas se faire trop mal.

- *Les dangers de la souplesse*. Les enfants sont en général d'une très grande souplesse. Il ne faut pas en profiter pour obtenir des résultats impressionnants qui risquent de leur abîmer le corps. Si l'enfant veut faire le grand écart pour imiter quelqu'un, laissez-le s'amuser, il sentira très bien jusqu'où il peut aller. Mais ne le poussez pas au-delà, il perdrait cette indispensable autocensure.

- *La mise en confiance*. C'est sans doute le point le plus important. La plupart des sports mettent l'enfant dans une situation périlleuse, qu'il soit sur un instrument mobile (skis, patins, cheval, etc.) ou encore dans un endroit effrayant (sur un rocher, un voilier, etc.), ou dans une situation d'échec, quand on attend de lui de l'adresse (jeux de balle avec ou sans raquette, etc.). Il faut donc toujours lui donner l'impression qu'il se surpasse et que le jeu en vaut la chandelle ! Si jamais au cours de la leçon, il perd les pédales et se met à pleurer en refusant de continuer, n'arrêtez pas là ! Consolez-le, prenez le temps qu'il faut pour qu'il oublie son chagrin ; puis faites-lui faire un exercice dont vous êtes sûr qu'il le réussira et terminez sur ce succès. Si l'enfant tombe de l'instrument ou du cheval et qu'il n'est pas blessé, faites-le remonter dessus, ne fût-ce qu'une minute. Il faut qu'il se retrouve là où il était avant de tomber. (Avant même que cela n'arrive, racontez-lui l'histoire de celui qui n'est pas remonté après une chute et qui, depuis, n'a jamais pu pratiquer ce sport !)

- *Laissez-le parler*. Quand l'enfant aborde une telle activité, il a une appréhension certaine qu'il exorcise le plus souvent par la parole. Laissez-le faire ! Même s'il est intarissable, ne le faites pas taire. Au contraire, entrez dans son jeu, répondez-lui, posez-lui des questions. Ce qui n'empêche pas de pratiquer le sport. C'est durant ce moment bavard que vous l'habituez à l'engin ou à la situation : à ski vous pouvez le faire glisser entre vos jambes en le tenant plus ou moins, à vélo vous le faites rouler en le soutenant, à cheval vous le faites marcher au pas en tenant vous-même la bride, en haut d'un rocher vous l'habituez à la hauteur, etc. D'ailleurs si l'enfant est au contraire très silencieux, ne le laissez pas s'enfermer ainsi sur la difficulté, faites-le parler et sortir de son mutisme.

- *A quelle fréquence pratiquer le sport*. Il est bien entendu que pratiquer un sport chaque semaine est la meilleure façon de l'acquérir. Cependant il ne faut pas négliger l'importance des sports de vacances. Un enfant qui est en forme physiquement (s'il fait, par exemple, de la natation et/ou de la gymnastique chaque semaine) sera prêt à aborder un autre sport pendant les vacances et garder cette expérience, si elle est positive, dans sa mémoire physique, jusqu'à l'année suivante où il la poussera plus loin.

Voici maintenant, en guise d'exemple, une introduction à l'équitation. Un enfant stimulé physiquement et intellectuellement sera prêt vers 3 ans, mais cette méthode est en fait valable pour des enfants plus âgés. Très souvent ces sports de vacances sont pratiqués une huitaine de jours d'affilée. Voici donc les huit première leçons qui donnent une idée de comment s'y prendre.

1re leçon

- *Le matériel*. Un petit cheval ou un poney calme. C'est le caractère de l'animal qui compte, plus que sa taille. Une selle si possible légère et mince qui permette à l'enfant de sentir le cheval. Les étriers doivent être à bonne taille, quitte à percer un trou très haut. Une poignée souple attachée au pommeau de la selle pour permettre à l'enfant de se retenir sans abîmer la bouche du cheval.

- *Le parent ou le moniteur* tient le cheval par la corde du licou. Il contrôle ainsi le cheval et met l'enfant en confiance.

- *Exercices de mise en confiance à l'arrêt* :

  — Toucher les oreilles du cheval avec la main gauche puis avec la droite ; idem pour la queue.

  — Se mettre debout dans les étriers en tenant une mèche de la crinière ; puis en lâchant la crinière, les bras à l'horizontale.

  — L'enfant se met à genoux sur la selle en tenant la main de l'adulte ; puis debout.

  — Assis en selle, l'enfant s'allonge sur le dos et se redresse, plusieurs fois.

  — Toucher le pied droit avec la main gauche et vice versa.

  — L'enfant se met debout dans les étriers ; puis on les lui enlève, en lui maintenant les genoux contre la selle, et il doit se dresser en serrant les genoux et en se tenant à la crinière ; petit à petit il faut qu'il arrive finalement à se tenir debout sans étriers avec la seule aide de la crinière.

  — L'enfant passe une jambe par-dessus l'encolure et se retrouve en amazone ; puis il passe l'autre jambe par-dessus la croupe et se retrouve assis à l'envers ; il continue ainsi son tour jusqu'à ce qu'il se retrouve assis à l'endroit.

- *Le cheval en mouvement*. Il faut que l'enfant passe des heures au pas pour comprendre, dans son corps, le mouvement du cheval. C'est ainsi qu'il attrapera un « bonne assiette ». Il faut donc alterner un exercice de mise en confiance (voir ci-dessus) et un demi-tour de manège au pas. Pendant toute la leçon, l'adulte discute avec l'enfant. Si l'enfant est « taiseux », il faut lui poser des questions sur sa famille, sur ce qu'il aime, etc. C'est indispensable pour qu'il soit détendu et laisse son corps absorber le mouvement du cheval. Cette conversation doit être émaillée de petits apprentissages théoriques : les noms des différentes parties du cheval et son harnachement.

> « Tiens, tu sais, là où tu es assis, c'est la selle, mais là où sont tes pieds, ce sont les étriers ! Et ton père comment s'appelle-t-il ?... N'oublie pas de serrer tes genoux, de baisser tes talons et d'avoir le dos bien droit, sinon tu auras l'air d'un sac de patates ! Est-ce que tu es un sac de patates ? Non ! Bien sûr ! Et ton cheval, de quelle couleur est-il ? Oui, brun. Et sur quoi es-tu assis ? La selle ! Bravo, tu te souviens bien ! Et qu'est-ce que tu as mangé ce matin ?... » Et ainsi de suite.

Ensuite, croisez les étriers sur le pommeau qu'il fasse les tours de manège au pas sans étriers. Alors l'enfant se tient en général mieux et prend conscience de la bonne position, à condition qu'on lui fasse remarquer gentiment quand il la perd.

• *Le maniement du cheval*. Il faut lui apprendre quelles sont les façons de faire obéir le cheval. Même si en fait celui-ci obéit à l'adulte, il faut que l'enfant associe le mouvement du cheval à son geste.

— Apprendre à tenir les rênes. Montrez-lui comment les tenir. Quand il a compris, faites-les-lui prendre et lâcher plusieurs fois.
— Montrez-lui que quand il ouvre la main vers la gauche, le cheval tourne à gauche, et vice versa.
— Apprenez-lui à donner du talon pour faire avancer le cheval.

2e leçon

La leçon suivante est la répétition de la première. A cette différence près que l'enfant apprend à faire, au pas, les exercices de mise en confiance qu'il réussit le mieux à l'arrêt. Il apprend aussi de nouveaux termes d'équitation, ainsi que les premières figures de manège (volte, changement de main, etc.). Si l'animal est suffisamment fort pour porter l'adulte, le mieux est que celui-ci monte en croupe. L'enfant tient les rênes et l'adulte prend ses mains dans les siennes. C'est la meilleure façon pour lui faire comprendre comment diriger le cheval. De plus, si l'enfant reste pusillanime, c'est une bonne façon de lui faire goûter letrot sans l'effrayer.

3e leçon

Voir les précédentes.

- *Nouveaux exercices à faire au pas* :

— Lever les genoux le plus haut possible, l'un après l'autre.

— Gymnastique des bras : tendus devant, derrière, en haut, sur les côtés ; faire les marionnettes avec les mains.

— Se tenir droit : faire le gros dos, revenir droit, se cambrer et revenir droit.

— Mélanger ces trois exercices.

— Apprendre à mettre les étriers tout seul, sans l'aide des mains.

— L'enfant, toujours au pas, enlève lui-même ses étriers, les croise par-dessus le pommeau et continue en serrant bien les genoux.

— Quelques mètres de trot assis, sans étriers, avec beaucoup d'encouragements et de félicitations.

— Si possible, l'adulte monte en croupe : et, cette fois, au lieu de prendre les mains de l'enfant qui tient les rênes, il prend deux cordes de licol et montre ce qu'il doit faire, à l'enfant qui copie avec les rênes : voltes, changements de mains, diagonales, etc. Quelques foulées de galop mettront en joie l'enfant en sécurité dans les bras de l'adulte.

— Au pas, l'enfant dirige le cheval seul.

— Descendre de cheval, sans étriers, en passant la jambe droite par-dessus la croupe.

4e leçon

Voir les leçons précédentes. N'oubliez pas de parler, de lui apprendre de nouveaux termes d'équitation, de réviser ceux qu'il connaît déjà et de lui faire prendre conscience de sa position.

- *Voici de nouveaux exercices à faire au pas* :

— L'enfant se tient à une mèche de la crinière, se couche sur l'encolure et pousse sur les étriers pour soulever son bassin.

— L'enfant se couche sur le dos du cheval, pieds dans les étriers, et se relève sans aide.

— L'enfant fait des ronds sur le côté avec sa jambe droite (dans un sens, puis dans l'autre) ; idem avec la jambe gauche.

• _A l'arrêt,_ l'enfant se met debout sur le cheval et tourne sur lui-même, dans un sens, puis dans l'autre (l'adulte l'aide au besoin).

5e leçon

• _Nouveaux exercices à faire au pas_ :

— L'enfant prend ses rênes et met ses étriers, seul.

— Un demi-tour de manège, debout dans les étriers en tenant une mèche de la crinière.

— Enchaîner plusieurs fois de suite : se coucher sur l'encolure et se coucher sur la croupe.

— Se mettre debout en selle et s'asseoir, sans étriers, en serrant les genoux et en tenant une mèche de la crinière : préparation au trot levé.

— Demander à l'enfant si sa position est correcte et lui faire réaliser ce qui ne va pas (pieds trop enfoncés, talons levés, etc.).

6e leçon

• _Nouveaux exercices_ :

— Expliquez à l'enfant les différentes allures du cheval et leur progression (petit pas, grand pas, petit trot, grand trot, petit galop et grand galop). Si possible, montez en croupe et faites-lui ainsi connaître les cinq premières allures. Demandez-lui de dire quand vous passez de l'une à l'autre.

— Faites prendre, à l'enfant, conscience de la droite et de la gauche, de l'avant et de l'arrière (avec les jambes, les mains, les genoux, les oreilles, etc., de l'enfant et du cheval). Par exemple, il lève les genoux le plus haut possible, en disant quel est le gauche et quel est le droit.

— Révisez les termes théoriques, ajoutez-en de nouveaux. Faites-lui énumérer les caractéristiques de la bonne position (talons baissés, genoux serrés, pointes des pieds rentrées, coudes au corps, poings fermés et face à face, pouces vers le haut).

7e leçon

Révision des leçons précédentes.

● *Nouveaux exercices à faire au pas :*

— Lever les deux genoux en même temps plusieurs fois de suite.
— S'asseoir à l'envers, face à la croupe, et aller au pas.
— L'enfant guide, seul, son cheval, l'adulte marche devant pour montrer le chemin. S'il y a plusieurs chevaux, l'enfant doit suivre celui de tête.
— S'il y a plusieurs enfants, révisez la théorie en inventant des jeux collectifs : l'un montre, l'autre dit le nom, etc.

8e leçon

● *Nouveaux exercices :*

— L'enfant apprend à faire démarrer le cheval seul et à l'arrêter. Plusieurs fois de suite.
— Apprendre de nouvelles figures de manège avec leurs noms, notamment la différence entre volte et demi-volte.
— A l'arrêt, l'enfant se met debout, seul, sur la selle, puis il donne la main à l'adulte qui met le cheval au pas.

Résumé de la progression des premières leçons

— aisance en selle et décontraction — mise en place des pieds	1e et 2e leçon
— mise en place des genoux — les mains : prendre les rênes	3e leçon
— le travail des rênes : tourner à gauche, à droite, arrêter — les figures de manège	4e et 5e leçon
— prise de conscience de la division du corps : au-dessus de la taille détendu ; au-dessous de la taille serré et au travail	6e à 8e leçon

N.B. : Quel que soit le sport que vous enseigniez à votre enfant, ce type d'approche est valable. L'important est de mettre l'enfant à l'aise dans cette situation nouvelle. Parlez et faites-le parler de ce qu'il aime. Introduisez les termes techniques, révisez-les régulièrement au cours de la conversation. Inventez ces petites acrobaties qui mettent l'enfant en valeur, sans l'effrayer. Et donnez-lui des exercices qui le font tendre vers un but accessible.

LES AUTRES DOMAINES

Je ne peux pas m'étendre sur tous les domaines de la connaissance, comme je l'ai fait dans les chapitres précédents. Sans doute serez-vous nombreux (plus intéressés par les sciences naturelles que par les arts) à être frustrés par mon choix. Il est déterminé par mes aptitudes, mes goûts et ma conception des fondements de notre culture. Il est donc parfaitement subjectif.

Mon choix est aussi trompeur, car il semble trop intellectuel. Alors qu'il est des domaines que je ne saurais trop vous inciter à explorer : la cuisine, la mécanique automobile, la couture, le bricolage, les arts de l'aiguille (couture, tricot, crochet, broderie), la confection de maquettes, etc. Ce que vous savez, montrez-le à votre enfant. Au bout d'un moment, il vous demandera de vous imiter, donnez-lui-en les moyens. Que votre savoir guide votre choix.

Pour ce qui est des autres branches qui ne font pas nécessairement partie du quotidien, voici quelques conseils.

Zoologie

• *L'image et la réalité*. Dans ce domaine, comme dans les autres, il est important de faire faire au tout-petit la connexion entre l'animal et sa représentation. Ayez donc des dessins ou photos de très bonne qualité (avec le moins de décor possible) d'animaux familiers. S'il y a des animaux dans votre entourage, photographiez-les. Montrez la photo et l'animal, en même temps, au bébé. Expliquez-lui que vous êtes tous des humains, mais que « Atlas est un chien » ou « Sélim est un chat ». Jouez à chercher les chiens et les chats dans la rue.

• *La visite aux animaux*. Préparez une visite à la ferme ou au zoo, avec une dizaine de bonnes illustrations. Il n'est pas nécessaire de visiter tout le zoo à la fois. Bien au contraire, choisissez les animaux en fonction de votre préparation. Quand le petit connaît bien ses images, faites votre visite avec les reproductions. Ce sera une grande joie !

• *Les races de chien*. Voici un excellent exercice pour affiner sa perception et son sens de l'observation. Rassemblez une série de reproductions de différents types de chiens. Montrez-les à l'enfant petit à petit et encouragez-le à reconnaître les races de chien dans la rue. S'il ne s'exprime pas encore bien, parlez pour lui. Emmenez un livre sur les chiens en promenade, et cherchez chaque spécimen rencontré, dans le livre.

• *Les noms*. Soyez précis dans vos appellations, employez les noms corrects. Quand il y a lieu, présentez toute la famille : « Dans la famille Mouton, le papa s'appelle bélier, la maman brebis et le bébé agneau ! »

• *La catégorisation*. Prenez une dizaine d'animaux les plus communs pour représenter les principales catégories animales : les mammifères, les oiseaux, les poissons, les reptiles, les insectes, les batraciens et les mollusques. Présentez-les par catégorie.

• *La caractérisation*. Etablissez une série de critères pour différencier ces animaux : l'attitude hivernale (migration, hibernation ou vie active sur place), la nidification (sur ou sous terre, dans les arbres, dans l'eau, etc.), la nourriture, la chasse, la construction (les constructeurs et les autres ; ce qu'ils construisent), la procréation (combien de petits par an, combien de fois, de quelle façon, temps de portée, temps de maturation, etc.). Avec ces différents critères, vous racontez une histoire très vivante par animal. Ces récits deviendront alors une référence pour l'enfant, chaque fois qu'il en découvrira un nouveau. (*La vie secrète des bêtes* — voir *Matériel Conseillé* — est une bonne collection pour commencer à se débrouiller.)

• *Le cri des animaux*. Après lui avoir appris par onomatopées les cris des animaux, apprenez-lui les termes corrects (voir *Langage et Poésie* § *Vocabulaire*).

● *Le contact avec la nature*. Ceci est très important. Emmenez l'enfant dans les bois, les montagnes et/ou les rivières et les mers. Faites-lui observer *de visu,* ne fût-ce qu'une petite partie de ce qu'il sait en théorie. Il existe des « camps d'étude de la nature » où on accepte les enfants à partir de 6 ans. Il y en a pour adultes, participez-y avec votre petit sur le dos, si c'est possible.

Botanique

Pour la botanique, vous pouvez suivre une démarche proche de celle de la zoologie.

● *Le petit jardin de l'enfant*. Introduisez-le aux merveilles de l'éclosion des plantes. Donnez-lui un bac à plantes dans lequel vous l'aidez à planter des graines et à les soigner. Allez au magasin acheter ces semences avec lui. Laissez-le choisir d'après le dessin qui est sur le paquet. Mais guidez son premier choix vers une série de plantes qui poussent vite.

● *Les plantes d'ornement*. Si vous vivez en ville, analysez au cours de vos promenades les plantes que vous rencontrez. Vous qui reconnaissez facilement les plantes, communiquez votre plaisir à l'enfant. Montrez-lui les différences qu'il y a entre des plantes semblables, etc.

● *L'analyse des végétaux*. Expliquez le fonctionnement et donnez le nom des différentes parties des végétaux, à l'aide d'illustrations claires et de grande taille.

● *La catégorisation :* les arbres (à feuilles caduques ; à feuillage persistant) ; les plantes (à fleurs ; sans fleur), les algues ; les champignons ; etc.

● *La caractérisation*. Voir ci-dessus *Zoologie.* Mettez en rapport les plantes et les animaux qui aiment les manger. Créez une série de références auxquelles vous ferez toujours allusion, chaque fois que vous lui montrerez une nouvelle plante. Personnalisez les plantes, faites-en les petites amies de votre enfant, auxquelles arrivent les aventures de la vie, de leur vie végétale.

Anatomie

● Le squelette. Procurez-vous un squelette en plastique d'une trentaine de centimètres et offrez-le comme une poupée amusante à votre enfant (voir *Matériel Conseillé*). Il peut le prendre dans son bain. Chaque jour, apprenez-lui le nom d'un nouvel os et montrez-lui (avec quelques chatouilles !) où se trouve cet os chez lui. Revoyez chaque fois ceux qu'il connaît déjà.

● *« Jouer au docteur »*. Accrochez au mur de sa chambre une affiche montrant les organes qui se trouvent à l'intérieur du corps (voir *Matériel conseillé*). Offrez à l'enfant une panoplie de docteur et faites-lui ausculter ce torse béant :

> « Dites donc, docteur, mon pauvre Nabuchodonosor est malade, mais je ne sais pas ce qu'il a, voyez un peu son foie. Rien ? Et son cœur ? Non plus ! » etc.
>
> « Docteur, Nabuchodonosor dit qu'il a mal ici, écoutez avec votre stéthoscope. Mais qu'est-ce que c'est là, au fait ? Ah, c'est le poumon ! Et qu'est-ce qu'il faut lui faire ?... Une piqûre dans la trachée ? Oh ! la, la ! Vous savez faire ça ? Tant mieux ! » etc.

● Les spécialistes. (voir *Langage et Poésie* § *Vocabulaire*). Vous pouvez ainsi jouer à l'ophtalmologue, l'oto-rhino avec des coupes de l'œil et de l'oreille, au kinésithérapeute pour les muscles avec vous comme patient, etc. N'oubliez pas d'avoir votre aide-mémoire à portée de la main.

Vous le voyez, tout peut être présenté à l'enfant dès le plus jeune âge. Les exemples de ce livre vous aideront à adapter le sujet qui vous intéresse. Comme les journées refusent de s'étendre au-delà de vingt-quatre heures, on ne peut pas tout faire. C'est à vous d'établir votre choix, d'après vos goûts, vos dons, votre emploi du temps et votre énergie. Et n'oubliez pas que c'est en croyant en votre enfant (quel que soit son âge) que vous l'aiderez à se surpasser. Ce livre en est la preuve : je me croyais incapable de l'écrire, mais mon époux et mon éditeur ont eu foi en moi et le voici !

EXEMPLES D'HORAIRES

Très souvent, on me demande comment se passent nos journées. C'est une question à laquelle il est difficile de répondre, car les jours se suivent et ne se ressemblent pas. L'âge aussi amène des changements radicaux. De plus, il ne faut pas oublier que l'enfant peut se désintéresser pour quelques semaines (voire plusieurs mois) d'une activité dans laquelle il venait de faire pourtant de grands progrès. Il faut s'adapter et ne pas se créer de fausses obligations. Ce qui compte, c'est stimuler l'enfant, bien plus que lui apprendre ceci ou cela. Voici donc, à titre d'exemple, un type d'horaire par tranche d'âge :

Première année

L'enfant passe une bonne partie de la journée dans son « espace vital », créé exprès pour lui avec stimulations sensorielles de tous ordres. Quand il est éveillé au moment où l'un des parents est disponible, séances de cabrioles et de développement du langage ; introduction aux « leçons » par les images. Moments importants de la journée : le bain qui mène à la natation ; la toilette pour le langage ; la promenade pour les chansons. La langue étrangère enseignée par une autre personne, autant que sa présence le permet. A partir de 4 mois, la piscine une à trois fois par semaine. A partir de 8 mois, la deuxième langue enseignée par le parent, une à deux séances par jour. Présentation d'un livre d'images par jour (les mêmes reviennent régulièrement). Tout au long de l'année, incitation à passer à l'étape suivante en mobilité.

Deuxième année

Comme la première année. En outre : encouragement à la marche au cours de la promenade quotidienne, puis à la course à pied. Raconter de vraies histoires à l'aide de livres ; répéter souvent les mêmes. Le tableau avec les premiers mots de l'enfant. Une leçon quotidienne de vocabulaire dans la deuxième langue. Incitation à parler : introduction de la poésie enfantine dans toutes les langues, encourager l'enfant à répéter. Beaucoup de chansons (vocales et instrumentales) pour encourager l'écoute active. Premier livre inventé par l'enfant. Jeux pour développer la logique spatiale et le raisonnement. Les premières chansons didactiques : l'alphabet, les chiffres, etc. Brèves leçons quotidiennes de peinture (surtout), zoologie, etc. (selon le choix).

Vers la fin de l'année (suivant l'éveil de l'enfant), introduire Jean de La Fontaine en poésie. Début des randonnées. Introduction à l'Histoire.

Troisième année

C'est l'intensification des activités de l'année précédente. En outre : compter et dénombrer ; classification par peintre dans les leçons de peinture ; introduction des personnages de l'alphabet et des autres chansons du cours de lecture. Les livres inventés par l'enfant. Chanson de l'histoire de France. Introduction à la géographie. IMPORTANT : une heure par semaine, l'enfant participe à une activité de groupe avec des enfants un peu plus âgés si possible (musique ou danse ou activité manuelle, etc.).

Au cours de ces trois premières années, les horaires varient d'un enfant à l'autre, selon les périodes de la journée où il est le plus actif, c'est tout à fait individuel. Quand je parle des « activités quotidiennes », il faut compter une moyenne de quatre fois par semaine.

Quatrième année

A partir de cet âge, l'enfant n'est plus du tout un bébé. Il est en âge d'aller à l'école et d'avoir un horaire plus régulier. Voici à titre d'exemple l'horaire de mes enfants à cet âge. La seule activité réellement pratiquée à l'école étant la sociabilité, les matinées y suffisent largement.

Lundi

7 h 30	:	lever
8 h 00	:	petit déjeuner avec la cassette Suzuki
8 h 30	:	école maternelle
11 h 30	:	retour de l'école
12 h 00	:	leçon de violon à la maison (1/4 d'heure)
13 h 00	:	déjeuner familial
14 h 00	:	leçons de vocabulaire anglais, de lecture et/ou de calcul
14 h 30	:	sieste
17 h 00	:	goûter et temps libre
18 h 30	:	lecture en anglais ou leçon d'anatomie ou de géographie (facultatif), puis long bain
19 h 30	:	dîner familial
20 h 30	:	histoire de l'art, lecture du feuilleton du soir
21 h 00	:	coucher

Les trajets sont utilisés pour la poésie, les chansons, les jeux de grammaire et la simple conversation.

Mardi

idem

Mercredi

8 h 00	:	lever, repas
9 h 30	:	cours collectif de danse (1 heure)
11 h 00	:	trajet en voiture, leçon d'histoire (chanson + explications)
11 h 30	:	cours particulier de violon (20 minutes)
12 h 00	:	trajet en voiture, chansons et conversation

Après la sieste, temps libre (souvent utilisé au dessin et l'écriture ou au déguisement et jeux fraternels) ou excursion. Fin de journée, comme les précédentes.

Jeudi

« Journée d'anglais » où l'on parle le plus possible cette langue. Matinée à l'école d'anglais. Pendant les trajets, chansons et conversation en anglais. L'après-midi, « garderie » pour enfants anglais. Fin de journée semblable aux précédentes.

Vendredi

Comme lundi et mardi.

Samedi et dimanche

Au moins une fois les leçons de violon et de lecture (pour arriver à 4 fois par semaine). Géographie ou anatomie ou zoologie, selon l'envie. Excursion ou réunion d'enfants. Temps libre. Piscine.

Cinquième année

Fort semblable à la précédente. Les siestes se réduisant, il y a plus de temps pour l'écriture, le dessin et les jeux fraternels.

Sixième année

Avec la troisième maternelle, le tournant de la « vraie école » s'amorce. Il est temps d'habituer l'enfant à y aller toute la journée : un après-midi le premier trimestre, deux le deuxième et trois le troisième. Il faut alors adapter l'horaire de la maison à la fatigue de l'enfant. A part la musique, la pratique de la lecture et le calcul, l'enfant ne fait plus guère de « leçons ». C'est la lecture de livres complexes et les conversations qui en découlent, qui nourrissent essentiellement l'enfant. Il en sera ainsi tout au long de son enfance. A l'adolescence, c'est au tour des parents de savoir prendre le tournant : un enfant déluré et cultivé n'est ni plus ni moins facile à élever que les autres, en cette période délicate. Il lui est tout aussi nécessaire de s'opposer à ses parents pour former sa personnalité. De nombreux ouvrages sur la psychologie de l'éducation abordent cette question.

ANNEXES

Partitions

Adresses utiles

Matériel conseillé

Bibliographie

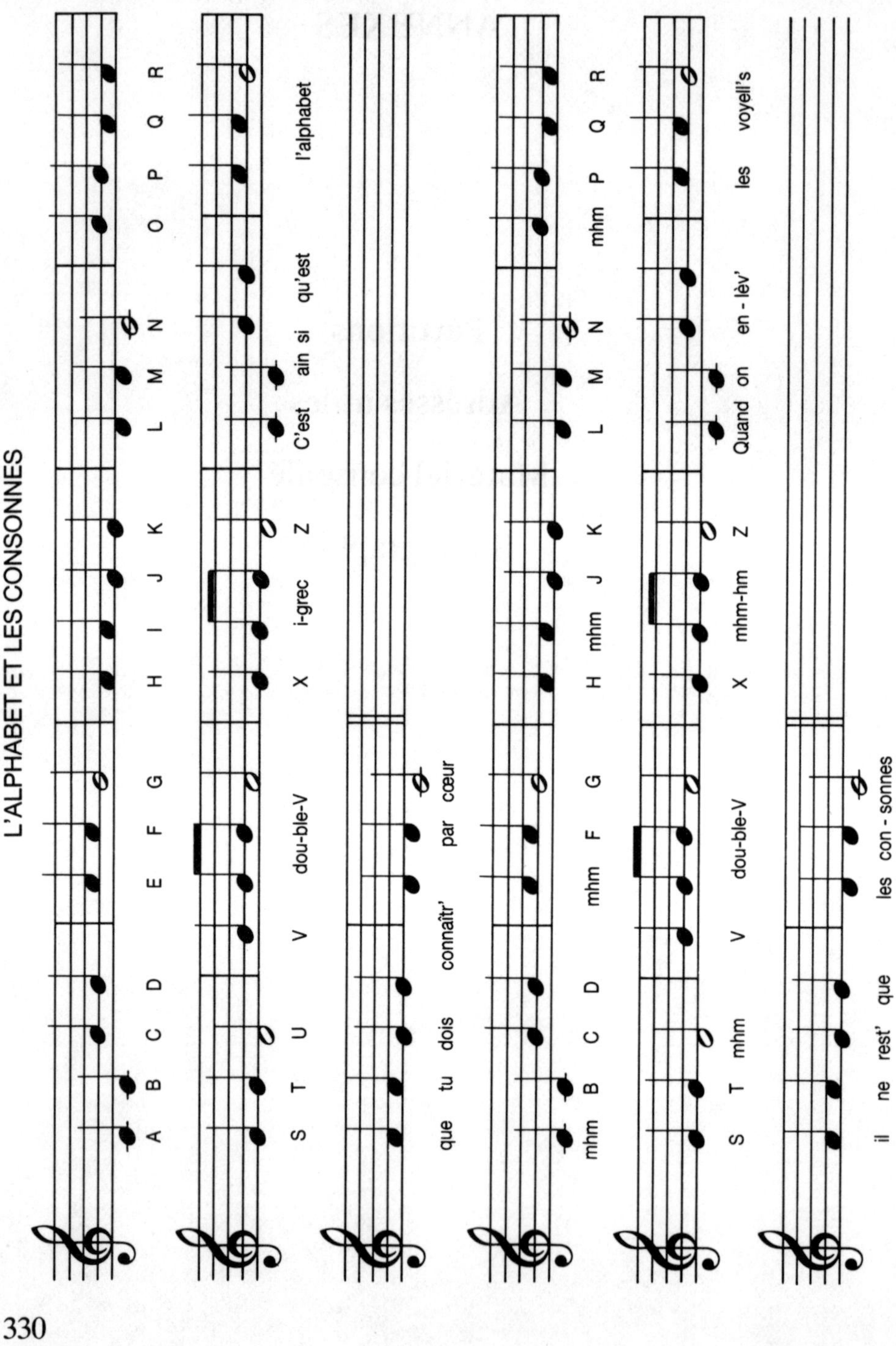
L'ALPHABET ET LES CONSONNES
A B C D E F G H I J K L M N O P Q R
S T U V dou-ble-V X i-grec Z C'est ain si qu'est l'alphabet
que tu dois connaîtr' par cœur
mhm B C D mhm F G H mhm J K L M N mhm P Q R
S T mhm V dou-ble-V X mhm-hm Z Quand on en - lèv' les voyell's
il ne rest' que les con - sonnes

LES VOYELLES

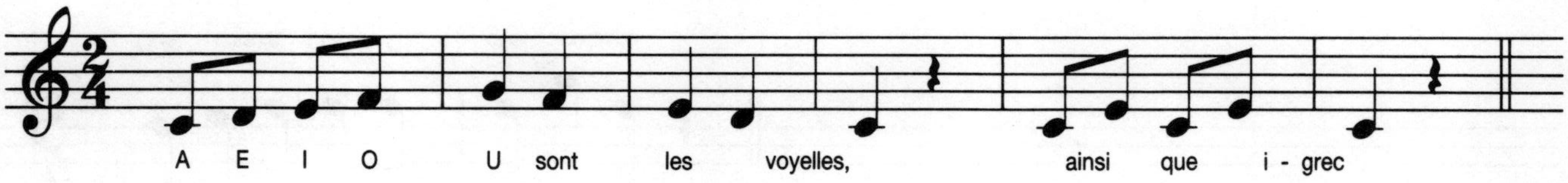

LES VOYELLES QUI NE SONT PAS DANS L'ALPHABET

LES DIPHTONGUES

C et G

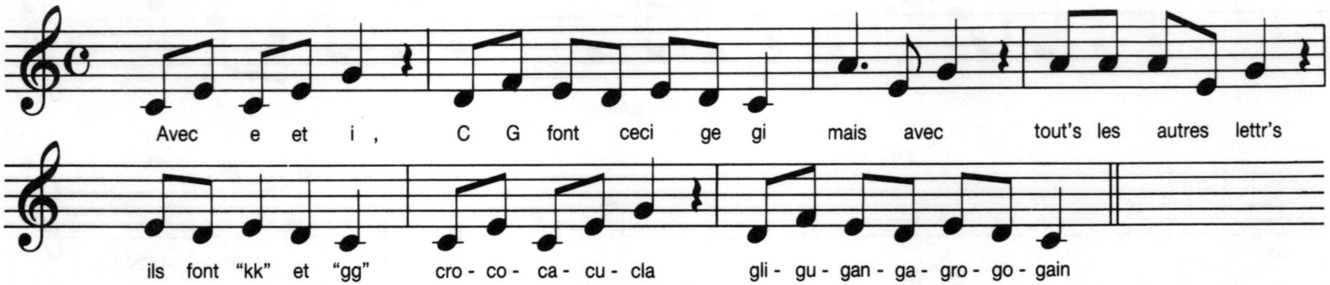
Avec e et i, C G font ceci ge gi mais avec tout's les autres lettr's
ils font "kk" et "gg" cro - co - ca - cu - cla gli - gu - gan - ga - gro - go - gain

G

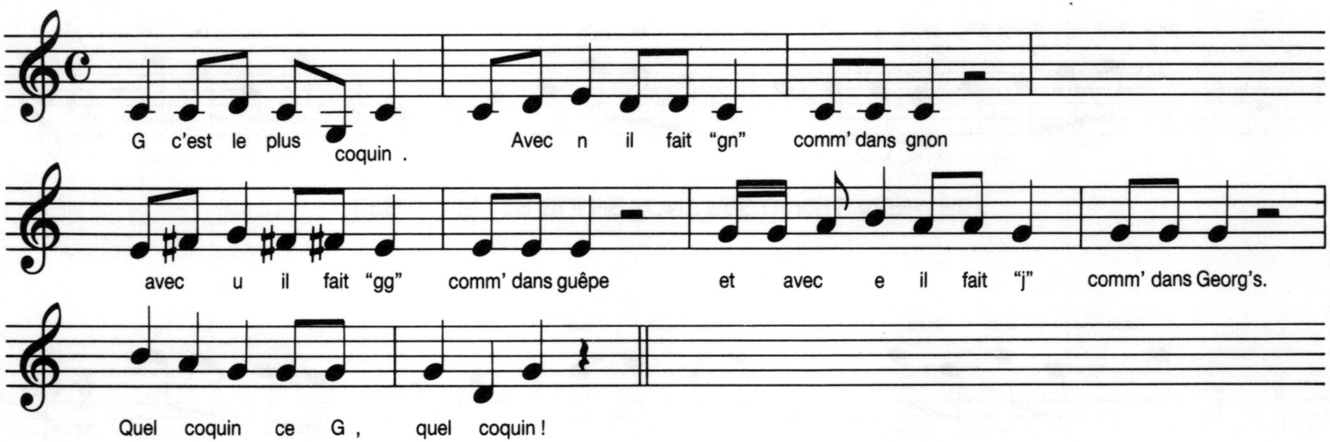
G c'est le plus coquin. Avec n il fait "gn" comm' dans gnon
avec u il fait "gg" comm' dans guêpe et avec e il fait "j" comm' dans Georg's.
Quel coquin ce G, quel coquin !

H

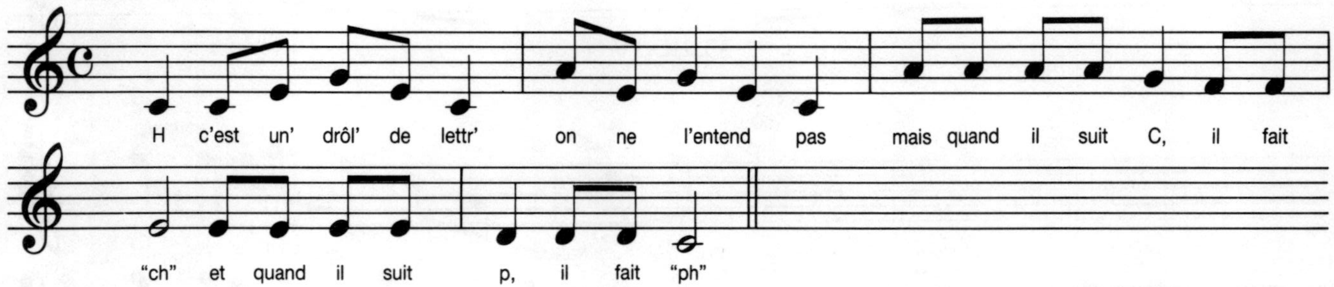
H c'est un' drôl' de lettr' on ne l'entend pas mais quand il suit C, il fait
"ch" et quand il suit p, il fait "ph"

S

En - tre deux voyell's "s" fait "zz", mais quand ils sont deux ils font "ss" : ru se russe !

Y

Avec o et a i - grec égal' deux fois i. Il fait payer et fait noyer.

Q

TION

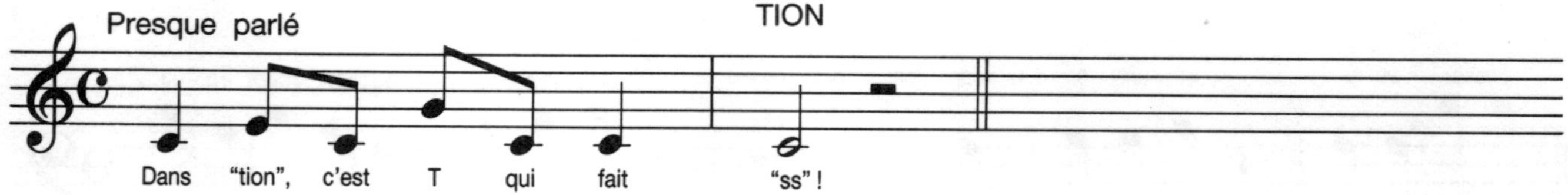

LA CHANSON DE LA SEMAINE

LA PORTÉE

LA CHANSON DE L'HISTOIRE DE FRANCE

Ce qui se trouve entre parenthèses est parlé. Le reste est chanté sur la note indiquée en début de phrase. Il faut battre une pulsation régulière dans les mains et faire coïncider les syllabes en lettres grasses soulignées avec les battements. Pour les refrains, la mélodie est transcrite sur une portée.

(LES CAPÉTIENS !) (fin du Xe siècle)

DO **Hugu**'s **Capet** ● fon**da** la **dy**nas**tie** des **Ca**pé**tiens.** ●

RÉ **Robert II** le **Pieux** ● all**ait** sou**vent à** l'é**glis**'. ●

(ding dong : XIe siècle)

MI **Henri** Pre**mier** ● fut **vain**cu **par** Guil**lau**m' le **Con**qué**rant.** ●

FA **Philipp**' Pre**mier** ● ne **put** par**ti**ci**per** à **la** pre**mièr**' croi**sad'.** ●

(ding dong : XIIe siècle !)

SOL **Louis VI** le **Gros,** ● le **moi**n' Su**ger** fut **son** mini**str**'. ●

LA **Louis VII** le **Jeun**' ● **épousa** Ali**énor d'A**qui**tain**'. ●

SI **Philipp**' **II** Au**guste** ● se **bat**tit **con**tre **les** An**glais.** ●

(ding dong : XIIIe siècle !)

DO **Louis VIII** le **Lion** ● pour**sui**vit **Jean** sans **Terr' jus**qu'en [**Angle**terr'. ●

SI **Louis IX** dit **Saint** Louis ● a **fait** cons**truir**' la **Saint**' [Cha**pell**'. ●

LA **Philipp' III le** Har**di** ● **était** très **coura**geux. ●

SOL **Philipp' IV** le **Bel** ● a **fait** brû**ler** les **Tem**pliers. ●

(ding dong : XIVe siècle !)

FA **Louis X le** Hu**tin** ● **était** tou**jours en** co**lèr**'. ●

MI **Jean Premier le** Pos**thum**' ● est **né après** la **mort** de **son** [pa**pa.** ●

RÉ **Philipp’ V** le **Long** ● a **écarté** les **femm**’s du **trôn**’. ●

DO **Charles IV** le **Bel** ● fut **le** der**nier** des **Capétiens.** ●

DO **Philipp’ VI de** Va**lois** ● com**men**ça **la** guerr’ **de** Cent **Ans.** ●

RÉ **Jean II** le **Bon,** ● son **rè**gne **con**nut **la** jacq**u’rie.** ●

MI **Charles V** le **Sag’** ● **nom**ma **Du** Gues**clin, con**né**tabl**’. ●

FA **Charles VI** le **Bien-**Ai**mé** ● est **de**v’nu **fou par**
[**in**ter**mit**ten**c**’. ●

(ding dong : XVe siècle !)

SOL **Charles VII** le **Victorieux** ● **mon**ta **sur** le **trô**n’ **grâc’ à**
[Jeann’ **d’Arc.** ●

LA **Louis XI et** son **p’tit** cha**peau,** ● **termi**na la **guerr’ de** Cent
[**ans.** ●

SI **Charles VIII** l’Af**fabl’** ● mou**rut** d’av**oir** co**gné** un’ **port’.** ●

(Paf : « Ouille !!! »)

LA **Louis XII** le **Pèr’** du **Peu**pl’ ● **épou**sa Ann’ **de** Bre**tagn’.** ●

(ding dong : XVIe siècle !)

SOL **François** Pre**mier** ● fut **le** grand **roi de** la **Renaissanc**’. ●

FA **Henri II** épou**sa** Cath**’rin’** de **Médicis**, ● **aima** Dian’ **de**
[Poi**tiers.** ●

MI **François II** ● fut **le** pre**mier** ma**ri de** Ma**rie** Stu**art.** ●

RÉ **Charles IX or**donn**a le** massa**cre de** la **Saint-**Bar**thélemy.** ●

DO **Henri III, a**vec **ses** mi**gnons,** ● fut **le** der**nier des** V**alois.** ●

ET C'EST AINSI QU'ON ARRIV' AUX BOURBONS !

DO **Henri IV dit** le **Vert** Ga**lant** ● **décida** : « Pa**ris** vaut **bien** une [**mess'** » **et fut** **tué** par **Ra**vai**llac.** ●

(ding dong : XVIIe siècle)

RÉ **Louis XIII** le **Just'** ● **gou**ver**na** a**vec** le **Car**di**nal** de [**Ri**che**lieu.** ●

MI **Louis** Qua**torz'** le **Roi** So**leil** ● **fit** cons**truir'** le **châ**teau **de** [Ver**saill**'s. ●

(ding dong : XVIIIe siècle !)

FA **Le Régent rem**pla**ça** le **roi jus**qu'à c' **que le** pe**tit** Dau**phin** [**de**vienn' **roi.** ●

SOL **Louis XV** le **Bien-**Ai**mé** ● **aima** Ma**dam'** de **Pom**pa**dour et** [**Ma**dam' **Du** Bar**ry.** ●

LA **Louis XVI** (le **ser**ru**rier**) ● **é**pou**sa** Ma**rie-An**toi**nett'** [d'Au**trich'.** ●

(HAAAAAH ! 1789 ! LA RÉVOLUTION FRANÇAISE !

LE PEUPLE DÉTRUIT LA BASTILLE,

C'EST LA RÉPUBLIQUE !)

DO **La** Constit**uant'** : **● on** arr**êt'** le **roi. ●**

RÉ **La** Lé**gis**lat**iv'** : **● Ro**bes**pierr'** ins**taur' la** ter**reur. ●**

MI **La** Con**ven**tion : **● Louis XVI et Marie-**Antoi**nett' sont** [guil**lo**ti**nés** ; **puis c'est** le **tour** de **Ro**bes**pierr'. ●**

FA **Le** Di**rec**toi**r'** : **●** le **gé**né**ral Bo**na**part'** s'en **va**-t-en **guerre** [**en** Egypt'. **●**

SOL **Le** Con**su**lat : **●** Na**po**lé**on Bo**na**part'** de**vient** Pre**mier** [Con**sul. ●**

(ding dong : XIXe siècle !)

LA **Le Premier** Em**pir'** : **●** Na**po**lé**on** Pre**mier est** sa**cré** [emp**'reur**, **Jo**sé**phin'** im**pé**ra**tric'. ●**

SI **La** Res**tau**ra**tion** : **●** Na**po**lé**on** est **pri**son**nier** dans **l'île** [**d'Elb' Louis** dix-**huit** de**vient** **roi. ●**

DO **Na**po**léon** s'é**chapp'**, **●** Louis dix-**huit** s'en**fuit** a**vec son** gros [**ven**tr'. **●**

SI **Ce sont les** Cent-**Jours ●** Na**po**lé**on perd la** ba**taill'** de [**Wa**ter**loo et est** exi**lé** à **Saint'** Hé**lèn'. ●**

LA **Louis** dix-**huit** re**vient, ●** tou**jours** a**vec son** gros **ven**tr'. **●**

SOL **Charles X**, son **frèr' ● lui** suc**cèd'. ●**

FA **Puis c'est** Louis-Phi**lipp', ●** le **roi** Bour**geois**, **●** qui est **le** [der**nier** des **rois. ●**

MI **Mil huit cent qua**rant'**huit. ●** En**cor' un'** ré**vo**lu**tion** ! **●** C'est [**la** Deu**xiè**me **Ré**pu**bli**qu'. **●**

RÉ **Na**po**lé**on **III** prend **le** pou**voir**. **●** C'est **le** Se**cond** Em**pir'** [**a**vec ses **cri**no**lin's. ●**

DO **Les All'mands envahiss**'nt la **Franc**'. ● **C'est** la **fin de**
[l'Em**pir'** et **c'est** la **Com**mun' **de** Paris. ●

ET C'EST AINSI QU'ON ARRIV' À LA TROISIÈME RÉPUBLIQUE !

DO **Thiers** ● **écrasa** la **Com**mun' **de** Paris. ●
RÉ **Mac-Mahon** ● fut **partisan** de **la** res**tau**ra**tion** qui **é**chou**a.** ●
MI **Jul**'s **Grévy** ● fut **le** pre**mier vrai président** de **la** Troi**siè**me
[**Républi**qu'. ●
FA **Sadi** Car**not** ● tint **têt'** aux **Bou**lan**gist'**s et **fut assassiné** par
[**Casério.** ●
SOL **Casimir**-Perier ● dé**missionna** très **vit'** ! ●
LA **Félix Faur',** ● **son** man**dat tra**ver**sa** l'af**fair'** Drey**fus**. ●
SI **Emil'** Loubet ● fut **le** pre**mier président du vingtièm'**
[**siè**cl' ! ●

(Ding dong !!!)

DO **Armand** Fallièr's ● con**nut** les **trou**bles **qui** sui**vir'nt la**
[s**éparation de** l'E**tat** et **de** l'Eg**lis'.** ●
SI **La Pre**mièr' **Gu**err' Mon**dial'** é**clat',** ● cell' **de**
[Qua**torz'** dix-**huit.** ●
LA **Raymond Poincaré** ● de**mand'** à **Clemenceau de** l'ai**der.**
[**Et** la **Franc**' **ga**gn' la **guerr'** avec **ses alliés.** ●

SOL **Paul Deschanel** est **dev**'nu **fou** ● et **se** pro**m'nait** en **pyja**ma
[**sur** la **voie** fer**rée.** ●

FA **Alexandre** Mill'**rand** ● veil**la,** avec **Poincaré, à** l'**application**
[**du** traité **de** Ver**saill's.** ●

MI **Gaston** Dou**mer**gu', l'a**ffabl**', ● vit **écla**ter la **cris'**
[é**conomiqu' de mil** neuf **cent** vingt-**neuf.** ●

RÉ **Paul Doumer** ● **fut assassiné** par **Gorgoulov.** ●

DO **Albert** Le**brun** ● dut **gouverner avec** le **Front Populair',**
[en **mil** neuf **cent** trent'-**six.** ●

DO **mil** neuf **cent** trent'-**neuf** : ● **Hitler**, l'All'**mand**, dé**clar'**
[la **gue**rre **et att**aqu' **la** Po**logn'.** ●

RÉ **C'est** la « **Drôl'** de **Guerr'** », ● **Hitler** ren**forc' son** ar**mée**
[**a**vant **d'attaquer** la **Franc'.** ●

MI **Mil** neuf **cent** qua**rant'** : ● la **Franc' est** bat**tue en** six
[**s'main**'s, **fin de la** Troisième **Républiqu'.** ●

FA **Le Maréchal** Pé**tain** ● ins**taur'** l'E**tat** Fran**çais** pour
[**gouverner** la **France** oc**cupée.** ●

SOL **Le Général** de **Gaull',** ● **réfugié** à **Londr**'s, **lanc'** à **la** ra**dio**
[« l'**Appel** du **dix**-huit **juin** ». ●

LA **Mil** neuf **cent quar**ant'-**quatr'** : **le** Dé**bar**que**ment**, ● **les**
[**Américains** et **les** Ang**lais** li**bèr'nt** la **Franc'** ; **voici la**
[Qua**trième** **Républiqu'**. ●

SI **Mil** neuf **cent qua**rant'**cinq** : ● **fin** de **la** Sec**on**de **Guerr'**
[Mon**dial'** sur **tout'** la **terr'**. ●

DO **Vincent** Au**riol** : ● la **guerr'** re**vient** ! **Celle d'Indochin'** ! ●

SI **René** Co**ty** ● **second président** de **la** Quat**rième** **Républiqu'**
[qui **est** une **tell'** pa**gaill'** qu'on n'**en** veut **plus** ! ●

LA **Le Général** de **Gaull'** re**vient**, ● in**vent' la** Cin**quième**
[**Républiqu'** et **mèn'** la **guerre d'Algérie. Encor' une** ! ●

SOL **Mai soi**xant'-**huit** : ● les **étudian**ts se **fâch**'nt, l'**émeut'** est
[**dans** la **rue.** ●

FA **Georges Pompidou**● **fait** cons**truir'** Beau**bourg.**●

MI **Valéry** Gis**card** d'Es**taing**● s'oc**cup'** des **sous de** la **Franc'**.●

RÉ **François Mitterrand**● **jou'** une **drôl'** de **farc'** aux
[**communist's.**●

DO **Quant à** la **suit',**● **c'est** à **nous** de **l'in**ven**ter !**●

C'EST AINSI QU'ON ARRIV'RA À L'AN 2000 !

ADRESSES UTILES

Voici quelques adresses qui peuvent aider à pénétrer le « réseau des apprentissages précoces ».

● Séminaire et matériel de Glenn Doman et du Better Baby Institute (échelle de brachiation, etc.) :

BETTER BABY STORE
Stenton Avenue 8801
Philadelphia, PENNA 19118, USA. Tél. : (215) 233.2050

● « Centre des Jeunes Vocations Artistiques, Littéraires et Scientifiques »

Madame CAZELLES
14 bis, rue Mouton-Duvernet
75014 Paris, FRANCE

● « Centre pour le Développement des Aptitudes de la Petite Enfance » (CDAPE) où les parents apprennent à enseigner la lecture à leurs enfants .

CDAPE - Françoise BOULANGER
41, Parc Saint-Georges
59910 Bondues, FRANCE. Tél.: (16) 20.46.35.32

● Camps de vacances stimulantes :

ASSOCIATION NATIONALE POUR LES ENFANTS INTELLECTUELLEMENT PRÉCOCES
366, avenue de Fabron
06200 Nice, FRANCE. Tél. : (16) 93.88.40.16

● Stages d'informatique, de langues et de sports, à partir de 4 ans :

KID'S COMPUTER CLUB
31, avenue René-Gobert
1180 Bruxelles, BELGIQUE. Tél. : (2) 374.27.08

● « Centre de recherche et d'innovation en sociopédagogie familiale et scolaire » (catalogue des publications) :

Jean-Pierre POURTOIS
Faculté des Sciences Pédagogiques
18, place du Parc
7000 Mons, BELGIQUE. Tél. : (65) 31.31.01

● « Une école pour demain » (information et stages sur la méthode GATTEGNO avec le matériel CUISENAIRE)

2, Bd des Jardins
25000 Besançon, FRANCE. Tél. : (16) 81.80.54.85

ADRESSES UTILES

- Pour obtenir la liste des professeurs exerçant dans votre région :

— ECOLE D'ART MARTENOT (dessin et musique)
23, rue Saint-Pierre
Neuilly-sur-Seine 92200, FRANCE
(1) 46.24.34.08 (musique) — (1) 47.22.25.22 (dessin)

— AFGHRD, CENTRE IRENE POPARD
Gymnastique - Rythme - Danse
10, avenue de la Grande-Armée
75017 Paris, FRANCE. Tél. : (1) 47.64.90.87

— Représentant ORFF
SCHOTT FRÈRES (matériel)

35, rue Jean-Moulin	30, rue Saint-Jean
94300 Vincennes, FRANCE	1000 Bruxelles, BELGIQUE
(1) 43.74.30.95	(1) 512.39.80

ASSOCIATION ORFF
206, avenue Brugmann
1180 Bruxelles, BELGIQUE. Tél. : (2) 344.30.31

— Représentants SUZUKI

ANMSF,	Judith BERENSON
Christophe BOSSUAT	10, chemin Florissant
13, rue Royale	CH-1206, Genève, SUISSE
69001 Lyon, FRANCE	

TALENT EDUCATION INSTITUTE in BELGIUM
Jeanne JANSSENS
209, rue Américaine
1050 Bruxelles, BELGIQUE

- Librairies intéressantes :

CHANTELIVRE (librairie spécialisée pour enfants)
13, rue de Sèvres
75006 Paris, FRANCE. Tél. : (1) 45.48.87.90
GALERIE SISLEY

(les cartes postales d'art du monde entier)
27-29, rue Saint-Jean
1000 Bruxelles, BELGIQUE. Tél. : (2) 511.40.36
W.H. SMITH & SON (librairie anglaise)

248, rue de Rivoli
75001 Paris, FRANCE. Tél. : (1) 42.60.37.97
CHILDREN'S BOOK CENTER

(Excellente librairie anglaise pour enfants ; ils peuvent conseiller par téléphone et envoyer en province)
19, place du Marché
78110 Le Vésinet, FRANCE. Tél. : (1) 39.76.11.13

MATÉRIEL CONSEILLÉ

MOBILITÉ

— Echelle/toboggan pour bébé, *Tree House*
Early Learning Centre (catalogue)
Hawkworth, Swindon SN2 1TT, GB
(0793) 610171

— Echelle de brachiation, *Better Baby Store* (voir *Adresses Utiles*).

LANGAGE

— *L'imagier du père Castor* (Ed. : Flammarion) Dessins précis de tout ce qui constitue l'environnement de l'enfant ; existe en livres et en cartons séparés.

— Collection *Martine* (Ed. : Casterman) Histoires aux dessins très réalistes qu'il faut raconter sans se soucier du texte.

— Collection *Disney Classique* (Ed. : Nathan) A coupler avec la sortie d'un film.

— *Le Loup et l'Agneau et onze autres fables* (Ed. : L'école des loisirs) - Col. : « Le Lutin de Poche ») Chaque fable est illustrée par plusieurs dessins.

LECTURE

— Collection *Babi-Livre* (Ed. : Hatier) Petits livres contenant un dessin face à une page blanche (ou presque) sur laquelle on peut écrire le texte qu'on veut.

— Collection *Emilie* (Ed. : G.P.) Histoires familiales, écrites en minuscules de grande taille.

— *J'apprends à lire avant six ans* de Françoise GAUQUELIN et Arlette MOERMAN (Ed. : Marabout) Jeux de lecture avec explications, bons pour inciter l'enfant à utiliser ses connaissances et à « pratiquer » la lecture.

LANGUES ÉTRANGÈRES

— Méthodes audiovisuelles pour les petits :

- *Premiers pas en anglais* de Margaret CAMERON LONGO (Ed. : Hachette)
- *Anglais, Allemand ou Espagnol JUNIOR d' Adrienne* par l'auteur du GIMMICK (Ed. : Delpha)

— Dictionnaires illustrés :

- *Les Mille Premiers Mots* (Ed. : Pelican) Le même livre existe en français, anglais, allemand, espagnol, italien et russe, avec transcription phonétique pour chaque mot.

MATÉRIEL CONSEILLÉ

- En anglais, un excellent dictionnaire illustré, bilingue : *The Cat in the Hat, Beginner Book, Dictionnary in French* (Ed. : Beginner books, Random house inc.) Il existe aussi en version unilingue anglaise.

— Deux remarquables collections de livres pour les tout petits, en anglais (voir *Adresses Utiles* : librairie anglaise pour enfants)

- Collection *The Cat in the Hat* (Ed. : Beginner books, Random house inc., New York USA)
- Collection *Ladybird* (Ed. : Ladybird books LTD, Loughborough Leicestershire, England)

LOGIQUE ET CALCUL

— *Disney Popping Pals* (Ed. : Walt Disney) Boîte surprise : 4 différents verrous ouvrent les portes qui cachent 4 personnages de Walt Disney. Les enfants adorent ce jouet qui développe leur compréhension de la relation de cause à effet.

— *Réglettes Cuisenaire* (Ed. : Delachaux & Niestle, 4, rue Laferrière 75009 Paris. Tél. : (1) 48.78.79.36). Jeu de réglettes de couleurs et tailles différentes pour apprendre l'arithmétique. A utiliser avec le livre de Gattegno (voir *Bibliographie*).

— Cahiers d'exercices *Logique CP* et *Calcul CP* (Ed. : Nathan). Dès 3 ans 1/2, l'enfant stimulé peut aborder cet excellent cahier de logique et, vers 4 ans, celui de calcul.

HISTOIRE

— Source d'illustrations : *Documentation Scolaire* (Ed. : Arnaud).

— *Généalogie des Rois de France* de Armel DE WISMES (Ed. : Artaud Frères Publications). Brochure de musée (par exemple, au château de Vincennes) avec une excellente iconographie.

Vie et mort des dinosaures de Pascal CHENAL (Ed. : Hachette-Echos).

— *Les Rois de France* de Geneviève DUROSELLE et Denys PRACHE (Ed. : Hatier) Portraits — imaginaires ou non — de tous les rois de France, avec leurs biographies.

— L'histoire de France racontée aux enfants :

- *Petite Histoire de France* de Jacques BAINVILLE (Ed. : Maison Alfred Mame & Fils) Récit plein d'anecdotes qui permettent à l'enfant de fixer les grands événements dans sa mémoire ; à chercher chez les bouquinistes.
- Alain DECAUX va sortir une histoire de France racontée aux enfants. Vu son talent de conteur et son sens de l'anecdote, ce livre promet d'être bon.

— Illustration sonore : *Parlez-vous français ? Le français de Saint Louis à Victor Hugo* (Ed. : BPI/Centre Georges Pompidou/Directives Audiocom) Les voix de Saint Louis, Jeanne d'Arc, Henri IV, Louis XIV, etc., disant des textes historiques, avec les façons de parler le français de ces diverses époques.

GÉOGRAPHIE

— Puzzles géographiques, une pièce par pays ou état :

- L'Europe en plastique mou : *Press and Pell Europe Map* (Ed. : Uniset, Danemark). Distribué par *Early Learning Center* (voir ci-dessus *Mobilité*).

- Le Monde en bois : *World Map* (Ed. : Playskool, USA)
- Les Etats-Unis en bois : *United States Map* (Ed. : Playskool, USA)

— Illustration sonore : *Les Cassettines* (Les légendes du monde) (Ed. : Vif Argent, 18, rue d'Armenonville 92522 Neuilly) De belles histoires qui peuvent aider à faire exister les pays pour l'enfant.

— Les légendes de France, *La Bretagne, la Normandie,* etc., *racontée aux enfants* (Ed. : Ouest France) Albums qui aident à faire vivre les régions de France.

HISTOIRE DE L'ART ET DESSIN

— *Premier livre d'art* de Pierre BELVES et François MATHEY (Ed. : Gautier-Languereau) Bonne introduction à la peinture par thème.

— *Tableau des styles du meuble français à travers l'histoire* de Jacques BERTRAND (Ed. de L'Ermite, 13, rue de l'Ermitage, 86000 Poitiers, tél. : (16) 49.57.10.05).

— La Bible :

- *La Bible des enfants* par James BENTLEY (Ed. : Pélican) Texte simple, vivant et assez complet.
- *La Bible illustrée par Gustave DORE* (Ed. : Sacelp) Superbes illustrations et une bonne introduction au langage biblique.
- *La Bible illustrée par des enfants* racontée par Didier DECOIN (Ed. : Calmann-Levy) Très beaux dessins qui touchent les enfants, malheureusement le texte est médiocre et très incomplet.
- *La Bible* en 3 cassettes (Ed. : Auvidis)

— Peinture comestible et lavable pour les tout-petits : *Gouache au doigt* (Marque : Talens, Pays-Bas).

MUSIQUE

— La méthode Martenot

- *Les Cartons du Maître* (première série), *Les Jeux de Cartes des Intervalles, des Clés, des Tonalités et des Accords, Les Jeux de la Portée, Le Solfège Débutant, cahier 1A* (Ed. : Magnard) (catalogue)
- Série cassettes et images : *Chanson vole* et *Que font-ils ?* forment la mémoire musicale, *Plus haut, plus bas* compare la hauteur des sons et bruits, *Rythme vole* amène à l'observation des rythmes, *Les connaissez-vous ?* aide à reconnaître les instruments de musique (Ed. : Sirs, 8 rue de Berri 75008 Paris, (1) 45.62.44.24).

— La méthode Orff : les instruments (catalogue) sont en vente chez les représentants, Schott Frères (voir *Adresses Utiles*).

MATÉRIEL CONSEILLÉ

— *Les Instruments de l'Orchestre* présentés par Yéhudi MENUHIN (Ed. : EMI) Très bon disque à condition de l'écouter avec l'enfant et de l'illustrer.

LES AUTRES DOMAINES

— *Ordinathan* (Ed. : Nathan) Une mine d'informations dans tous les domaines (malgré de rares erreurs qu'il faut parfois dépister) c'est un jeu superbe que l'enfant gardera jusqu'à l'adolescence.

— La zoologie : collection *La vie secrète des bêtes* (Ed. : Hachette) Remarquables illustrations qui permettent de raconter une histoire de la vie de chaque animal présenté.

— L'anatomie : *Anatomie 2000* (Ed. : Ceji, réf. ; 00495) Une poupée anatomique et démontable, les organes s'emboîtent dans le squelette qui s'enferme dans les muscles.

— L'Anatomie : *Intermed,* Chaussée de Louvain, Zaventem 1930, Belgique. Planches d'anatomie de grande taille et très précises. (Catalogue.)

BIBLIOGRAPHIE

Cette liste est loin d'être exhaustive. Ce sont les livres qui m'ont aidée dans ma recherche.

ANTIER E. : *Mémoires d'un nouveau-né* (Ed. : SCARABEE & COMPAGNIE). Monologue à deux voix : celle d'un nouveau-né et celle de son pédiatre, qui racontent l'arrivée à la vie d'un nouvel être.

BARUK S. : *L'âge du capitaine* (Ed. : SEUIL). Une étude sur les difficultés de l'apprentissage des mathématiques et les pièges à éviter.

BETTELHEIM B. : *Psychanalyse des contes de fées* (The uses of enchantantment) (Ed. : Robert LAFFONT/REPONSES). Une étude sur l'importance des contes de fées dans la formation de la personnalité.
— *La lecture et l'enfant* (On learning to read) (Ed. : Robert LAFFONT/REPONSES). Une étude sur les difficultés de l'apprentissage de la lecture.

COHEN R. : *L'apprentissage précoce de la lecture* (Ed. : PUF). Compte rendu de différentes recherches à travers le monde ; la méthode « Rachel Cohen ».
— *Plaidoyer pour les apprentissages précoces* (Ed. : PUF). Compte-rendu de différents types d'apprentissages précoces étudiés à travers le monde.
— *Découverte et apprentissage du langage écrit avant six ans* (PUF). Etude et description de cet apprentissage à l'école maternelle.

DEPEELSENEER : *Les bébés nageurs et la préparation aquatique à l'accouchement* (Ed. : PRODIM). Une description très illustrée.

DODSON F.: *Tout se joue avant six ans* (How to parent) (Ed. : LAFFONT/REPONSES). Une analyse psychologique, détaillée et amusante, du comportement et de l'attitude qu'il convient d'avoir vis-à-vis de son enfant dans les premières années de la vie
— *Le père et son enfant* (How to father) (Ed. : LAFFONT/REPONSES). Version paternelle du livre précédent.

— *Aimer sans tout permettre* (Ed. : LAFFONT/REPONSES).

DOMAN G. : *Les guérir est un devoir* (What to do about your brain-injured child) (Ed. : EPI). L'histoire des Instituts pour la Réalisation du Potentiel Humain et de la recherche menée par Doman pour guérir les enfants ayant des lésions au cerveau.
— *Enfants, le droit au génie* (How to multiply your baby's intelligence) (Ed. : HOMMES/GROUPE EDITEURS). Compte rendu du séminaire du Better Baby Institute et exposition de la méthode « Glenn Doman ». Ce livre contient de facto *J'apprends à lire à mon bébé* et *Apprenez les mathématiques à votre bébé* (Ed. IFAC).
— *How to give your baby encyclopedic knowledge* (Ed. : THE BETTER BABY PRESS, USA). Comment Glenn Doman découpe la connaissance en éléments simples.

BIBLIOGRAPHIE

ENGELMANN S. & TH. : *Comment donner à vos enfants une intelligence supérieure* (Give your child a superior mind) (Ed. : LAFFONT/REPONSES). Un manuel de stimulation de l'enfant de 0 à 6 ans centré sur l'apprentissage de la lecture et surtout des mathématiques.

FOUCAMBERT J. : *La manière d'être lecteur* (Ed. : SERMAP/OCDL). Une étude sur la lecture de la maternelle au CM2 ; ce que lire veut dire ; ce que devrait en être l'apprentissage.

GATTEGNO C. : *Enfin Freddy comprend l'arithmétique* (Ed. : DELACHAUX et NIESTLE). Mode d'emploi des réglettes Cuisenaire.

GILBRETH F. & E. : *Treize à la douzaine* — Cheaper by the dozen — (Ed. : HACHETTE/BIBLIOTHÈQUE VERTE). Le récit humoristique, par deux enfants d'une famille de douze, des méthodes d'éducation de leur père épris d'apprentissage rapide, au début du siècle.

LEBOYER F. : *Shantala, un art traditionnel, le massage des enfants* (Ed. : SEUIL). Une description très bien illustrée des techniques indiennes de massage pour les nouveau-nés et les enfants.

MARTENOT M. : *Principes fondamentaux de Formation Musicale et leur Application* (Ed. : MAGNARD). Une excellente méthode pour présenter la musique et le solfège à l'enfant.

NILSSON L. : *A child is born* (Ed. : FABER & FABER, LONDRES). De merveilleuses photos d'un fœtus, de la conception à la naissance. Ce livre existe en français accompagné d'un texte de Sheila KITZINGER, *Tu vas naître* (Ed. : SEUIL).

ORFF K. : *Orff-Schulwerk, Musique pour enfants* (Ed. : SCHOTT Frères). La méthode Orff, adaptée en français.

POURTOIS J.P. : *Comment les mères enseignent à leur enfant* (Ed. : PUF). Une étude sur l'influence des mères.
— *Eduquer les parents* (Ed. : LABOR)

SERRERO & CALMY-GUYOT A. & G. : *Epanouir l'intelligence de l'enfant par le toucher* (Ed. : Pierre-Marcel FAVRE). A l'usage des parents autant que des professeurs.

SUZUKI S. : *Vivre, c'est aimer* (Nurtured by love. A New Approach to Education) (Ed. : NIEUWMOLEN, Belgique). Autobiographie et réflexions.

TERRASSIER J.CH. : *Les enfants surdoués ou la précocité embarrassante* (Ed. : ESF). Une analyse de la façon dont sont accueillis les enfants très précoces par le système d'éducation en France et dans d'autres pays.

TIMMERMANS C. : *How to teach your baby to swim* (Ed. : STEIN AND DAY/SCARBOROUGH HOUSE, USA). Une excellente méthode de natation pour bébé, clairement illustrée, écrite dans un anglais très simple.

WEYL-KAILSEY L. : *Victoire sur les maths* (Ed. : LAFFONT/REPONSES). Une approche psychologique des difficultés devant les maths.

WHITE B.L. : *Les trois premières années de la vie* (Ed. : BUCHET/CHASTEL). Une étude du développement de l'enfant, pas à pas ; des conseils aux parents. La nouvelle version de ce livre n'est pas encore traduite : *The first three years of life. The revised edition* (Ed. : PRENTICE HALL PRESS/NEW YORK, USA).

TABLE DES MATIÈRES

PREMIÈRE PARTIE : UNE AVENTURE FAMILIALE

DEUXIÈME PARTIE : LE GUIDE PRATIQUE

ANNEXES

Ceux qui désirent :
— être informés
— assister à des séminaires
— adhérer à l'association
doivent écrire à :

Association « Croire en son enfant »
32, avenue des Jockeys
92380 Garches. FRANCE

ACHEVÉ D'IMPRIMER
LE 9 OCTOBRE 1987
SUR LES PRESSES DE
L'IMPRIMERIE HÉRISSEY
À ÉVREUX (EURE)
POUR LES ÉDITIONS
ROBERT LAFFONT

Composé et mis en pages
par la société Empreintes, Antony

Imprimé en France

Dépôt légal : Novembre 1987
N° d'édition : 30680
N° d'imprimeur : 43707